客家研究
Hakka Studies

叢書主編：蕭新煌 教授

本書由客委會補助「世界客家博覽會的定位、策展與臺灣／全球客家意象建構的檢討」計畫成果擴充改寫而成。

世界客家博覽會的前台與後台

定位、策展與客家意象

蕭新煌 主編

巨流圖書公司印行

國家圖書館出版品預行編目（CIP）資料

世界客家博覽會的前台與後台：定位、策展與客家意象 / 黃貞燕、王嵩山、蕭新煌、林本炫、俞龍通、張正霖、蔡芬芳、林開忠、利亮時作；蕭新煌主編. -- 初版. -- 高雄市：巨流圖書股份有限公司, 2025.04
　　面； 公分
ISBN 978-957-732-735-2(平裝)
1.CST: 客家 2.CST: 民族文化 3.CST: 博覽會 4.CST: 文集
536.21107　　114003265

世界客家博覽會的前台與後台：定位、策展與客家意象

主　　　編	蕭新煌
作　　　者	黃貞燕、王嵩山、蕭新煌、林本炫、俞龍通、張正霖、蔡芬芳、林開忠、利亮時
發 行 人	楊曉華
編　　　輯	邱仕弘
封 面 設 計	毛湘萍
內 文 排 版	弘道實業有限公司
出 版 者	巨流圖書股份有限公司
	802019 高雄市苓雅區五福一路 57 號 2 樓之 2
	電話：07-2265267
	傳真：07-2233073
	購書專線：07-2265267 轉 236
	E-mail：order1@liwen.com.tw
	LINE ID：@sxs1780d
	線上購書：https://www.chuliu.com.tw/
臺北分公司	100003 臺北市中正區重慶南路一段 57 號 10 樓之 12
	電話：02-29222396
	傳真：02-29220464
法 律 顧 問	林廷隆律師
	電話：02-29658212
刷　　　次	初版一刷・2025 年 4 月
定　　　價	550 元
I S B N	978-957-732-735-2（平裝）

版權所有，翻印必究
本書如有破損、缺頁或倒裝，請寄回更換

作者群簡介
（按章次排序）

蕭新煌（主編）

美國紐約巴法羅大學（The University at Buffalo）社會學博士。現任中央研究院社會學研究所兼任研究員、國立中央大學客家研究講座教授、國立暨南大學榮譽講座教授、臺灣亞洲交流基金會董事長、國立政治大學東南亞研究中心執委會主席、總統府資政。最新的客家研究相關出版，包括《東南亞客家族群性的多樣展現》（合編，2024，巨流）、《東南亞、華客與台灣新住民》（合編，2024，巨流）、《三分天下：台灣客家族群政治的轉型》（合著，2023，巨流）、《客家飲食文化的跨國經驗》（合編，2023，客委會客發中心）、《台馬客家帶的族群關係：和諧、區隔、緊張與衝突》（合編著，2022，中大出版中心）、《海外客家研究的回顧與比較》（合編，2021，中大出版中心）、《臺灣的海外客家研究》（合編，2021，巨流）。

黃貞燕

現任國立臺北藝術大學博物館研究所副教授兼所長，學術專長為博物館歷史學、文化遺產學、生態博物館論、公共史學策展。代表著作為《博物館歷史學》（2021，與謝仕淵共同主編）、主編《馬祖，我們的島嶼博物館》（2023）以及編著《日韓無形的文化財保護制度》（2008）。

曾任國立臺北藝術大學圖書館館長（2018-2021）、日本國立民族學博物館「人間文化機構広領域連携型基幹研究プロジェクト：人間文化機構基幹研究プロジェクト地域文化の発見、保存と活用」研究員（2017-2020）。目前擔任國家兒童未來館資源建置案計畫主持人、日本國立民族學博物館「人間文化機構広領域連携型基幹研究プロジェクト：地域文化の可的な活用モデル」共同研究員以及國立臺灣歷史博物館《歷史臺灣》編輯委員、客家發展委員會客家文化中心發行刊物《客・觀》學術編輯委員。

王嵩山

國立臺北藝術大學博物館研究所兼任教授。人類學知識來自於國立臺灣大學人類學系所、英國牛津大學社會文化人類學研究所。研究與教學的旨趣為：博物館人類學、歷史人類學、亞太博物館比較研究、物質文化與族群藝術、文化遺產與社會、南島語族、阿里山鄒族。1988年起至今陸續出版專書38種。歷任國立臺北藝術大學博物館研究所特聘教授、博物館研究所所長、文化資源學院院長、關渡美術館代理館長、藝術行政與管理研究所代理所長、通識教育委員會主任委員、師資培育中心主任；逢甲大學人文社會學院院長、歷史與文物研究所所長、亞太博物館學與文化研究中心主任；國立自然科學博物館人類學研究員、展示組主任。

林本炫

國立臺灣大學社會學博士。目前為國立聯合大學文化觀光產業學系教授、客家委員會諮詢委員、內政部宗教事務諮詢委員會委員、客家委員會所屬客家文化發展中心發行之《客・觀》期刊主編。曾任國立聯

合大學學務長、客家研究學院院長、臺灣客家研究學會理事長、《思與言》人文與社會科學期刊總編輯。2019 年獲客家委員會頒發三等客家事務專業獎章。擔任 2018 年七期四次及 2023 年八期四次「臺灣社會變遷基本調查」計畫共同主持人，擔任宗教組問卷設計召集人。2023 年「世界客家博覽會」臺灣館副總策展顧問。近期主要著作有《認識臺灣客家》（與王俐容、羅烈師共同主編）、《1895 苗栗保臺戰役》（與黃鼎松、廖綺貞合著）。

俞龍通

淡江大學美國研究所博士（政治經濟學）。現為國立聯合大學文化觀光產業學系教授兼主任、國立聯合大學苗栗學中心主任。歷任世界客家博覽會策展顧問、世界客家博覽會南投縣展區共同策展人（2023），客家委員會諮詢委員、客家特色文化加值產業審查委員（2012-），客家產業政策白皮書總主筆、文化部村落文化發展計畫審查委員（2014-2018），教育部教學實踐計畫審查委員（2021-），中華工程認證委員（2022），考選部外語－英語領隊導遊考試口試委員（2021-2022），苗栗縣政府社區總體營造暨地方文化館委員（2008-），南投縣政府客家事務委員會委員、文化創意產業發展委員會委員（2018-2022），國立聯合大學創新育成中心主任、產學暨推廣教育中心主任（2015-2017、2021）。

張正霖

現任國立聯合大學文化創意與數位行銷學系副教授，曾任國立臺灣美術館研究員等職。研究領域為：藝術品市場、藝術資產管理、藝術產業、美術館理論與實務、藝術策展、科技藝術管理等。

蔡芬芳

德國法蘭克福約翰‧沃夫岡‧哥德大學文化人類學暨歐洲民族學博士，現為國立中央大學客家語文暨社會科學學系教授。族群研究為主要學術關懷，研究專長為族群關係、客家研究、性別與族群。個人著作發表在《思與言》、《女學學誌：婦女與性別研究》、《客家研究》等期刊。曾出版專書《走向伊斯蘭：印尼客家華人成為穆斯林之經驗與過程》（2016）、《身為 Amoy：在臺印尼客家婚姻移民女性之生命敘事》（2024）。

林開忠

澳洲 Griffith 大學人類學博士。現任國立暨南國際大學東南亞學系教授。學術專長為族群關係、華人社會與文化、飲食與文化及東南亞客家研究。出版過東南亞華人、馬來西亞客家飲食、客家文物館以及東南亞研究等論文多篇。

利亮時

國立中興大學歷史系學士、新加坡國立大學中文系碩士、新加坡南洋理工大學博士。曾任新加坡南洋理工大學中華語言文化中心副研究員，現為國立高雄師範大學客家文化研究所教授兼所長、東南亞學碩士班主任，以及東南亞暨南亞研究中心主任；新加坡南洋理工大學中華語言文化中心特邀研究員；國立中央大學客家學院兼任研究員。著有：《一個消失的聚落：重構新加坡德光島走過的歷史道路》；*A Retrospect on the Dust-Laden History: The Past and Present of Tekong Island in Singapore*；《陳六使與南洋大學》；《立於山和城之間──嘉應五屬公會的昔日、今日與明日》等著作。

目　錄

謝誌與感言──蕭新煌 i

總論：檢視 2023 世界客家博覽會的前台與後台　1
──蕭新煌

第一篇　世界客家博覽會與客家文化治理　33
──黃貞燕、王嵩山、蕭新煌

　　第一章　21 世紀臺灣的博覽會現象 39
　　第二章　世客博的經營想像與製作現實 51
　　第三章　族群博物館與族群博覽會 73

第二篇　臺灣館的定位、策展與臺灣客家意象建構
　　　　　的分析與檢討　93
──林本炫、俞龍通、張正霖

　　第四章　臺灣館展覽目標及臺灣客家的意涵 99
　　第五章　臺灣館展示內容分析 129
　　第六章　臺灣館展示手法分析 171

第三篇　世界館的定位、策展與世界客家意象建構的分析與檢討　199
──蔡芬芳、林開忠、利亮時

　　第七章　世界館展覽定位及世界客家的意涵 203
　　第八章　世界館展示內容分析 231
　　第九章　世界館展示手法分析 261

參考資料 281

謝誌與感言

本書是由客家委員會所補助，以「世界客家博覽會的定位、策展與臺灣／全球客家意象建構的檢討」為名的專題研究計畫成果改寫而成。因此，本書主編和作者群要特別感謝楊長鎮前主任委員和古秀妃現任主任委員的支持。

同時，主編也要對所有參與上述專題研究計畫的王嵩山、黃貞燕、林本炫、蔡芬芳、林開忠和利亮時六位協同主持人和俞龍通、張正霖兩位顧問，致上我莫大的謝意。他們對 2023 年世客博的檢討，從前台的分析到後台的透視，都盡力做出有見地的論述和批評。

在本書出版前夕，桃園市政府也適時出版了《世界客家博覽會全紀錄》，以圖文並陳為 2023 世客博的前台展示內容，留下紀實。但它卻未對此一客家博覽會所展現的臺灣客家與全球客家的意象做任何的探討，也未對後台的策展過程及其專業的得失有任何檢討，更完全忽略客家研究學界在整個客家博覽會從事先規劃、內容選擇和解讀過程所做的諮詢、把關和審查貢獻。看來，這本《全紀錄》全然是以看熱鬧的心情來呈現世客博。

幸好有本書及時問世，以看門道的學術專業態度對世客博進行嚴肅的檢視，以補上述《全紀錄》之不足。本書的目的無他，就是期待如果再舉辦世客博時，能百尺竿頭，更進一步。

蕭新煌　謹誌
2025 年 1 月

總論
檢視 2023 世界客家博覽會的前台與後台

蕭新煌

2023世界客家博覽會（世客博）於2023年8月11日至10月15日在桃園舉辦，這是臺灣第一個以客家族群為主題的博覽會，也可說是全世界第一個以全球客家為對象的博覽會。

兩個主辦單位分別是行政院的客家委員會（客委會）和桃園市政府，花費的經費達到12億，在展期的66天裡，吸引了為數1,100萬的參觀人次。從表面的參觀數字看來，世客博應是達標。至於它是否創造了原來也預期的經濟創收效果，目前恐難以判斷。但可確定的是，它在顯現臺灣客家族群的知名度、提高它的能見度，甚至擴大臺灣民眾對全球客家的認識和認同上，相信也已經達到它的預期效果。

除了上述的客家族群認同與信心目標之外，更值得檢討的應該是此次世客博在臺灣博覽會現象中的定位，策展內容和手法的反省，以及臺灣客家館和世界客家館這兩個主展館展示內涵所呈現的臺灣客家和世界客家意象究竟為何。上述這些檢視主題與課題，正是本書的核心書寫內容。

一、臺灣的博覽會現象與世客博的實作癥結

歷史悠久、有獨特展演性格的博覽會，至今仍然活躍，但在各個不同的社會脈絡中演繹出不同的性格。吉見俊哉的兩本著作，《博覽會政治學》（1992）和《萬博幻想》（1998），已清晰地指出博覽會作為展演機制的特質，以及在日本社會脈絡中扮演的角色。《博覽會政治學》以19世紀以來至日本1970年代的大阪世界博覽會為對象，犀利地分析了博覽會舞台上國家意象展演、民眾的動員與啟蒙之特質。《萬博幻想》則將視角延展到博覽會製作的後台，以日本1970年代以降到2005年為止舉辦的四個世界博覽會為對象，批判性地檢視了這個大型展演機制如

何成為各種政治話語的工具。這兩本書都以世界博覽會的政治性為研究課題，前者聚焦前台文化展演的小政治，博覽會具有奇觀、規訓、權力展演的特質；後者擴及後台國家政策的大政治。日本1970年代以降的世界博覽會，已經成為國家高度經濟成長政策的意象政治工具，鼓吹著大眾消費的慾望，並幾乎都伴隨著大型的開發計畫。

在21世紀臺灣的社會大環境下，博覽會也發展出作為本土認同國家政策意象政治工具的性格，這也是臺灣的獨特現象。以臺灣文博會為例，舉辦十餘年來，臺灣文博會的轉型，正是臺灣文化治理方針轉變之反映。混合著推動文化創意產業、本土意識與公民溝通三種目標的文博會，是臺灣文化政策論述在21世紀初逐步演進累積的結果。選擇博覽會、節慶這種大型展會形式，快速凸顯與傳播國家之立場與作為、甚至以動員人次作為宣示成效，似乎滿足了社會需求。比起投入需要經年累月的軟體文化基礎建設，這種訴諸大眾，具有很強的行動力與宣傳力的文化節慶或博覽會，似乎更受國家青睞。為了提升文化主管機關在中央部會的能見度，和促進社會大眾對文化生活的認知與體會，以及串連文化商品與臺灣本土文化價值認同，博覽會與其他相關文化節慶，正好符合上述三個目的一個操作工具，這也是臺灣文化政策的實施多年來一直仰賴它的理由之一。

由政治人物發起、敲板定案，兼顧了國家、市場、公民等三個文化治理面向的2023世客博，訴諸客家認同、標舉臺灣作為世界客家研究中心的主要論述，可以說延續了臺灣近年大型展會的色彩。世客博的製作過程，委託客家學術社群擔任博覽會製作的諮詢角色，卻是另一有別於其他博覽會或者大型節慶的一個特色。客家學術社群以諮詢小組身分參與世客博的製作，賦予博覽會另一嚴肅的學術定位，不但盡可能壓抑了過度或者不適當的炫技型展示手法與大量市集，也透過密集的諮詢會

議緊密地檢視展覽內容的正確性，也有著突破博覽會僅僅只是作為意象政治工具的用心。

世客博以大型展會形式處理客家文化認同這種嚴肅課題，雖然在百年來所形成的博覽會主流模式中十分罕見，但是放在近年的臺灣博覽會現象與臺灣文化治理結構之下，倒也並不突兀。博覽會這種大型而短期的文化展演機制，在臺灣已經被發展作為本土認同的意象政治之優選工具。以 McGuigan（2001）文化政策三面向的理論，我們看到世客博前台的展演規劃，企圖兼顧「國家」、「市場」與「公民」三個面向。「國家」面向關照的是如何彰顯臺灣族群治理的成就；「市場」面向關心的是如何通過博覽會實踐喚起文化經濟／文化傳播效應；「公民」面向的期待是如何凸顯臺灣作為全世界客家文化中心的角色，以及如何展現臺灣客家研究對全世界與臺灣客家歷史演變的掌握和貢獻，其中更特別重視客家研究專業的參與，是這一個面向最突出的現象。

企圖兼顧文化治理三個面向的世客博，其後台實際的製作過程與經營則暴露了三個斷裂。第一個斷裂是，兩個主展館與周邊展館調性不一致，以及背後執掌單位權責與層級不一的問題。世客博由客委會、桃園市政府合辦。客委會與客家研究學術社群強調以客家論述與客家認同為整體規劃與展示考量重點，且諮詢小組多次在會議上強調世客博不應淪為臺灣各地物產攤位，或是世界各地客家的文物展覽，也極力排除博覽會的市集化。然而，桃園市由市政府新聞處、客家事務局、研究發展考核委員會分三個軸線推進，其立場卻是在於如何藉由舉辦大型展會為桃園帶來不同經濟益處和公關效果。

第二個斷裂是，客家研究學術社群意見的主導性，以及與世客博製作團隊之間的緊張關係。從臺灣以往操作大型會展的經驗來看，由學界研究者來確認、檢核博覽會展覽內容的適切性，的確是很不尋常的作

法。這一方面意味著客委會對客家學界的尊重，另一方面意味著臺灣海內外客家研究成果已經累積一定程度，無法容忍任由短期、視覺設計思維主導的展覽捷徑和手法。世客博的官方策展論述由客家研究學術社群定調，執行團隊中那些或許過去曾經有著亮眼經歷的策展人之意見相對較不被凸顯。在多次諮詢會議中，學術社群屢屢對策展團隊的內容論述或資料確實性表達不滿與責求。對擔任諮詢小組的學術團隊來說，無法認同沒有紮實田野與資料梳理基礎的展覽設計，在諮詢委員眼中，策展與設計團隊又屢屢顯現出傲慢和推托態度，以致雙方難有豐富的對話。

第三個斷裂是，世客博的展示文本與手法被認為與策展定位有不小的落差，客家研究學術團隊認為博覽會主旨沒有成功地傳達給觀眾。以世界館為例，它被賦予呈現全球各地客家與在地社會的互動及在地化過程，藉此勾勒全球客家的多元整體圖像，展現「客家性」的多樣發展。由於世界館並不是由各地自行參展，而是由臺灣團隊來統合策展。即使臺灣客家學者已經有不少有關世界客家的研究成果，但是研究關懷畢竟不同於策展需求。即使有一定累積的學術論文，仍難以照顧策展所需要的物件盤點與選擇；在短時間內要提出策展論述、並綿密地爬梳、徵集世界各地客家文物、文獻作為展覽資源，恐需要不同的訓練與經驗的專業人力。目前臺灣的海外客家研究團隊恐怕仍力有不逮，以致在世客博的學術諮詢角色仍以審查和監督為主。

另一方面，世客博臺灣館則希望藉由各縣市的參展，呈現客家族群在臺灣社會發展過程的歷史，和族群之間的互動、調和與適應，並以「適應臺灣」、「豐富臺灣」、「共享臺灣」三部曲作為策展主軸。這種藉由各地參展、自我表述的臺灣客家展演，理論上應該可以獲得理想的成果，但臺灣館的主展區，策展者卻過份著重在技巧以及氛圍的營造，展示手法印象呈現大於實質內容的鋪陳，內容難免淪於空洞和無序、去脈

絡化，總體表現較為薄弱。而各縣市館的表現落差也很大，有的縣市在前述三部曲敘事層次都能有較好的掌握，有的縣市則對本地客家的在地化掌握有限，有的縣市淪為器物展，有的只徒具展示手法而內容貧乏。對照於客家研究已有的豐碩成果，臺灣館的整體表現難免有乏善可陳的缺憾。

本研究以臺灣館中獲得客家學者肯定的縣市展區進行訪問，希望瞭解臺灣客家再現的策展思考、準備與執行狀況。從花蓮展區與臺中展區的展覽製作經驗來看，這兩個展區可以獲得客家學者肯認有幾個共通理由。首先，策展團隊一方面掌握既有的客家研究、另一方面則獲得在地的客家研究者的接應與協助，讓客家形貌的描繪有一定基礎。其次，為了豐富展覽的內涵，上述兩個團隊都花費一定心力進行田野調查，串接研究資料，並能在展覽中呈現鮮明的客家人觀點與生活樣貌。最後，展覽的設計與敘事內容密切相關，例如，花蓮展區令人印象深刻的入口意象是由多媒體呈現的花蓮縱谷景觀，其實就是為了展現田野受訪者提到他們來到花蓮之初印象最深刻的事。臺中展區以大茅埔防禦型聚落的形式作為展場意象，並以對臺中客家非常重要的水源作為展場視覺的焦點，中央有 300 瓶水瓶，裝著特別從大茅埔大甲溪取來、並經本地儀式祈福的水，在展場輔以當地科儀影片，企圖傳達環境與人文、信仰互動的意象。這些展示手法本身就發揮了不錯的敘事功能。

由於政府大力投入大型展會，往往會使得以設計取勝的作法當道。而當大型展會被期待講更多故事，設計派的手法就無法招架，以致與重視內容的專家無法對話。此一觀察也呼應了前述以臺灣文博會為代表、大型展會逐漸重視文化策展的趨勢，也直指長期以來由大型展會培養出大量過於著重設計、甚至炫技型的策展團隊體質。他們對被要求同時兼顧內容、回應往往在能力上有所困難，在態度上也不免有時會抗拒，這

生動地反映了臺灣大型展會展覽產業的共同結構性問題。

世客博從一開始的規劃架構就設計了「諮詢」角色的功能。在最高決策單位的「推動委員會」（客委會主委、桃園市長、客委會副主委、桃園市秘書長）之側成立了「世客博諮詢小組」。其功能定位在對兩館（臺灣館和世界館）的策展規劃過程提供專業諮詢、建議和指導。此一小組委員包括蕭新煌（召集人）、葉菊蘭、湯錦台、陳板、曾年有、鄭榮興、王俊雄、林文傑、李秀珍、黃丙喜等。

另外，鑒於桃園市政府對世界客家（全球客家或海外客家）所知有限，客委會對世界館的規劃和策展特別給予關心。因此，另外以標案方式成立另一個特定的「世界客家館策展諮詢工作小組」。此一小組的組成委員包括蕭新煌（召集人）、王嵩山、利亮時、林開忠等。

世界館策展受到客委會較多的關注，另組一個專業的「世界館策展諮詢」，依約必須舉行 20 次諮詢會議，時間自 2022 年 3 月 25 日至 2023 年 7 月 27 日。諮詢方是蕭新煌召集的諮詢團隊（王嵩山、利亮時、林開忠），受諮詢方有二：一是第一階段由宜誠公司和所聘的內容規劃團隊（李其霖、唐維敏、曾建元、湯熙勇主筆），二是第二階段的三立團隊。

進一步說，由於策展團隊及其內容規劃主筆也沒有過去客家策展的實務經驗，以致他們對應如何將文案內容以較有具象可展示的文物和物件的呈現往往缺乏判斷力。結果只能憑自己看過的有限物件範圍，舉出幾件物件作為展示文物。至於是不是最值得展示，則是另一個問題。這背後則暴露宜誠團隊內部、策展人與內容專家之間欠缺應有的溝通和默契。更可以說，宜誠團隊內部就已經存在了認知落差，更不必說諮詢團隊和宜誠團隊之間的另一種認知落差了。

等到第二階段的諮詢，則又出現另一類型的雙重認知和落差。第一

層落差是三立硬體團隊如何將宜誠硬體團隊所寫成的內容規劃文案轉譯成三立團隊的「展示設計」方案。三立團隊面對的挑戰是如何即時具體而微的展示宜誠團隊所規劃的文案。第二層落差則是宜誠團隊（包括主筆群），擔心他們所寫的文案是否會被三立團隊誤解和扭曲。

臺灣館的諮詢過程不但一再出現前述世界館諮詢的認知落差，甚至有過之而無不及，這現象的背後結構原因有三。

一是在「大包」臺設院之下，還有近 8 個「小包」的硬體策展公司承包主題展區和不同縣市展區的展示工作。諮詢對象不只是 1 個團隊，而是 9 個團隊，其落差問題顯然更為複雜和嚴重。

二是「大包」和「小包」之間的溝通和共識往往不盡充分，「大包」也未必盡到專業負責的指導任務和角色，以致諮詢過程屢屢出現不知是要求「小包」負責或是要求「大包」負責的尷尬情事。如果「大包」要求不嚴格，「小包」便容易便宜行事，對於諮詢意見和要求，更不時出現馬虎應對，不盡認真切實修正的嚴重缺憾。

三是不論 1 個「大包」和 8 個「大包」的硬體策展團隊都一樣沒有足夠客家內容的訓練和素養；「大包」無從指導「小包」的客家內容策展品質。雖然「大包」另聘了一位客家研究學者作為學術顧問，但該顧問與「大包」之間的聘用主從關係和「大包」是否能將顧問意見正確轉達和切實要求各「小包」執行，卻不無疑問。

臺灣館諮詢過程中也暴露出「大包」和「小包」策展團隊堅持其硬體展示專業的偏見和傲慢。對於「兩館諮詢小組」的諸多質問和建議，往往實問虛答，或是當場敷衍了解，事後不做實質修正的現象。這種專業的傲慢和對兩館諮詢小組的應付態度，在「大包」的身上更為明顯和嚴重。

世客博的策展經驗也首次將臺灣策展專業的專業特性及其不足暴露

出來。尤其是世客博是首次以「客家」、「族群」、「社會文化」作為策展內容，而這些正是臺灣策劃行業一向陌生和少經手的領域。照說，策展專業理應珍惜此次經驗，視為自我挑戰的良機，從中學習，並謙虛地與客家學術界相互切磋以成就更可觀的世客博的策展成果。但事實上，檢討整個諮詢過程，所參與的策展團隊似乎都沒有那麼嚴肅和認真的回應此次的挑戰，而只是視之為另一次「較麻煩」的接案經驗。結果就出現了前述的「認知落差」，甚至不經意暴露出來的「專業傲慢」。

二、族群博物館、客家博物館與世客博的交集

近 40 年來，博物館的數量不斷增加，這不僅反映了博物館功能和形式的多樣化，也帶來了對博物館本質的討論和爭議。在這樣的背景下，製作博物館的熱潮逐漸成為一個全球性的現象；其中涉及到對博物館的建設、功能和意義的不同理解與解釋。博物館不僅僅是一個展示和收藏的場所，它也涉及到社會、政治、經濟等多方面的功能，這使得博物館的性質愈顯得複雜。

在臺灣，客家博物館的設立自 2006 年起成為客家文化治理的一部分，並與地方的客家文物館和園區形成了客家文化實踐的網絡。對客家文化形式的研究，不但要處理族群的（或地方的）知識與專業知識之差異，也需積極的探索知識建構的社會與權力的性質。因此文化遺產是動態的形式，其「保存」便不能是固定和不變狀態的遺產維護。保存工作應確保文化遺產的動態群集，這便涉及族群的社會文化體系與文化遺產的關係。因此，在族群博物館中，擁有整合性的精本形式的文化遺產學，與五種博物館技術之文化治理，涉及文化保存、文化再現、文化實踐三個面向，至少要具備五個基本條件。此外，文化遺產保存與維護過

程所涉及的文化管理、交流與人才培育，除了應理解需要下述三種不同的專業：文化遺產的承襲人、文化遺產的詮釋者、文化遺產的管理人（包括立法者），更應能區辨實務網絡（networks of practice）與實踐社群（communities of practice）兩類系統所能發揮的功能。

　　族群博物館的設立主要是為了保存、展示和解釋特定族群的歷史、文化和藝術。這些博物館不僅僅是文化遺產的保護者，它們還有助於促進對不同文化的理解、尊重和包容。全球各國的族群博物館大多集中展示其境內少數民族的文化或歷史，這些博物館的展示形式主要分為人類學博物館和族群博物館兩大類。

　　人類學博物館通常關注一般性的文化理論建構，展示形式較為靜態，重在文化的比較和普遍性。相對地，族群博物館則更加關注獨特的文化觀念和族群經驗，通常以地方或族群為基礎，展示的形式也更為動態，注重族群文化的再現和社會教育功能。這些博物館的建置和展示過程中，除了有政治、經濟資源的競逐，還更涉及到對社會文化詮釋的深入理解。

　　近年來，博物館實踐經歷了從民族學博物館到世界文化博物館的轉變，這一轉變不僅僅是名稱上的變化，更涉及展示內容和方法的更新。現代的博物館更加注重與當地社群和文化持有者的合作，強調文化意識的提升，並且在展示內容中融入了多樣的社會問題和當代議題。這樣的轉變使得博物館不僅僅是展示「過去」的場所，更是推動社會變革和促進文化理解的重要平台。臺灣客家博物館的建構，正處於一個強調差異、追求族群主體性、重視地方分權的時代，文化與集體知識成為追求族群認同、社會發展的工具。作為「文化的發生器」（generators of culture）的客家博物館，應立足臺灣、放眼世界，創意性的再現「客家創成」（the formation of Hakka）過程中所涉及的文化內涵與族群經驗。

整合性的族群博物館包括蒐藏、展示、教育與學習、治理、社會文化影響等五大技術思維，因此客家博物館要匯集標本與文物、搶救瀕危的「多樣化的」客家文化遺產，再現客家社會的各項文化觀念、甚至成就和創造客家文化。另一方面，客家博物館應有更大的關懷，強調跨文化的「人類經驗」、「傳記體的與自傳式地詩意敘事」、「多元觀點」，描繪「人」在遭遇不同歷史情境與生態環境時，如何通過集體知識動態方式去建構其社會文化體系。

　　客家博物館的成立，參與多樣化的客家文化之論述與建構，以獨特的物件與知識的蒐藏為基礎，不但追求「結構性」臺灣客家族群社會史的建立，也協助理解「動態性」、「高適應性」、「多元化」的客家文化與日常生活的特色。客家因移動而成形，客家社會因與不同的族群文化「共存」而呈現多樣化的面貌。客家博物館應協助觀眾瞭解客家族群住居形態、衣著方式、食物偏好、溝通方式等如何形成、繁衍與再創造，並在歷史過程中體現自成一格的「各個不同客家社區」的論述場域。

　　客家博物館的設立與2023年的世界客家博覽會密切相關。世界客家博覽會的舉辦為客家文化的展示和推廣提供了平台，並且助長了對客家文化的關注和重視。博覽會的成功舉辦不僅提高了客家文化的知名度，也為客家博物館的建立和發展奠定了基礎。客家博物館的功能和目標包括了保存客家文化、展示客家歷史、促進族群認同等多方面，這些博物館的功能和目標在博覽會中，理應得到進一步的強調和實現。

　　換言之，當代客家博物館與世界客家博覽會的交集，通過展示，很值得重視。介入客家文化的保存與族群辨識，揭示反思性的客家博物館實踐，以及顧及當代客家族群文化再現的關鍵議題，不但是客家博物館對客家博覽會的貢獻，也是客家博覽會擴大客家博物館社會功能的契機與場域。

三、臺灣館的定位與運作問題

「2023世客博覽會」以「天光日个客家」為總主題，客語的意思是「明日的客家」，英文是「Travel to Tomorrow」，代表未來的新客家。因此世客博要達到的目標，就是傳達全新的客家形象，帶領客家人迎向明日的未來。從這個目標相對而言，就是過去客家給人傳統的形象，透過這次世客博，希望呈現全新的客家給全國民眾、全世界的民眾。如同世客博官網所揭示：「世界客家博覽會，不只是要如實、素樸的展示客家是什麼，有什麼特色，讓社會認識客家，更要積極展示客家社會力對人類社會的貢獻及其未來性，世界客家博覽會要通過有意的選題、論述，展現客家與在地社會之間的因緣和合，並將臺灣客家置於全球客家網絡的中心，連結全球，連結未來，彰顯客家（文化）對明日社會的積極意義。」

臺灣館的大主題是「扎根與共榮：有客當靚」，其下又分為三主軸或三部曲，分別是「適應臺灣」、「豐富臺灣」和「共享臺灣」。依照展場中臺灣館主展區的展示說明，「適應臺灣」指的是客家人是在充滿變動與未知的氛圍下，逐漸適應臺灣的環境與生活，讓這塊土地不再是他鄉，而成為了臺灣客家人的新故鄉。「豐富臺灣」則是客家文化不只是客家人的文化，更豐富了臺灣文化的多元色彩。臺灣客家文化不只是臺灣文化，更是以臺灣客家的經驗與全世界分享。而「共享臺灣」是集結當代客家族群的自信與創意，以三大主題呈現臺灣客家在不同時代的努力與改變，更透過縣市展區的豐富樣貌，看見臺灣客家的精神與活力。總體而言，就是要讓民眾瞭解、欣賞、感受客家之美。這裡的客家之美，是經過各個世代的努力奮鬥適應，並且豐富臺灣文化的結果，是一種動態之美，而非僅止於靜態展示的美。三大主題不只是在主展區呈

現，也希望能夠在各縣市展區呈現各縣市客家的三部曲樣貌與活力。

如果各縣市展區真正瞭解「適應臺灣」、「豐富臺灣」和「共享臺灣」的真意，那麼各縣市展區就必須呼應這個架構，也就是適應臺灣在各個縣市是如何展現出來？它的差異性在哪裡？共同部分是什麼？豐富臺灣是各縣市客家人在各個縣市改變了什麼？貢獻了什麼？那就是各縣市的改變臺灣。共享臺灣則是各縣市的族群關係怎麼樣？四大族群關係有怎麼樣改變？乃至於到今天，是呈現什麼樣的狀態？如何共同的在縣市裡面攜手共享，成就一個多元文化社會？

這樣一個過程，可以用客家文學大老鍾肇政所說的「新个客家人」來講，就是客家的光榮感不是來自於說客家多偉大，客家人是正統中原漢人，客家有哪些名人多有成就。而是大家要做新的客家人，新的客家是怎麼樣？用「硬頸爭自由，再造客家精神」、「熱血爭民主，再創客家光輝」，鍾肇政期許大家在臺灣爭取自由民主的過程投入貢獻。

2023世界客家博覽會由客委會編列預算，但交由桃園市政府承辦。臺灣各級政府都曾經主辦過各種大小規模不等的博覽會，但是當客委會將世客博交給桃園市政府，桃園市政府面對有史以來第一次客家博覽會時，是否意識到和其他博覽會的不同？是否意識到和舉辦其他大型賽事的不同？政府部門通常用招標的方式，將業務委辦出去，承辦的桃園市政府是否意識到不能採取和一般標案的方式來招標？

桃園市政府一開始，也許有將內容和設計施工分開招標的想法，但是並沒有很明確的觀念，不瞭解「上位計畫」、「展前研究」和「設計施工」之間的區別。攸關「上位計畫」和「展前研究」的臺灣館前兩標的流標，為世客博的順利開館埋下巨大風險。逼使第三標必須吃下前兩標的範圍，以上位計畫、展前研究、規劃施工的統合標案方式發包，而由得標者臺灣設計研究院在短短一年之內，以層層轉包的方式，自行設法

完成三大項工作內容。第三標得標的「臺灣設計研究院」，在不到一年的時間，從無到有，從主題規劃到文稿內容，再到設計施工，還要統籌14個縣市，可以用驚險過關來形容。臺灣設計研究院採取層層轉包的方式，把主展區的內容規劃和設計施工交給「柏成設計」來承做。而「柏成設計」又把內容部分轉包給一個屬於獨立接案的年輕人負責。這層層轉包的背後，其實有著兩次流標的風險在前面，最終不幸乃造成以「設計為主、內容為輔」的遺憾局面。

　　具體來說，桃園市政府沒有瞭解到前期的展前研究和後期的設計施工，乃屬於性質完全不同的工作，必須由不同屬性的「業者」來承做，才能順利決標並勝任工作。如果將這類標案，以為仿照一般工程標案，分割成「顧問工程標」和「施工設計標」，即可順利決標，逐步完成內容和設計施工的工作；於是乃有臺灣館前兩標的流標，以及世界館雖形式上將內容部分獨立為一標，卻是由不具有實質足夠資格的廠商得標。由於對上位計畫和展前研究的認知不正確，因此市府採取了一般招標案的處理方式，創完標、上網，等著「業者」來投標，然後評審、選取得標者，以為如此便可圓滿完成招標程序。

　　桃園市政府也沒有瞭解到屬於內容部分的上位計畫和展前研究，需要有充分的時間作業，並且要有足夠的時間，透過審查、對話和修改，讓展示文案內容具有正確性，才能真正達到展覽目標。整個世客博雖設有「兩館諮詢小組」，但畢竟僅具諮詢性質，對於展示文案內容，不具有最終的審查權力。加上桃園市政府歷經主政者的政黨輪替，新的市府主政團隊對臺灣歷史定位，臺灣客家族群經驗與「前朝」有不同的認識和意識型態，更增加了展示文案立論的複雜性和衝突性。

　　總體而言，桃園市政府由於對上位計畫和展前研究沒有明確的觀念，因此未能充分邀請客家研究學術界參與，以為邀請幾位學者擔任顧

問、諮詢便足夠。因此最終造成「設計為主、內容為輔」的主從倒置局面，以及展示目標和展示內容斷裂。結果恐怕是熱鬧有餘、反思性不足，無法讓觀展者思考當代客家文化的處境以及族群平等的真義。

四、臺灣館展示內容與臺灣客家意象

世界客家博覽會臺灣館的主展區和 14 個縣市特展區中，從策展三大主軸「適應臺灣」、「豐富臺灣」、「共享臺灣」來評價文化元素是否凸顯和再現在地文化、展現客家族群智慧和呈現客家文化。在主展區部分，除了「適應臺灣」請專家口述和透過客家人口數字的呈現方式，讓大家瞭解目前客家的現況等，略有達到原有的策展目標外，「豐富臺灣」和「共享臺灣」的文本內容較空洞且去脈絡化。可說是乏善可陳，沒有達到主展區畫龍點睛，引導各縣市特展區意義與價值之序曲的角色。看來主展區的策展和各縣市特展區沒有有效的連結與對話，總體表現偏向薄弱。

在地方縣市特展區部分，總體表現較能達到政策目標的有以下九個展區：

臺北客家從隱身隱聲到發聲和發生的主軸，點出了來到臺北都會的客家鄉親與其他族群互動過程當中所呈現的隱形化的文化印記。隨著 1988 年還我母語運動之後，產生很大的變化，極為吻合的訴說臺北都會客家的適應歷程。除了還我母語運動外，也提出了一套原創文本及 IP 創作成果。另外也針對客家女性地位較不平等做了反思的功夫。另外，以客家生活圖像製作了類似清明上河圖的創意。

臺三線的桃園客家以水及埤塘和文學來呈現，也抓到桃園客家的精神跟特質，凸顯客家水利與灌溉技術的開發到整個聚落的發展，同時也

展示海客半農半漁的獨特性，翻轉人們對於傳統山林客家的刻板印象，既傳統再現客家文化也引介新的觀點。另外以代表臺灣客家文學的鍾肇政的文學來描繪客家精神與思想，也吻合策展的主軸。

新竹縣的地與氣、人與精神所匯聚的信念之塔，展現客家鄉親如何適應新竹淺山地形及九降風氣候環境生態，及發揮智慧開創茶葉王國，也相當符合此次展覽的主軸。

臺中客家明顯的可以感受到客家鄉親適應環境、克服環境而開展出一系列成果的歷程。策展主軸的「源」、「聚」、「界」分別說明了臺中客家如何利用山形地勢及水圳的開鑿過程與成果。所以策展內容也符合三大主軸。

南投客家展示客家移民到南投的遷徙過程，匯聚了全臺「四海大平安」各地鄉親，從適應環境到開展智慧克服環境的歷程。南投客家鄉親經歷 921 大地震之後及從災難中走出來，浴火鳳凰的一個歷程。透過國姓搶成功文化節來表徵南投客家人適應的一個歷程。在整個發展過程中，發揮智慧在開拓各種產業，豐富了臺灣。從浴火重生到產業創新，在在呈現出南投客家和其他族群攜手前進共榮共享的「共享臺灣」的精神。

雲林詔安客家也展示客家來到雲林如何適應環境，善用雲林蔬果發展出的系列豐碩果實以及適應的過程。人們可以看到雲林詔安客家對於整個雲林農業蔬果產業的付出與貢獻。而詔安三寶：武術、開口獅和布袋戲等創造獨特的客家文化特色而豐富臺灣。值得強化的是「共享臺灣」主軸，可以思考詔安客家所面臨的危機以及如何因應的新觀點。

高雄客家在三大策展主軸都非常豐富。從客家鄉親移民到高雄的歷程到逐漸文化成型的美濃反水庫事件，及客籍小說家作品所呈現出來的精神與意義，以及高雄客庄豐碩的各式各樣有形與無形文化資產，如藍

衫、紙傘、菸樓，及後來的新三寶水蓮、白玉蘿蔔和橙蜜番茄，以及甲仙的芋頭等，都看見策展對主軸用心與巧思。

花東展區展示客家人來到了花東之後如何適應環境，其中最重要的就是如何跟原民和其他族群互動所產生的多樣化的互動歷程與成果。在這兩個展區當中非常善用這樣的內涵與策展的手法。花蓮主要運用數位科技的策展技巧，將這樣的歷程呈現。相對的臺東使用原生態的方式，運用稻草以及水圳模型等材料佈展，並呈現飲食文化方面豐碩的內容。這兩個展區在「適應臺灣」提出了非常好的模式跟內涵。另外也讓人感受到族群和諧互動的過程，存在永續的精神概念，這種精神的確可以與全臺灣人共享。

在總體表現薄弱且有待改進的另外四個展區方面：

新北客家雖然以抽象的「客之繹術」為主軸，在「適應臺灣」方面描述各地客家鄉親來到新北發展的過程缺乏更深入的討論。在「豐富臺灣」方面以「客家同樂會」方式呈現，表達各族群的互動交流樣態，但必須透過參加活動才能理解一二。在「共享臺灣」方面也不明顯。

新竹市客家從整個新竹市城市的變化跟角度出發，客家的地位與角色被弱化和縮小，輕描淡寫客家鄉親在新竹這座城市變化過程當中參與鐵路建設的片段。對於許多從新竹縣遷徙到新竹市這樣一個客家的發展過程著墨不多。在豐富臺灣上的論述也不夠深入，至於引介新觀點更是欠缺，而淪為市政建設成果展。

苗栗縣在「適應臺灣」方面雖然說明客家鄉親如何利用樟樹和苗栗陶土開創出三義木雕和公館陶瓷王國，但實際整體的呈現方式則淪為木雕和陶瓷產業展，甚少呈現整體產業發展歷程中，客家鄉親奮鬥打拚的身影與脈絡。

臺南客家因為資料有限，起步較晚，只能從極少文獻當中開始尋找

客家在臺南的部分足跡以及隱藏在各角落客家鄉親的奮鬥點滴。但在未來臺南客家意象則尚未有深入的探究。

屏東客家雖然試圖把屏東六堆客家的歷史及所形成的聚落如五溝水等及相關產業經濟、環境生態加以呈現，但文本上的呈現則過於簡陋粗糙，只有氣球和某些展板這些粗糙手法，因此六堆豐碩的客家歷史和產業完全未能展現出來。

五、臺灣館展示手法與臺灣客家意象

臺灣館主展區以「適應臺灣」、「豐富臺灣」、「共享臺灣」作為三部曲主軸呈現，各縣市之地方展區亦在期待如此去策展。展示手法包括展示技術、媒介以及整體場景設計等元素。同時，臺灣館主題區與各縣市展區均分別嘗試藉由相互的策劃協力展現臺灣客家內在的多樣性。

既然臺灣客家經驗絕非單向度，展示手法也必然擁有多元性，方能相互呼應、映照。此種客家經驗與展示手法如何適切地配搭的關鍵問題，應是審視臺灣館是否成功的原則。高品質的展覽內容和客家文化的真實再現之間如何連結，須奠基於深入且體系之知識論述，也須依靠策展技藝的規劃和創意。

整體而言，為求體現客家文化在時空和人文生態等不同維度和發展，臺灣館展區確實混合運用了舊的靜態展示手法以及更具動態體驗和科技跨界的創新展示技術。因此，它試圖打破傳統的客家刻板印象，轉而以多樣性、跨界性的展覽組成方式來塑造臺灣館的氛圍。某種意義上即企圖透過多元紛呈的觀展感官經驗，去反映臺灣客家主體認同之在地差異化內涵。這是臺灣客家獨一無二的經驗，具備「自為意識」的族群。在「類博物館」的臺灣館的空間中，觀眾與客家論述和文化再現

間，確實存在著可以相互對話的潛能。

在展覽分區及其內涵的構成上，為求呼應客家族群由遷徙到在地化的特質，其中，由空間佈局來看至少可歸納出 3 種基本模式：（1）元素運用：運用客家文化的元素和風格，設計展覽場地的結構和裝飾。（2）主題強化：場景的設計仍顧及了觀眾的涉入感，即給予一系列主題的界定和提示，透過感官和論述強化觀眾的觀展體驗。（3）內容敘事：在本展中敘事性仍突出，即按照某種梳理過的臺灣客家文化內涵的邏輯順序來組織內容。

展場結構性的另一面向則包括地理化的臺灣客家想像：即按照某種地理分布來描述、界定和區分臺灣客家族群的內部差異性。除主展區外，臺灣館之策展團隊也將本次臺灣館的縣市展區，依循「客庄 369 幸福計畫」（臺三線、高屏六堆、花東臺九線）的路徑，帶領民眾依序由雙北都會客家出發，經過臺三線之桃竹苗及臺中地區，再沿著東部臺九線的花蓮縣、臺東縣，再至南投、雲林、臺南等縣市，最終站抵達南臺灣六堆地區的高雄市、屏東縣。

新、舊展示手法的結合也是臺灣館展的特色。所謂「新展示手法」，泛指新概念、新技術、新模式在展覽中的應用。相對之，所謂「舊展示手法」，則主要指涉傳統的、以物件為主的和靜態的展示模式。臺灣館「舊展示手法」的範疇，包括靜態展示、文物陳列、視覺呈現等方式交錯運用；在「新展示手法」上，則包括裝置藝術展示、多媒體展示、數位化呈現、實境重現、社群參與等五種主要模式。

同時，展示技術必須與客家文化敘事相呼應。就此，Schein（1992）提到組織文化構成的三要素：人工製品、信奉的價值、基本潛藏的假設。透過將客家族群文化的分層概化為「器物」（物質文化）、「精神」（文化價值）及「制度」（社會組織）等層面，可以據此分析臺

灣館如何透過展示技術的選擇和安排以呈現客家文化。

如前述之既有臺灣客家文化展示的歷史脈絡，世客博臺灣館案除了繼承，亦須展現創新之處。目前，可發現臺灣館在表述歷史、現狀、發展與進步性上，均嘗試脫離了既有相關展示偏重之靜態展示取徑，而改以跨媒材的整合化呈現方式，將文字、平面、實物、立體、影像、聲音、數位、虛擬實境、觀眾參與等媒介，有意識的納入展場當中。由此看跨媒材的展示方式，應可被視為臺灣客家經驗整合化展示的主流創新方向，且透過臺灣館展獲得確認，亦即某種「跨媒介＋文化論述」之展覽模式愈發成型。

然而，本展在重視運用或開拓展示手法之餘，並未深究客家族群論述間的結合。為避免以展示取代內容，至少應掌握以下對策：（1）加強文化內容的解說：在展覽中加入詳細、生動的解說，介紹客家文化的背景、歷史和價值觀。（2）增加互動性：透過互動元素，包括人與媒介、觀者與導覽者之互動，讓觀者在啟迪中發現多元觀點。（3）強調當代性及議程面：在展覽中強調客家文化的現代性和發展，讓觀眾認識到客家文化的生命力及當下面臨的危機和衝突。就此而言，臺灣館的策展似乎沒有成功地做到。

臺灣館確實透過較創新的展示手法吸引了相當多的觀眾，讓他們有深入瞭解臺灣客家文化的機會。然而，策展團隊也需要進行反思。展示手法應該既能夠吸引觀眾，也能尊重客家文化的特性和價值觀。應該避免過度感官化的展示手法，轉而更加深入地挖掘客家文化的內涵和精髓。如此才能考量展示手法對應於適切內容之清晰度、吸引力、結構完整度、互動性和創新性等，以更適合的方式來再現扎根、豐富和多樣的臺灣客家。

六、世界館的定位與運作問題

世界館的展覽入口，可以看到「世界客家」的主視覺，運用三角型及方型組合成「家」的意象，呼應客家文化在世界各地組織家庭、落地生根；並運用「家」作為基本圖形，不斷向外擴張及變化，延伸組合出不同的圖像，呼應客家文化在世界各地根生同源的意象。以此主視覺為展示內容的主軸，揭示客家移民如何在世界各地開枝散葉的歷史與在地化過程，呼應了世界館主題「在地與多元」。

然而，展示內容是否能夠呼應主題，則需要進一步檢視。如前所述，世客博的出現，客家研究學界在其中扮演重要角色。世客博展示的客家文化論述、策展論述與展示架構皆由客家研究學者定調，因此若要分析展示與主題之關聯，首先需要盤點臺灣的海外客家研究以及國際學者的客家研究中的客家意象，以此作為檢視世界館中的世界客家意象及考量的出發點在於世界館的展示是由臺灣學者專家團隊所策劃的，不可避免地會帶有臺灣觀點，同時既有的研究亦是世界館展示內容的學理基礎。因此先從臺灣的海外客家研究著手，再一併檢視非臺灣學者所進行的海外客家研究，以獲致海外客家研究中客家意象一個較為完整的樣貌。其次，展示中的客家意象又是如何？如何呈現「在地與多元」？最後則是探究研究與展示之間是否能夠互相接合抑或是有鴻溝？

在討論臺灣客家研究中的海外客家研究之前，我們需要清楚認知到除了研究是構成此次世界館展示的重要基礎之外，不可忽略地研究之所以能夠成形且發揮其影響力的背後實為臺灣的學術機構（客家學院、系所與研究中心）的設立、學術社群針對海外客家研究所進行的跨國合作、公部門與民間社團組織之間的網絡連結，這些皆對於臺灣所欲推動與建構的「世界客家」有所影響。

在展示中，與其他區域相較之下，東南亞客家資料最為詳盡，這是因為臺灣的海外客家研究中，以東南亞客家研究最多，尤其在臺灣客家研究知識體系建構之後，臺灣學者所進行的東南亞客家研究為相關研究累積了不少量能。如此圖像的出現，有其背後的學術社群與客家組織網絡間的運作，臺灣社會的客家運動及政治制度是促成今日臺灣客家學術研究發展的關鍵要素。在研究中以東南亞居多，議題方面則多為族群與認同、宗教信仰、會館組織、領袖人物、跨國網路或移動、宗族宗親、經濟產業等。

雖然展示的內容部分以既有研究為基礎，然而展示與研究之間有著無法跨越的鴻溝：

（一）「自在」客家與「自為」客家

在展示中無法明確揭示所謂「自在」客家與「自為」客家之差異，連帶地，展示也鮮少提及在地客家人的認同轉變。尤其認同的出現是與他人互動之下而形成，展示中與客家人相對的「他群」卻往往隱而不見，但這卻是海外客家展示應該極力達到的目的。

（二）客家華人與周邊族群關係

客家華人與周遭族群的互動關係一向是多數海外客家研究中關切的主題之一，但在展示中，多以歷史中所遭受的殖民政權、國家的迫害呈現客家華人的在地處境。其他族群關係理應在族群通婚、生計產業、經濟活動中出現，但未見在其中的族群關係，也幾乎不見客家族群內部關係的異同。

（三）比較的視野

由於海外客家可說是具有多源與多元的特質，但展示卻是以「地理區塊」的方式展現各國客家的歷史與現狀，此一展示方式不僅切割了區域之間的關聯性，也忽略了客家移民在全球網絡中的動態關係。平心而論，以區域和國家為單位的展示考量恐怕是目前博覽會最方便的展示策略。

由於世界館的展示是由臺灣出發的角度進行策展，尤其是第二展區「世界客家」以及第三展區「點亮世界」的展示內容以東南亞客家居多，可以顯現在臺灣特別自 2001 年客委會成立之後，臺灣客家學術社群大多集中以東南亞客家為對象進行海外客家研究。

然而，海外客家研究背後堅實的基礎來自於臺灣客家知識體系的建構，而此知識體系的出現與臺灣客家運動與客家政策緊密相關，因此進行海外客家研究的臺灣客家研究學者所關懷的議題、研究取徑、觀點與研究方法乃有別於東南亞當地學者。如在第三展區中以蕭新煌教授提出「全球客家研究新典範在臺灣」所揭示的典範轉移現象，即可說明臺灣客家研究的一大特色。

從 1988 年臺灣客家族群推動「還我母語運動」，促進臺灣客家學術社群對於客家研究的積極關注與推動。2001 年行政院成立客委會，在歷經 20 多年之後，根據蕭新煌教授的見解，客家知識體系的建構迄今，至少呈現 4 種典範的轉移現象：

1. 從「客家在臺灣」的源流典範，移轉到「臺灣的客家」的在地化典範。
2. 從地方主義研究視角，移轉到族群互動視角的「具社會科學本質的族群研究典範」。

3. 從「客家在臺灣」的墾殖史典範,移轉到「臺灣客家」的「族群政治典範」。
4. 從臺灣客家與原鄉的比較,移轉到臺灣客家與全球各個他鄉的「全球比較典範」。

由此觀之,臺灣客家研究的發展已經走向在地化發展、以當代社會科學觀點進行族群關係研究、從客家人為臺灣構成人群之一轉變為客家作為一個族群,並走向制度化的發展,最後則是將比較的視角擴展到世界各地,去進行比較。質言之,如前所述,世界館的展示內容尚無法完全實踐「全球比較客家研究新典範在臺灣」所展現的意義。雖然從世界館最後的展區「攜手前行」可以窺見臺灣欲作為世界客家文化樞紐的用心。企圖從向海外傳播音樂、文學、影音作品(海外聽客音)以及介紹客委會的使命,以結合全球客家網絡與海外客家社團的能量,希冀對全球客家甚至是全人類做出貢獻。但是假若無法真正從展示內容凸顯臺灣客家研究所促成的全球客家研究新典範,客委會所欲將臺灣打造為世界客家文化的節點和族群外交的目標恐怕無法真正落實。

七、世界館展示內容與世界客家意象

世界館的主視覺為「天光日的客家」,展示主題為「在地與多元」,以三部曲:「離鄉」、「融合」與「獨特」和四個展區來呈現。第一展區「序曲」意圖展出因歐洲殖民主義擴張而造成客家人的離鄉,惟展示文案只點出歷史結構因素,而無法凸顯客家移民的多元/源;同時也因為著重靜態展示手法而使得客家人在歷史中無法發聲。

第二展區「世界客家」展示了 8 大區域 20 個國家的客家,聚焦於「離鄉」、「融合」與「獨特」三部曲,也是展示世界客家意象的主要展

區。但其展示意圖與實際展示結果有相當的落差，這可以從幾個方面來分析：

1. 華人或客家人？「世界客家」的展示文案內容有約三成使用「華人相關詞彙」作為描述的主體而沒有加以說明，且在一些文案中，「華人相關詞彙」與「客家人」交互使用，容易落入以華人視角出發並造成客家被隱形化的問題。
2. 如何融合？怎樣獨特？展示文案內容都相當一致，集中在移民史、人物、經濟企業和社會組織的描述；惟每個國家所涵蓋的描述面向都不一致，有的多，有的少，跟已有的海外客家研究成果似乎無法匹配。有關「融合」的例子大多出現在宗教、飲食和通婚混血上，至於「獨特」的相關描述則相當稀少。
3. 有形與無形的客家文化：在總共 23 則相關的展示敘事中，絕大多數的 13 則敘事屬於「保留客家文化」類別，如針對客家語言、宗教祭祀、社會政治組織、服飾、歌曲等客家傳統有形與無形文化有關，這部分占了總則數的一半以上。只有 6 則敘事點出「融合」的存在，但並沒有進一步延伸透過文化融合所產生的獨特價值和文化結果，這樣的敘事占了 1/4 強。最後只有非常少的敘事是描述客家與在地文化融合後的獨特結果。
4. 航向未來還是回到過去？從文案內容分析得知，「世界客家」的敘事仍太偏重「離鄉」的過去，對於「融合」的當下客家則只有片段、零散與不夠深入的敘述。更重要的是展區裡對世界客家未來是否也能凸顯展現各地客家「獨特」的闡述更為稀缺。因此，這是一個回到過去而非航向未來的世界館，與展示主視覺的「天光日」意涵大相逕庭。

第三與四展區的「點亮世界」和「攜手前行」主要以客家名人及影

音著作和社團組織來闡明客家對世界各地的貢獻,以及世界客家與臺灣之間的連結。跟前面兩個展區比較起來,第三與四展區比較契合世界館的展示主旨,即部分強調世界客家的在地融合與獨特的樣貌。結合四個展區來看,整體的展示似乎無法跟所宣稱的三部曲密切對焦,尤其是「獨特」面向最為缺乏,且跟「天光日」的主視覺背道而行。

總的來看,世界館的實際展示內容與意圖之間有著難以彌補的落差,究其原因,可以從以下幾個方面來說明:

1. 策展團隊客家內容專業有限:從展示文案的策展團隊的背景來看,幾乎都不是長期在海外客家研究的學者專家所組成,他們或許只是「海外華人」的研究者。由於對海外客家研究不熟悉,專業度不足而使得此次展示對象不明確、主旨無法彰顯、以及展示理念與實務的落差。
2. 展示團隊精於設計卻疏於配合展示理念:世界館透過互動式、多媒體以及大量的翻拍照片等壁報式的方式展示世界客家,雖然能博取部分觀眾的目光,但在強調「沉浸式」及「劇場感」的展示設計下,難免犧牲了展示主旨、理念等之間的扣合,頗有曲高和寡之感。
3. 策展產業分工型態複雜:比較起來,世界館策展的產業分工遠較臺灣館來得簡單,分別為宜誠(主要負責文案撰述與策展建議)以及三立(進行最終的展示設計規劃與文案修飾),但兩家公司都沒有族群文化展示的過去經驗。因此,只著重於平鋪直敘的文案描述。

八、世界館的展示手法與世界客家意象

世界館從整個展示來看,完全未能突出應有獨特處,且只著重移民歷史。在馬來西亞方面,以錫礦作為馬來西亞客家之主題,可當作是探究 20 世紀初客家移民從原鄉遷徙南洋之重要線索。由此,透過馬來西

亞的錫礦發展，來理解客家族群如何在馬來西亞歷經在地化過程，以及孕育出不同於原鄉的社會文化。錫礦與馬來西亞客家關係，客發中心已經在2018年舉辦過展覽，但世界館的策展者卻無法善用之前的成果，以凸顯馬來西亞客家的特質。更有甚者，策展者只把之前的採錫的模型放上，就草草了事，這樣的作法不禁令人失望。

印尼客家方面，策展者凸顯山口洋這個城鎮，但是缺乏聚焦山口洋客家的特色。從研究觀察來看，山口洋地區的客家人數眾多，使得客家話得以成為當地最重要的共同語言。由於多個客家亞群混居互動的結果，使得在語言上，雖然偏重河婆腔，但已融入惠來、陸豐，以及興梅五華的口語，更夾雜了許多印尼語，形成山口洋客家話的一大特色。由於蘇哈托政府「同化」政策雷厲風行，使得很多華人家庭都無法保存其母語學習，特別是當這些家庭所處的環境又不利於少數群體，且在語言上處於劣勢時，對於語言發展與傳承可說是雪上加霜。在山口洋地區，除了客家話是優勢的語言外，更因為許多第二代的非客家華人，例如潮州人，雖然學會了自己的母語，但在生活、社會交際上，幾乎都是以客家話溝通，因而即便是同鄉相遇，大家都還是以客家話聊天。山口洋地區客家人口的優勢也使得客家與非客家華人間的通婚相當普遍，夫妻之間的溝通語言當然也是客家話，許多人更以自己的母親為客家人（父親為非客家人）而認同為客家。

在印尼的國家教育政策下，印尼語成為國語，所有的國立學校（Sekolah Negeri）皆以印尼語為教學媒介，上課時間為早上時段，所有在山口洋的小孩皆必須上國立的中小學，因此在學校裡，小孩使用的語言主要為印尼語。但回到家裡，父母跟小孩使用的語言卻是客家話，因此，可以在學校以外的場所，譬如菜市場、遊樂場、游泳池、飲食料理店等地方，聽到小孩跟父母用客家話對談的景象。但當小朋友在一起嬉

戲時，客家話與印尼語的混合使用就比較普遍。除了家庭與社區使用客家話頻率高以外，在山口洋地區還有客家話創作的流行歌曲。在山口洋，客家流行歌曲的創作相當蓬勃發展，由於印尼政府打壓華文，使得很多印尼華人連聽說華語都成問題，因此間接地讓華語歌曲的市場萎縮，有助於作為共同語言的客家話創作歌曲的流行。雖然在客家歌曲的創作上，大部分的山口洋客家歌詞都是以當地人瞭解的印尼羅馬字拼出客家語音，以方便不懂中文字的華人消費者能夠對客家歌琅琅上口。但是世界館的印尼客家展區都沒有看到這些在地特色，十分可惜。

臺灣客家注重文化的保存和傳承，並通過各種形式的文化活動和教育，積極推動客家文化的傳承工作。從客委會成立至今，其實臺灣客家文化的發展是不遺餘力的在推動，而客家文化發展中心的多年計畫中，其實蒐集了不少的文獻，特別是新加坡豐順會館、新加坡嘉應五屬公會、晉漢斯大埔會館、馬六甲惠州會館、檳城嘉應會館、印尼惠潮嘉會館等文獻與史料，可說是相當豐富。從客委會至客發中心，這些年來的努力，其實對海外客家產生一定程度的影響。當中包括喚起原本埋藏心底的客家意識。海外客家不可能跟臺灣一樣出現客家運動，但是這近十年來，例如馬來西亞、新加坡、印尼等地的客家意識的出現，到底是曇花一現，還是生機處處，有待觀察。新的客家族群意識的興起，確實是跡可尋，但是它仍然不可能取代在地化與主流社會文化融合的大趨勢。

客家人在各國社會中具有不同程度的影響，他們積極參與社會建設，為其所居住的國家發展和進步有所貢獻。同時，客家文化也是社會多元文化的重要組成部分，促進了不同族群之間與融合。在展覽中，「點亮客家」就是凸顯客家人在各自居住國與各領域的傑出表現，以此來讓參觀者知道臺灣以外的客家人的貢獻。展場第二部分「世界客家」，在展場上用世界地圖展示客家人在各國的人數，以此來讓參觀

者知曉客家人是廣佈在世界各地。如上所述展覽中設有「海外客家名人」，展示了客家人對不同領域（商業、政治、文化等）的貢獻，從而讓人們認識到客家人在世界歷史中亦佔有一席之地。另一方面，在「點亮客家」展區旁，亦展出國內對海外客家研究的著作，以此清楚告知參觀者臺灣客家學術界對全球客家的關注與貢獻。

長期以來，客委會對於海外客家個人及社團組織的各種連結，以及各種客家文化推廣的活動，都投入不少人力與心力。文化推廣的努力有助於提升全球客家人的自尊與認同。客委會作為全球唯一中央級的客家事務專責主管機關，對客家文化的保存、傳承與發揚，扮演關鍵及引領潮流的角色。客家的業務也不限於臺灣，過去這些年來，客委會為推展海內外客家事務，積極的拜訪各地客家社團，並藉由籌辦全球性客家會議、辦理海外客家藝文巡演等活動，以強化臺灣與國際客家的連結，提升對臺灣及客家之認同、向心及能見度，逐步建構臺灣成為全球客家文化研究與交流中心。客委會有必要在未來的世界客家展覽中，對此全球鏈結更多費心思。

在實地參觀、田野調查與研究之後，對展示手法有以下幾點思考：

1. 展示文本內容多從歷史切入「世界客家」的發生與在地生根的過程，因此可以明白主辦單位所提供給觀眾「觀看」的途徑是透過歷史的濾鏡，固定住客家人在不同國家或地區的生活。然而若要讓觀眾更加能夠趨近與認識全球客家，應該從歷史貫穿至當代客家，同時展現變遷過程，如此凸顯客家並非歷史的化石，而是活在當代並迎向未來。
2. 也值得思考的是，我們所「觀看」的內容事實上是透過臺灣單方面的策展視野所呈現，恐怕缺乏在地客家人的觀點，甚至是與在地客家人有所互動之周圍人群或族群的觀點。

3.「世界客家」以區域、國家或地區作為展示的劃分依據，忽略作為世界客家整體的連結性，畢竟，區域間並非孤立存在，例如從印度到加拿大，或是從牙買加到紐約「老華客」的二次移民，即是串起不同區域間的關聯性，這現象就是值得多加著墨的內容和多加費心去展示。

由於策展團隊沒有海外客家網絡，無法充分運用海外客家已有的文物來進行展示，使得世界館的內容大多為壁報式的文字描述，再輔以一些現成的影片作為補充說明，平面化了本次的展示。特別是展示設計團隊都難免懷有其專業的傲慢，堅持設計凌駕於客家內容的展示，以光鮮亮麗或科技感十足的設計來奪取觀者的目光，忽略了客家內涵才是主體的展示理念和目標。

最後，世界館 8 區域，20 個國家客家的個別展手法，幾乎都採取較多舊的展示手法，較少有新的展示手法。在有些區域（如東南亞）有過多平鋪直述的文案和內容，而有些區域和國家卻顯得展示內容和手法過於單薄，如南亞（印度）、非洲（模里西斯）、加勒比海（古巴、牙買加）、南美（蓋亞那、蘇利南、秘魯）等。結果是透過這種不甚均衡的展示內容和手法，世界館所呈現的全球客家難免出現片斷和去脈絡化的族群意象。

第一篇
世界客家博覽會與客家文化治理

黃貞燕、王嵩山、蕭新煌

世客博是臺灣第一個以客家族群為主題,同時也是全世界第一個以全球客家為主題的博覽會,希望如實地呈現全球各地客家與在地社會的互動及在地化過程,勾勒客家的整體圖像,展現「客家性」多元發展。其中,世界館將客家族群的移動放入近代國家形成、全球資本主義擴張下的殖民統治的宏觀脈絡之下,臺灣館希望由各縣市的參展,呈現出客家在臺灣適應環境並扎根的多樣性。藉由一如上述的客家敘事凸顯臺灣的客家研究視野,同時也彰顯臺灣作為全球客家網絡中心的重要性[1]。

　　世客博主要由客委會籌備與經營,也顯現了與前述展覽敘事相同的企圖心。博覽會由客委會與所在地的桃園市政府聯合主辦,協辦單位則包括參展的14個縣市政府[2]、4個國家級機關[3]與2個地方基層行政單位[4],除了世界館與臺灣兩個主展館之外,還有8大副展區[5]、17個衛星展區以及在地企業。博覽會的籌備,召集了世客博諮詢小組(含世客博整體經營與臺灣館兩個小組)、世客博世界館策展諮詢小組,籌備期間總共召開35次諮詢會議,以及5次海內外客家社團的意見交流會[6],開展後更是透過客委會與各縣市客家發展行政單位,推動客家鄉親看展、各

1　參見世界客家博覽會官網「天光日个客家」「宗旨與目的」的說明。https://www.hakkaexpo2023.tw/aboutHakkaExpo#01。讀取日期:2024年5月10日。
2　桃園市、臺北市、新北市、新竹縣、新竹市、南投縣、苗栗縣、臺中市、花蓮縣、雲林縣、臺南市、高雄市、臺東縣、屏東縣。
3　原住民族委員會、海洋委員會、經濟部國際貿易局、農業部農田水利署。
4　中壢區芝巴里辦公室、中壢區芝巴里福德宮管理委員會。
5　世客博所在地周邊的館舍與園區:國際原住民族文化創意產業園區、橫山書法藝術館、1895乙未保台紀念公園、桃園北區客家會館、永安海螺文化體驗園區、臺灣客家茶文化館、崙坪文化地景園區、桃園市兒童美術館(青埔館)。
6　參見「客屬社群倡議研討交流活動會議紀錄」。

縣市市府團隊參觀，或者以類社會福利定位推動弱勢家庭、學子與銀髮族參觀。短短 66 天的展期，參觀人次達 1,100 萬[7]。

　　本篇所關注的，不是世客博的展示文本內涵，而是博覽會的意義如何論述，生產展示文本的政策、組織與機制，如何影響文本的生產，並一窺世客博之於臺灣客家文化治理的意義。不論是從主題、規模、展演形式以及動員措施，世客博都是臺灣的族群文化展演、族群文化治理議題上非常獨特而具有指標性的案例，以下幾個問題非常值得進一步探究：為什麼倡議族群文化認同的嚴肅主題，採用了時間短、動員力強，向來以商業或觀光效益為主要訴求的博覽會形式？以博覽會的定位，世客博的籌備從前置作業、顧問群陣容與諮詢會議頻率，展覽的製作與觀覽的動員幅度，可以說都是特殊規格，世客博的定位如何敲定？世客博的規劃與執行團隊如何組成？世客博的展演內容如何完成？最後登場的博覽會是否回應了籌備階段設定的目標？放在臺灣族群（客家）文化治理的脈絡，世客博登場的意義何在？

　　本篇從以下三個面向檢視世客博涉及的文化治理樣貌：首先，梳理普遍的博覽會展示技術與治理技術如何產製獨特的再現及其問題，以及 21 世紀臺灣獨特的博覽會現象，作為理解世客博登場的脈絡；其次，釐清世客博策展與執行的結構與過程，指出世客博的展演規劃所涉及的文化治理面向，以及策展立意如何在行政管理的邏輯與執行的現實中漸漸變形，並形成三個面向的斷裂；最後，分析博覽會場域中的文化展示

---

[7] 參見 2023 年 11 月 4 日臺灣設計研究院的焦點報導「世界客家博覽會圓滿開幕！臺灣館打造客家當靚、族群共好里程碑」。https://www.tdri.org.tw/45303/。讀取日期：2024 年 5 月 12 日。

和治理的方法、觀念與知識,討論族群與文化展示和社會文化體系的關係,並分辨文化的展演行動架構之意涵,藉以探索為何與如何運用博覽會製作獨特的客家意象。

第一章　21 世紀臺灣的博覽會現象

　　博覽會，是一種普遍見於不同社會、由來已久的文化展演形式。到了 19 世紀開始出現由國家規劃推動的國家博覽會，甚至發展出全球性的規模與跨國機制，形成一個獨特的系統。學術界普遍認為，博覽會這種在短期內人、物、財的大量動員之展演形式，不論是其前台或後台都具有高度的政治性，惟其政治性受到社會文化脈絡的影響。本章從世界博覽會大脈絡著手，接著聚焦日本博覽會的文化治理與政治性分析，以此作為基礎，描述 21 世紀臺灣的博覽會現象以及與日本的同與異。

第一節　博覽會作為展演機制的特殊性

　　博覽會的基本形式是在特定期間將一般規格以上的大量物件與資料匯集一堂，供大眾觀覽。這樣的活動普遍可見於不同社會，且皆由來已久，例如，歐洲中世紀的商人市集、日本 18 世紀中期的物產會，基本上以經濟商品的展售與資訊交流為目的。如此模式，到了 19 世紀末開始出現由國家規劃推動的國家博覽會，1849 年法國倡議舉辦跨國的大型博覽會，1851 年在英國倫敦舉辦的萬國工業產品博覽會（Great Exhibition of the Works of Industry of all Nations，以下簡稱倫敦萬國博覽會），成為全世界第一場世界博覽會（以下簡稱世博會），其後催生了國

際組織持續辦理，成為一個獨特的系統。

19世紀跨國的、大型世界博覽會的發起有以下幾個原因：作為不同國家的文化商品、最新工業產品的展示，促進經濟活動同時達到大眾之文明啟蒙效益，同時展現帝國的力量。以1851年倫敦萬國博覽會為例，其展示內容以世界文化與最新工業技術產品為主，這個博覽會創造了許多前所未見的規模與成績。來自世界各地總數達1萬3千多件的展品，包括當時最為先進的工業產品，如軌道蒸汽牽引機、高速汽輪船、起重機、廚具用品、鐵製品、以及來自美國的農作收割機等；參觀者估計將近6百多萬人次，是當時倫敦人口的3倍；主要會場是一棟規模巨大的玻璃屋，記者將之描述為水晶宮，意外地由一位非建築背景的園藝師所規劃，由空心的鐵架與玻璃在短時間內搭建而成，是建築與設計領域中劃時代的產物，也標誌著工業革命的成就，成為這個大型博覽會指標性視覺記憶（吉見俊哉，1992：27-63）。

1851年倫敦萬國博覽會之後，大約2年到8年不等會舉辦一次大型的跨國博覽會。1928年，經常參與或舉辦世界博覽會的國家共同簽署了國際世界博覽會條約，並成立負責管理世博會的國際組織。此後每一屆世博會的地點由世界博覽會國際組織的成員國選定，到目前為止已有170個成員國。由這個組織推動辦理的世博會，原則上5年一次，一次為期6個月。然在兩次世界博覽會之間，也經常出現為期3個月的小型博覽會[1]。

快速回顧世博會的軌跡，在1935年以前的世博會大致上延續著前述倫敦萬國博覽會的定調，謳歌進步、國家力量與文明啟蒙。1935年

---

[1] 參見世界博覽會事務局官網。https://www.bie-paris.org/site/en/1935-brussels。讀取日期：2023年9月13日。

在比利時首都布魯賽爾的世博會，開啟了日後倡議型博覽會的取徑。當時希特勒帶領德國重整軍備，讓歐洲陷入再度被捲入紛擾不安的社會氛圍中。因此，1935年的世博會倡議「通過競爭獲得和平」，呼籲世界各國關注技術、藝術與經濟的競爭，而不是武力戰爭。這是世博史上第一次將博覽會作為倡議時代期望的平台。此後，倡議普世價值漸漸地成為世博會的基調，例如和平、和諧、環境、永續等議題[2]。即使如此，這些良善的社會價值卻經常以商品化、膚淺的消費對象登場，成為商業主義所歌頌的未來。可以說，在帝國退場之後，博覽會成為企業與商業的戰場。

以1851年倫敦萬國博覽會為指標性的起點，博覽會至今已經有170多年的歷史。在世博會國際組織認定的世博會之外，擴張出由國家、城市、特定產業組織所舉辦，主題與目的各異的博覽會，同時，也衍生出模仿博覽會的常態商業機制，如百貨公司、大型商場等。今日，博覽會風格的空間展演、物品展演、觀點展演的手法，已經成為日常。

歷史悠久的博覽會之展演機制有其特殊性，吉見俊哉在其深具影響力的著作《博覽會政治學》（1992）、《萬博幻想》（1998）中有著精闢的分析。前者以19世紀以來至日本1970年代的大阪世界博覽會為對象，犀利地剖析了博覽會前台之國家意象展演、民眾動員與啟蒙的特質，後者將視角延展到博覽會製作的後台，以日本1970年代以降到2005年為止舉辦的四個世界博覽會為對象，批判性地檢視了這個大型展演機制如何成為各種政治話語的工具。吉見俊哉指出，兩本書都以世界博覽會的政治性為研究課題，前者聚焦前台文化展演的小政治，後者擴及後台國家政策的大政治（吉見俊哉，1998：268-273）。

---

2 同前註。

吉見俊哉（1992）指出博覽會前台文化展演的政治性，具有以下的特質：首先，博覽會是權力展演。世界博覽會是19世紀末帝國主義時代的產物，本質上既是政治的、也是文化的戰場。早期的世博會，基本上就是一場大型的帝國權力與資本展演，強調帝國的力量與成就。除了先進的產品與設施，博覽會中的異文化展演，例如從帝國的殖民地物品到惡名昭彰的人種展示，都是為了透過「他者」的展示，強調「自我」的優越。

　　其次，博覽會是奇觀展演。博覽會具有大型的、劇場式空間，最先進或者奇異的產品或物件，以及費盡心思的動員機制與隨之湧入的大量人潮，這種訴求非日常的奇觀式展演，以及高度的娛樂性是博覽會的重要特徵。同時，在日常規格之上、大量物品的展示陳列，以及追求或慕名奇觀而來的人潮，使得博覽會成為促進消費、喚起消費慾望的絕佳場所。

　　再次，博覽會的展演帶有規訓作用。博覽會帶給民眾綜覽大量物品或事項的機會，也讓物品或事項得以序列化而產生評比的效益。這種獨特的觀看經驗，使得博覽會具有一種現代規訓的潛力，影響觀眾看待事物的角度，特別是博覽會的規訓經常隱藏在娛樂化的、愉悅的氛圍與場域中而難以察覺。

　　吉見俊哉（1998：262-286）將研究視角擴大到世界博覽會的後台，以日本1970年的大阪世界博覽會（以下簡稱大阪世博）、1975年沖繩海洋博覽會（以下簡稱沖繩海博）、1985年筑波的科學博覽會（以下簡稱筑波科博）、2005年的愛知世界博覽會（以下簡稱愛知世博）為對象[3]，指出這四個博覽會有四個共同點：四個博覽會都是在日本「國民

3　這四個博覽會都受到世界博覽會事務局認可，但以世界博覽會事務局的規

所得倍增、高度成長」國家政策脈絡下孕育而生，特別是 1970 年的大阪世博可以說成功地激發了社會對經濟高度成長的慾望，成為國家快速塑造政策意象——吉見俊哉稱之為「意象政治」(image politics)——的工具；四個博覽會設定的主題所謳歌的價值皆具有高度：大阪世界博覽會「人類的智慧」、沖繩海洋博覽會「環境保護與未來」、筑波科學博覽會「想像 21 世紀人類生活的科學技術」、愛知世界博覽會「自然的睿智」，但博覽會實際展出的成果卻和這樣的趣旨有所落差；這四個博覽會的背後都伴隨著大型地方開發計畫；這四個博覽會的舉辦都喚起了市民政治的行動，從大阪世博出現了以抗議浪費國家資源為目的的小型「反世博」運動，到愛知世博逐漸擴大為大型的、有組織的環境保護公民運動，甚至迫使世博籌備委員會不得不修改執行計畫。顯現了民眾愈能清楚察覺這種謳歌著美好價值的大型展演背後，同時混雜著複雜的政治計算，因而對抗性的公民運動之動員力與論述力有逐漸成長的趨勢。

此外，吉見俊哉（1998：270-273）指出博覽會後台的政治性另一個重要現象，那就是博覽會製作涉及多元代理人（agent）本身的複雜性。以愛知世博為例，公民團體中有持反對立場的環保人士，也有持贊成立場的地方振興人士；另一方，博覽會所在地的愛知縣府、地方財界有力人士以及中央相關部署，其實各有盤算、同床異夢。再加上參與世博論述的專家學者也常常陷入前述複雜關係，左右為難。世博的舉辦，就是在這種多元而複雜的角力中對抗、磨合。

定來看，定位略有不同。大阪世界博覽會與愛知世界博覽會是一般型博覽會，沖繩海洋博覽會與筑波科學博覽會是特定主題的特別博覽會。參見吉見俊哉（1998：20）。

第二節　從臺灣文博會看臺灣文化治理的演變

在 19 世紀末發展出來的博覽會機制，到了 21 世紀的臺灣，可以看到變與不變的現象。變化的是，大量出現了型態與規格更多樣的「類博覽會」——即各式各樣的當代文化節慶[4]，雖然不一定如博覽會以複數展館為主要型態，更常見的是綜合了展覽、市集或者大地藝術祭的形式，運用日常的生活空間展開非日常的展覽或演出，開啟了更為多樣的文化展演可能性。不變的是，由於新興的當代文化節慶之目的，至今仍然不外乎重視大量動員、經濟效應、奇觀式或至少是非日常的視覺魅力等，因此，可以將當代文化節慶視為從博覽會系統衍生的當代文化展演。

熱衷節慶與文化觀光，近年來已然形成世界趨勢，例如法國在 2000 年一年有多達 864 個節慶，而其中六成是 1980 年代以降才形成的（吳鄭重、王伯仁，2011：70-71），然而 21 世紀的臺灣，其數量與型態之多，有後來居上之勢，已經有不少學者形容為「節慶之島奇觀」。臺灣自 1990 年代以降，以節慶之名的文化活動逐漸成為一種跨政治、經濟、文化甚至宗教的新興現象，從都市到鄉村，規模或大或小、期間或長或短，內容跨及藝術、文化、歷史、產業、宗教、休閒、飲食等（吳鄭重、王伯仁，2011：75），而這些文化節慶的目的經常是文化、觀光、產業等論述混用，難以區別（林冠文，2022）。

節慶之島奇觀逐步形成的背景，與 1990 年代以降文化成為政治作為的新興選項密切相關。文化建設進入臺灣國家政策視野，可以追溯到 1978 年的十二項國家重大建設，但當時是以圖書館、演藝廳與文物陳列室的縣市文化中心作為施政重點，1981 年行政院成立文化建設委

---

[4]　以「當代文化節慶」稱之的目的在於有別於傳統的民俗節慶。

員會之後，才逐漸推動軟體的文化工作。最初幾位主委先後推動大型美術展、文藝季，以及引進國際文化活動，1994年成為文化節慶逐漸全島普及的起點：一方面，文建會以「人親・土親・文化親」的主張，將過去主要在都會舉辦的文藝季下放給各縣市政府辦理，並由文建會整合為一連四個月、遍及全國的規模；另一方面，同一年文建會啟動社區總體營造政策，節慶型的文化活動被視為社區擾動、動員與文化意識普及的重要媒介，此後在不同文化政策論述推波助瀾下，文化節慶逐步擔負起「文化的產業化、產業的文化化」[5]、「地方觀光客倍增」、「一鄉一特色」、「一鄉一特產」[6]、「地方文化再現」等任務，文化節慶也逐漸採納新的技術，例如策展概念（擬定節慶主題）、設計（包括空間與展示）、品牌與行銷等，文化節慶活動逐漸成為吸引文化旅遊和觀光消費的地方／產業發展的基本策略（吳鄭重、王伯仁，2011：88-90；王俊雯，2021；林冠文，2022）。

博覽會，也是上述臺灣節慶奇觀中的一種類型。臺灣近年舉辦藝術文化主題、以博覽會為名的活動漸漸分為兩大路線，一種以大型商展定位為主軸，例如在臺北、臺中、高雄等大都市舉辦的藝術博覽會，另一種以臺灣文化、地方性議題與城市的展演作為主軸，展現了企圖作為城市治理、宣傳與對話機制的性格，繼承了博覽會作為社會倡議與意象政治工具的系譜。其中，由文建會及其後來改制成立的文化部持續推動的

---

[5] 陳郁秀任內還將2003年定為「文化產業年」，試圖進一步結合地方文化與產業經濟。

[6] 「一鄉一特色」的主張呼應經濟建設委員會在2002年提出的「挑戰2008：年發展重點計畫」中觀光客倍增計畫的目標，「一鄉一特產」則是配合行政院在2006年提出的「2015年經濟發展願景三年衝刺計畫——產業發展套案」中，為了均衡產業發展，促進在地就業所研擬的方針。

臺灣文博會最為代表[7]。臺灣文博會經營的展開與轉型，可以視為臺灣文化治理的縮影，也是作為理解世界客家博覽會登場的最具代表的背景案例。

臺灣文博會，創始於2010年、至今舉辦了14屆。王俊雯（2021）就前十屆的發展演變指出，雖然十年來臺灣文博會的形式不外乎主題展覽、商展、趨勢論壇，結合裝置地景、音樂或戲劇演出，以及延伸到巷弄小店的展售等，但這十年來其定位與性格可以分為三個階段：2010年到2013年的第一個階段，委由中華民國商業總會在南港世界貿易中心舉行，借用大型外貿商業會展的形式，以強化文化產業的商業機制，創造出口外銷，整合文創產業資源，打造文創商品授權平台，促進臺灣文創產業發展。文博會這個大型商業會展的目的，促進商流、物流、人流、資金流、資訊流的彙整，成為國內外、政府與企業、企業之間、企業與消費者之間溝通的平台，第一屆的口號是「在地出發、國際接軌」，打造臺灣文創特色與強化產業結構。

2015年與2016年是第二個階段，委託臺灣創意設計中心（2020年升級為臺灣創意設計研究院）辦理，強調生活風格，展示開始延展到博覽會外的空間，希望打造城市即展場、展場即生活的氛圍。這個轉向與文化政策密切相關。當時的文化部部長龍應台指出，文化創意產業的源頭來自臺灣豐沛的文化，來自我們對文化價值的重視。文博會不應該只是一般的商展、而要表現出帶有臺灣泥土情感特色、是風格鮮明的文化行銷。當時的博覽會並改為在華山1914文創園區、松菸文創園區與花

---

[7] 今天所熟悉的「臺灣文博會」之全名，歷經了幾次的修改。2010年全名為「臺灣國際文化創意產業博覽會」，2012年公開名稱正式精簡為「臺灣文博會」，2017年的全名改為「臺灣文化創意設計博覽會」，「臺灣文博會」的對外名稱不變。

卉博覽會爭艷館三處同時舉辦，華山與松菸，作為文化資產活化的場所，與新博覽會定位相互映照、相得益彰。

從 2017 年起進入第三階段，文博會導入策展的作法，更加強調臺灣在地文化的議題，以及文化創意產業的對於文化價值的思考力。2016 年鄭麗君上任文化部部長，強調文化內容是創新經濟的底蘊，臺灣文博會應以文化價值為核心，串接文化產業、增進文化生活。2017 年到 2019 年的策展議題，包括臺灣的產業、山林、日常生活、風俗、在地美食與地景，年輕的策展人[8] 從不同角度、嘗試運用策展與設計力，詮釋或者解構臺灣的本土文化內涵。此時，原本主張「策展」、「授權」、「商展」三條路線並進的臺灣文博會，不論在官方宣傳或者媒體的報導，漸漸聚焦在策展的議題論述。十年來，國家漸漸地將臺灣文博會這種商展模式轉型為本土文化認同的機制。2019 年以降的臺灣文博會，可說仍然延續著這種從藝術與設計角度展演本土文化的路線[9]，其他大型博覽會或展會也都可以看到相似的方針[10]。

王俊雯（2021）借用 McGuigan 的「國家」、「市場」、「公民」三大面向的文化政策論述來分析前述臺灣文博會三個階段的文化治理取向：第一階段是國家與市場，重視國家的角色拓展文化創意產業的規模與規

---

[8] 2017 年策展主題「我們在文化中爆炸」與 2018 年「從身體創造」的策展人是王耀邦，2019 年「文化動動動」的策展人是劉真蓉，當時都不滿 40 歲。

[9] 2020 年的文博會因疫情取消；2021 年文博會策展主題為「數據廟——匯聚相信的力量」；2022 年文博會策展主題為「群島共振」；2023 年文博會策展主題為「臺灣野生原力」；2024 年文博會策展主題為「寶島百面 pó tó pah bīn」。

[10] 例如近年前後，由縣市舉辦的城市博覽會以及臺灣設計展，都強調透過博覽會推動城市展演、城市文化治理。

格；第二階段與第三階段是國家與公民，重視國家對文化創意產業的論述如何與本土文化價值與認同連結，但第二階段重視社會與文化生活，第三階段重視社會與文化倡議。王俊雯（2021）指出，臺灣文博會的轉型，正是臺灣文化治理方針轉變的反映。混合著推動文化創意產業、本土意識與公民溝通三種目的的文博會，是臺灣文化政策論述在 21 世紀初逐步演進而發展的結果。選擇博覽會、節慶這種大型展會形式，快速凸顯與傳播國家之立場與作為，甚至以動員人次宣示成效，也是社會整體氛圍所需，比起投入需要經年累月的軟體文化基礎建設，這種訴諸大眾、具有很強的行動力與宣傳力的文化節慶或者博覽會，更受國家青睞。

然而，文博會所受到的批評也不少。記者批評 2023 年的文博會「定位混亂、煙花型文博會如何帶臺灣文化產業走上國際」，直指文博會的初衷應是文化創意產業的國際化與產值拓展，強調本土論述的文博會一方面追求大型展會的奇觀效果，一方面疊合在地化論述，「把懷舊鐵道、馬戲表演、鷹架科技秀當主打內容，……，成為文化大辦桌的文博會。」（陳宛茜，2023）對文化節慶的批評更是砲火隆隆，由於文化節慶的無形社會價值效益往往難以衡量，但經常排擠了其他文化藝術相關預算，更是經常遭到「放煙火」式、缺乏長期效益的批判聲浪（林冠文：2022）。這些結合文化、產業與地方的節慶舞台，成為各種地方政治角力與產、官、學界利益結盟，不可或缺的修辭政治。例如近年來，中央與各地政府積極推動的文化創意產業，就是文化霸權與政治利益結合的最好例子（吳鄭重、王伯仁，2011：88-90）。

小結

　　博覽會，作為一種短期內人、物、財皆高度動員的展演機制，從登場之初，就具有鮮明的政治工具之色彩，不論是前台的演出，或者是後台的佈局與角力。在日本，博覽會在明治初期導入之初，就以促進文明開化、殖產興業為目的，戰後的博覽會成為國家高度經濟成長政策之意象政治的工具，同時伴隨著大型的開發計畫，中央與地方、國家與民眾之抗衡關係，也是一個必然的景觀。

　　在臺灣，21世紀初以來逐漸將博覽會這種大型展演機制，發展為國家的本土認同政策之意象政治的工具，這是21世紀臺灣獨特的博覽會現象。為了短期內大量的集客力，為了促進社會大眾對本土文化價值的認同，為了串連文化消費與本土文化內涵體驗——博覽會與文化節慶，正是可以宣稱整合多個目的、快速展演的操作工具，也是臺灣的文化治理多所仰賴的道理。

第二章　世客博的經營想像與製作現實

　　世客博的經營想像，呼應了第一章所述的 21 世紀臺灣博覽會現象：這種大型展演機制，逐漸被定位為國家本土認同政策之意象政治的工具，世客博的經營想像企圖兼顧「國家」、「市場」與「社會／公民」三個文化治理的面向，然而，世客博的後台，卻有著製作現實造成的落差。本章從世客博諮詢角色的檢討、製作現實形成的三個斷裂切入分析，並透過兩個受到肯定的臺灣館主題展區之訪問分析，指出客家如何再現的課題，如何受到臺灣展覽產業結構的影響。

第一節　世客博諮詢角色的檢討：　　　　認知落差與專業緊張

　　舉辦世客博之議，由蔣絜安提出，而時任桃園市市長的鄭文燦感到興趣，最終由蔡英文總統拍板定案，並交由客家發展委員會指導、桃園市執行。世界客家博覽會，於 2023 年 10 月 15 日的閉幕典禮上，由代表蔡英文總統的賴清德副總統、行政院副院長鄭文燦、桃園市市長張善政、客家發展委員會主委楊長鎮三位見證下，正式宣告展期結束。承辦臺灣館的臺灣設計研究院在世客博結束後，如此描述這個博覽會的成績：

今（112）年臺灣規模最盛大的國際級文化饗宴「2023 世界客家博覽會」於本（10）月 15 號正式畫下句點，展期為期 66 天破 1,100 萬人次參觀，主場館臺灣館以「扎根與共榮：有客當靚（最美）」為主題，獲得國內外好評不斷，不僅吸引各縣市許多民眾共襄盛舉，更有來自國際友人盛讚展覽內容精彩豐富，參觀民眾扶老攜幼闔家體驗客家新美學，表達希望展覽永不落幕、讓客家文化底蘊被更多人認識與認同[1]。

為期 66 天的世客博，以其大型展會與大量宣傳的集客力，以及參展縣市首長與縣／市府團隊高調率隊參訪、各縣市客家社團的參訪。各縣市更以學校校外參訪定位鼓勵學校參訪，以類社會福利定位，動員偏鄉學子、弱勢家庭或銀髮族參訪，客委會也動員海外客家的參訪。不論是政治動員、參訪人次動員，世客博都締造了亮眼的佳績。

蕭新煌認為，雖然由政治人物倡議發起，但世界客家博覽會得以實現的關鍵因素在於臺灣有關客家文化的法令、組織與論述的成熟。如陽明交通大學、中央大學、聯合大學先後成立的客家學院，2018 年《客家基本法》的成立，2019 年客家公共傳播基金會的成立，以及各地客家廣播與電視節目的開播等。世客博的籌備，的確以陣容堅強的客家研究學者、客家政治與社會頭人作為後盾，不論是推動世客博世界館的前置研究，或者擔任諮詢小組[2]，這是世客博的重要特色。

---

[1] 臺灣設計研究院官網於 2023 年 11 月 4 日的報導「世界客家博覽會圓滿閉幕！臺灣館打造客家當靚、族群共好里程碑」。https://www.tdri.org.tw/45303/。讀取日期：2024 年 6 月 5 日。

[2] 世客博的諮詢小組成員，包括蕭新煌（召集人，現任中央研究院社會學研究所兼任研究員、臺灣亞洲交流基金會董事長、總統府資政、國立臺灣大

世客博的策展論述、甚至展示架構,都是由客家研究學者所定調,強調世客博的客家文化論述不應緬懷原鄉(中國),而應以臺灣觀點來呈現世界客家,並描繪臺灣客家在臺灣的多樣性。兩個主展館的策展定位,世界館訴求「在地與多元」,並將世界客家分為 7 個地區與 9 個子題共 63 個單元,讓執行策展團隊以 63 個小題的方式來建構展覽。臺灣館則訴求「扎根與共融:有客當靚」,並以「適應臺灣、豐富臺灣、共享臺灣」為展覽必要的三個層次,有一個肩負總論任務的主展場,以及 14 個縣市各自規劃的子展場。世界館與臺灣館策展執行策展團隊,則是在前述架構下提出具體內容與展場設計。

學和國立中山大學社會系合聘教授及國立中央大學客家學院講座教授、政治大學東南亞研究中心執委會主席)、葉菊蘭(曾任中華民國國民大會主席團主席及行政院副院長、交通部部長、客家委員會主任委員、高雄市代理市長、中華民國總統府資政)、湯錦台(曾長期任職聯合國總部會議事務部專職翻譯)、陳板(曾任國立臺灣藝術大學古蹟藝術修護學系教授級專業技術人員、行政院客家委員會委員、文建會公共藝術諮詢委員、臺北市客家文化基金會董事長、客家電視執行長等職)、曾年有(曾任臺北市客家事務委員會主委(2016-2018),是客家社造運動的代表人物之一)、鄭榮興(曾任國立臺灣戲曲學院歌仔戲學系教授與校長、中華傳統客家表演藝術協會理事長及榮興客家採茶劇團創團人等)、王俊雄(實踐大學建築設計學系主任)、林文傑(初心文化創意教育發展協會會長、客委會諮詢顧問)、李秀珍(印尼佩特拉基督教大學國際合作處處長兼中文系教授)、黃丙喜(國立臺灣科技大學、新加坡南洋理工大學、芬蘭阿爾托大學管研所講座教授)。世客博世界館策展諮詢小組成員,包括蕭新煌、林開忠(暨南大學東南亞研究所教授)、利亮時(國立高雄師範大學東南亞暨南亞研究中心主任)與王嵩山(曾任逢甲大學亞太博物館學與文化研究中心主任、國立臺北藝術大學特聘教授、國立臺北藝術大學文資學院院長、國立臺北藝術大學博物館研究所所長、關渡美術館館長、國立自然科學博物館展示組主任等)。

世客博從一開始的規劃架構就設計了「諮詢」的角色的功能。在最高決策單位的「推動委員會」（客委會主委、桃園市長、客委會副主委、桃園市秘書長）之側成立了「世客博諮詢小組」。其功能定位在對兩館（臺灣館和世界館）的策展規劃過程提供專業諮詢、建議和指導。此一小組委員包括蕭新煌（召集人）、葉菊蘭、湯錦台、陳板、曾年有、鄭榮興、王俊雄、林文傑、李秀珍、黃丙喜等。

另外，鑒於桃園市政府對世界客家（全球客家或海外客家）所知有限，客委會對世界館的規劃和策展特別給予關心。因此，另外以標案方式成立另一個特定的「世界客家館策展諮詢工作小組」。此一小組的組成委員包括蕭新煌（召集人）、王嵩山、利亮時、林開忠等。

這兩個諮詢任務編組雖都被賦予對策展整體的諮詢，但在過程中都將諮詢角色優先聚焦在對「客家內容」（Hakka contents）的諮詢、建議和指導。這兩個諮詢小組的主要成員也都是由客家學界的專家和學者組成，尤其是第二個諮詢編組的主力更都是海外（全球）客家的學者。

為了易於區分這兩個諮詢編組的名稱，以下稱第一個諮詢小組為「兩館諮詢小組」（簡稱「兩館小組」），稱第二個諮詢小組為「世界館諮詢小組」（簡稱「世界館小組」）。「兩館小組」和「世界館小組」的諮詢對象分別是臺灣館策展及展區規劃執行的團隊（得標廠商：財團法人臺灣設計研究院）和世界館策展內容規劃的團隊（得標廠商：第一階段是宜誠資訊股份有限公司，第二階段是三立電視公司）。

前者的臺設院其實是「大包」，其下還有很多「小包」（以合作單位稱之），如負責「主題展區」的柏成設計，分別負責 14 縣市展區的偶然設計、樸實設計、朱志康空間規劃、黎歐創意、無有設計、雙向文創，七頂創意、嶺東科大（伊德設計）、當若科技藝術公司和綠地創意設計等。

後者則分兩階段，第一階段的宜誠公司則聘請李其霖、唐維敏、曾建元、湯熙勇四位學者作為世界客家館各展區客家展示內容的合作學者（以主筆稱之）。宜誠公司和四個主筆所進行的是世界館內容規劃和文案的準備。第二階段則是進行世界館的具體展示設計執行，由三立電視公司得標，其專案策展團隊則又是外包出去，包括各項設計，如主視覺、空間、燈光、展示、竹編藝術、聲音、展場施作、技術、文物運輸、文案翻譯、海外拍攝等。

一、前期總規劃案的「認知落差」

以上是兩館策展標案底定之後展開的正式「內容諮詢」。事實上，在這之前就有若干比較廣泛性的客家學界被邀請參與世客博整體內容和兩館展示內容提供諮詢意見。此一階段是所謂前期的「世客博策展總規劃委託專業服務案」（亦即所謂 Master Plan），得標廠商是安益公司，由吳漢中主其事。此策展標案在進行過程所呈現的特色是著重硬體規劃，欠缺軟體規劃。後來被推動委員會和兩館諮詢小組指出上述缺點，要求進行補強軟體（內容）規劃。因而連續召開了 10 場與策展內容和客家倡議的專家諮詢會議，並請上述「兩館小組」召集人主持。此一系列諮詢主題包括世界館策展議題、臺灣館策展議題、客家女性議題、兩館主題及內容的回饋、國際論壇、博覽會期間海內外人士演講論壇辦理方式和總結。

比較具體的諮詢建議，包括世界館策展內容應具體先考量 8 個世界區域（如東亞、東南亞、南亞、大洋洲、北美洲、加勒比海、中南洲、非洲）作為展示對象，其展示內容則又可劃分為移民史、語言、宗教、經濟、會館組織、人物、音樂、家庭、飲食等 9 個層面。據此，可發展

出 8×9 矩陣表，作為未來世界館策展團隊的規劃參考。同時，建議以「在地與多元」作為世界館的策展核心主軸。

以上的前期廣泛諮詢會議共邀請了 25 位客家專家參與，所提供的具體意見均彙整成紀錄。這些諮詢意見全都集中在策展內容，足見其諮詢所側重的內涵，在在都提醒主辦單位和未來的策展團隊一定要體認世客博是一個前所未有的「客家族群文化社會」為主體的博覽會，而非一味追求表面展示炫技手法的博覽會。鑑諸以現有臺灣的所有策展團隊都普遍嚴重缺乏「族群」與「客家」的策展經驗來看，上述的建言和警訊可說是語重心長和一針見血。

這也正是在前述兩館的諮詢工作展開之前，客家學術界專家所擔心和希望避免看到的世客博策展過程可能會暴露的策展團隊所重視的「展示硬體和手法」，而輕忽「展示內容」的重要性，而導致的「硬體手法」與「內容」兩個專業認知的落差。

遺憾的是，安益公司團隊雖然依要求舉辦了上述 10 場策展內容諮詢會議，但在它正式提交的「規劃報告書」（2022 年 4 月）卻竟然完全未將上述的「內容諮詢」意見納入其中。以致整個報告書除了提出博覽會中英文標語「Travel to Tomorrow（天光日个客家）此一內容外，全都是硬體規劃，如地景裝置藝術和後續各項標案的行政規劃。此一無心遺漏或是刻意忽視，就立即凸顯當下臺灣策展專業的上述「認知落差」。

這種策展團隊所暴露的認知落差在之後的兩館諮詢過程中也一再出現。對於內容諮詢的提示和要求，硬體策展團隊有時會透露出不知如何應對的反應，以致沒有產生交集的對話。

二、世界館諮詢過程所出現的雙重認知落差

　　世界館策展受到客委會較多的關注，另組一個專業的「世界館策展諮詢」，依約必須舉行 20 次諮詢會議，時間自 2022 年 3 月 25 日至 2023 年 7 月 27 日。諮詢方是蕭新煌召集的諮詢團隊（王嵩山、利亮時、林開忠），受諮詢方有二：一是第一階段由宜誠公司和所聘的內容規劃團隊（李其霖、唐維敏、曾建元、湯熙勇主筆），二是第二階段的三立團隊。世界館的第一階段諮詢過程呈現比較複雜的兩造關係。因為受諮詢方所聘的四位主筆既代表策展公司，又自身為學術界人士，因此諮詢方所面對的是四位有雙重身分的策展團隊。在諮詢過程中就往往出現了「客家諮詢團隊 vs. 策展團隊」和「客家諮詢團隊 vs. 客家內容展示團隊」的不同諮詢關係。前者是「內容 vs. 策展」的跨界對話，後者卻又是「內容 vs. 內容」的同行辯論。

　　由於宜誠團隊本身沒有足夠客家知識和展示內容的背景，完全仰賴四位外聘學者的內容論述。所以第一階段的諮詢幾乎是著重「內容 vs. 內容」的同行質問，少有「內容 vs. 策展」的跨界對話。但等到在第二階段的諮詢時，情況就大有不同，完全是「內容 vs. 策展展示」的跨界對話。

　　在世界館的第一階段諮詢，面臨比較大的挑戰和困難來自上述外聘主筆的海外客家研究的專業經驗和素養。嚴格來說，這四位主筆都很難稱得上是臺灣客家學術界內的海外客家研究學者，他們都沒有長年投入海外客家研究的閱歷和成果。因此，他們提出的海外各國客家展示內容的主軸和展示構想時，大多失之零散、片面、去脈絡化、甚或事實考證也不夠嚴謹。以致他們準備的文案絕大多數的文字敘述之間，彼此關聯性不夠強，也不易說服諮詢團隊，所提出的文案內容是否能敘事關鍵的

「客家經驗」和最值得訴說的「客家故事」，不無疑問。

　　也因為存在這種客家學術訓練的差異，因此所期待的諮詢過程應有的同行質問和辯論的對話火花，幾乎不可見，而淪為諮詢方單方面的批評詰問和被諮詢方的沉默。

　　進一步說，由於諮詢小組委員也沒有過去客家策展的實務經驗，以致他們對應如何將文案內容（幾乎像是壁報）以較有具象可展示的文物和物件的呈現往往缺乏判斷力。結果只能憑自己看過的有限物件範圍，舉出幾件物件作為展示文物。至於是不是最值得展示者，則是另一個問題了。這背後則暴露了宜誠團隊內部，策展人與內容專家之間欠缺應有的溝通和默契。更可以說，宜誠團隊內部就已經存在了認知落差，更不必說諮詢團隊和宜誠團隊之間的另一種認知落差了。

　　等到第二階段的諮詢，則又出現另一類型的雙重認知和落差。第一層落差是三立硬體團隊如何將宜誠硬體團隊所寫成的內容規劃文案轉譯成三立團隊的「展示設計」方案。三立團隊面對的挑戰是如何即時具體而微的展示宜誠團隊所規劃的文案。第二層落差則是宜誠團隊（包括主筆群），擔心他們所寫的文案是否會被三立團隊誤解和扭曲。

　　為彌平上述兩個落差，諮詢團隊又必須扮演另一種「轉譯」、「仲裁」和「判定」的多重角色。畢竟三立團隊中也只有硬體和各種展示的專才，而完全沒有軟體和客家內容專家。所以諮詢團隊在第二階段的大半諮詢過程是面對前述的「不具客家內容專長」的「硬體、展示」團隊。因此如何適切且真實的展示世客博 8 區域、20 國海外國家客家的「在地和多元經驗」就成為莫大的挑戰。

　　在與三立團隊的諮詢互動經驗中，當然仍出現前述的認知落差問題。硬體團隊對軟體內容文案和物件所知甚少，甚至沒有太多興趣去求甚解，只是視「客家內容」為一般的展示對象，講究的只是展示手法。

有時諮詢團隊質問若干關鍵的展示材料和手法時，得到的答案不是求真和美學的理由，竟只是為填補空間或藉此展現新展示技術，甚或只是為了省錢降低成本而已。可見策展團隊對於展示材料和方式是否具有「客家性」，其實是不關心和不在意的。這種落差，一再出現在諮詢團隊和展示團隊的互動和對話當中。

事後諮詢團隊當然也會回想和反思，如何讓展示團隊在選擇展示材料和手段也都具有「客家性」，恐怕也有些強人所難。畢竟硬體和展示團隊的專業背景和訓練本來就未必有客家內涵和素養。要在展示上做到具有起碼的客家元素和特色，最後就只能落在具有一定客家內涵程度的諮詢團隊的肩上。

三、臺灣館諮詢過程所出現的認知落差和專業緊張

臺灣館的策展標案中，並未像世界館一樣，另外成立一個專屬的專業諮詢團隊加以協助，而只能由前述成員背景較為廣泛，而不全然是具客家學術研究專長的「兩館諮詢小組」來執行客家內容的諮詢角色。此一「被諮詢」的要求也明白寫在標案說明書。當臺灣設計研究院得標成為「大包」之際，就被告知其團隊（包括為數甚多的小包）必須定期接受諮詢。臺灣館的策展諮詢從 2023 年 2 月 13 日開始第一次正式諮詢會議，直到 7 月 27 日的第六次的諮詢會議止，為期 6 個月。

臺灣館的諮詢過程不但一再出現前述世界館諮詢的認知落差，甚至有過之而無不及，這現象的背後結構原因有三。

一是在「大包」臺設院之下，還有近 8 個「小包」的硬體策展公司承包主題展區和不同縣市展區的展示工作。諮詢對象不只是 1 個團隊，而是 9 個團隊，其落差問題顯然更為複雜和嚴重。

二是「大包」和「小包」之間的溝通和共識往往不盡充分,「大包」也未必盡到專業負責的指導任務和角色,以致諮詢過程屢屢出現不知是要求「小包」負責或是要求「大包」負責的尷尬情事。如果「大包」要求不嚴格,「小包」便容易便宜行事,對於諮詢意見和要求,更不時出現馬虎應對,不盡認真切實修正的嚴重缺憾。

三是不論1個「大包」和8個「大包」的硬體策展團隊都一樣沒有足夠客家內容的訓練和素養;「大包」無從指導「小包」的客家內容策展品質。雖然「大包」另聘了一位客家研究學者作為學術顧問,但該顧問與「大包」之間的聘用主從關係和「大包」是否能將顧問意見正確轉達和切實要求各「小包」執行,卻不無疑問。至於各個「小包」在規劃主展區和縣市展區的策展內容時,是否也只有聘用相關客家內容的學者專家作為「小包」的規劃顧問,更是不得而知。結果,「大包」和「小包」共同規劃出來的1個主展區和14個縣市展區展示內容,就往往出現對客家文化知識相對陌生,甚至有失之片斷和膚淺的缺失。

當「兩館諮詢小組」進行質問如何在展示內容落實臺灣被賦予規劃和展現「扎根與共榮」臺灣館主題,以及轉譯諮詢建議以「適應臺灣 → 改變(豐富)臺灣 → 共享臺灣」這個臺灣客家經驗三部曲來作為規劃主展區和各縣市展區的展示鋪陳時,不論是「大包」或是「小包」卻往往暴露其硬體和展示此一專業對人文社會文化領域抽象概念的掌握力有不逮,或是知其一不知其二,而無法內化上述兩個展示主軸和主題概念成為可看、好看的展示內涵。換言之,臺灣館的1個主展區和14個縣市展區內容都未展現出將上述主軸(主題)落實為策展內容的應有功夫。有的是偏向政績展,有的是實為物產展或是產業展,有的則是對客家文化社會內涵點到為止,以致徒見表面手法,未見底蘊內涵。

臺灣館諮詢過程中也暴露出「大包」和「小包」策展團隊堅持其硬

體展示專業的偏見和傲慢。對於「兩館諮詢小組」的諸多質問和建議，往往實問虛答，或是當場敷衍了解，事後不做實質修正的現象。這種專業的傲慢和對兩館諮詢小組的應付態度，在「大包」的身上更為明顯和嚴重。初期是傲慢和低估「世客博」策展的複雜性，後期則是以「時間壓力」作為藉口的應付。「大包」總是希望諮詢過程能縮短，盡快結束。若非「兩館諮詢小組」召集人堅持要求多召開幾場諮詢會議，進行實質的諮詢和建議，臺設院的主事者很想在3次諮詢會議後就結束諮詢過程。這種對諮詢過程敷衍和應付的態度，也出現在政黨輪替後接手的桃園市政府的主事行政官員。換言之，「大包」和地方政府在面對臺灣館的諮詢過程，都似乎抱持一種消極、應付、甚至排斥的「專業偏見」和便宜行事的「官僚態度」。

　　諮詢被設計在「2023世界客家博覽會」的規劃執行架構中，是一件值得肯定的事。事後回顧，在理想中，應該有兩個層級的諮詢機制較佳。一是在「推動委員會」層級的「整體諮詢委員會」，二是分別在兩館規劃層級各設「臺灣館策展諮詢小組」和「世界館策展諮詢小組」。但實際操作上，恐怕又會面臨「客家內容」諮詢專家人才的欠缺或不足，以致諮詢能力和功力可能也無法真正發揮。

　　從此次世客博的諮詢機制的實作經驗來看，臺灣迄今建立的客家知識體系厚植現況和學術研究人才質量，的確都面臨現實的挑戰。一是臺灣客家學術界是否已發展成熟到足以勝任轉譯現有學術研究成果去提供臺灣館和世界館策展內容規劃的素材和人力？二是兩館策展過程是否網羅、邀請了最佳的臺灣客家和海外全球客家研究學者團隊投入？否則，不論是策展和諮詢品質都會打折扣。經過此次考驗，臺灣的客家學界，也應該自我檢討在客家知識體系累積的已有努力和未來方向。客家學界內部的人際默契和組織合作精神也值得改善和提升。

世客博的策展經驗也首次將臺灣策展專業的專業特性及其不足暴露出來。尤其是世客博是首次以「客家」、「族群」、「社會文化」作為策展內容，而這些正是臺灣策展行業一向陌生和較少經手的領域。照說，策展專業理應珍惜此次經驗，視為自我挑戰的良機，從中學習，並謙虛地與客家學術界相互切磋以成就更可觀的世客博的策展成果。但事實上，檢討整個諮詢過程，所參與的策展團隊似乎都沒有那麼嚴肅和認真的回應此次的挑戰，而只是視之為另一次「較麻煩」的接案經驗。結果就出現了前述的「認知落差」，甚至不經意暴露出來的「專業傲慢」。

　　他們是否真的從此次策展中與客家內容的諮詢專業的互動經驗，有所反省？恐怕還是未知數。

第二節　世客博的文化治理三個面向與三個斷裂

　　Bennett 在其《文化：一門改革者的學問》一書中指出，文化研究應將文化設想為構成統治與社會規制的特殊領域，應該要辨認出文化及其管理操作的不同區域，並探究涉及文化實踐之不同領域的權力技術和政治形式。而王志弘則進一步提出「文化治理」的概念，指出應結合「治理」與「治理性」這兩種概念（引用自王志弘，2003：128, 130）：

> 文化治理，一方面需注重不拘限於政府機構的性質，以及治理組織網絡化的複雜狀態；另一方面必須關注文化治理，乃是權力規制、統治機構和知識形式及其再現模式的複雜叢結。文化治理概念的根本，在於文化政治場域以及透過再現、象徵、表意作用而運作和爭論的權力操作資源分配，以及認識世界與自我認識的制度性機制。

McGuigan 就文化政策提出的「國家」「市場」「公民」三種立場的論述，成為分析文化政策的經典。三種立場，展開不同的權力與資源分配，然而，三種立場幾乎不是單獨存在，而是經常兩兩相依或為一體兩面。國家論述，是指由政府提倡的道德或價值為核心，透過政策資源扶植或補助藝術，介入文化傳承、國族認同和教化人民，以凝聚社會共識，彰顯政府的權力。市場論述，在 80 年代由美國雷根總統與柴契爾首相倡議新公共管理主義而廣為普及。新公共管理主義認為，由於政府的過度干預而導致市場失靈，而過大的政府顯得笨重不靈活。新公共管理主義主張政府業務也適度地委外或採行公私合作，以增進政府組織效率。公民論述，是對前述兩種立場的反動，認為文化不應該只是被視為國家或市場的工具，政府必須控制文化資本主義以保護公民社會的進步。因此公民論述，是將公民意識權力和溝通作為核心以及依此通過文化奠定公民社會和公共領域（McGuigan，2001；王俐容，2005；王俊雯，2021）。

世客博以大型展會形式處理客家文化認同如此嚴肅課題，雖然相較百年來所形成的博覽會主流模式，可說是十分罕見，但是放在近年的臺灣博覽會現象與臺灣文化治理結構之下，卻不顯突兀，因為博覽會這種短期而大型的文化展演機制，在臺灣已經被發展為本土認同的意象政治之優選工具。以 McGuigan（2001）文化政策三面向的理論，我們看到世客博前台的展演規劃，企圖兼顧「國家」、「市場」與「公民」三個面向。「國家」面向關照的是如何彰顯臺灣族群治理的成就；「市場」面向關心的是如何通過博覽會實踐喚起文化經濟／文化傳播效應；「公民」面向的期待是如何凸顯臺灣作為全世界客家文化中心的角色，以及如何展現臺灣客家研究對全世界與臺灣客家歷史演變的掌握，其中高度重視客家研究專家的參與，是這一個面向最突出的取徑。

企圖兼顧文化治理三個面向的世客博，其後台實際的製作過程與經營成果則呈現了三個斷裂：第一個斷裂是，兩個主展館與周邊展館調性不一致，以及背後執掌單位權責與層級不一的問題。世客博由客委會、桃園市政府合辦。客委會與客家研究學術社群強調以客家論述與客家認同為整體規劃與展示考量重點，且兩個諮詢小組多次在會議上強調世客博不應淪為各地物產攤位，並極力排除博覽會的市集化。然而，桃園市由市政府新聞處、客家事務局、研究發展考核委員會分三個軸線推進，且其立場卻是在於如何藉由舉辦大型展會為桃園帶來不同益處和公關效果。

　　第二個斷裂是，客家研究學術社群意見的主導性，以及與世客博策展團隊之間的緊張關係。從臺灣以往操作大型展會的經驗來看，由學界研究者來確認、檢核博覽會展覽內容的適切性，是很不尋常的作法。這一方面意味著客家界對客家學者的尊重，另一方面意味著臺灣海內外客家研究成果已經累積一定程度，無法忍受任由短期、視覺設計思維主導的展覽途徑和手法。同時，也意味對政治社群與學術社群的客家社群來說，世客博最重要的任務是，告訴臺灣人、臺灣與世界的客家人，客家文化是什麼？如同世界館最後展區的一段話「臺灣的客家人，要做新的客家人，世界的客家也要做新的客家」——如何拋棄過去刻板的客家文化印象，做新客家人——應該可以說是客家研究學術社群想透過世客博傳達的最重要訊息。

　　世客博的官方策展論述由客家研究學術社群定調，執行團隊中那些或許有著亮眼經歷的策展人之意見相對不被凸顯，在多次諮詢會議中，學術社群屢屢對策展團隊的內容論述或資料確實性表達不滿與責求。對擔任諮詢小組的學術團隊來說，無法認同沒有紮實田野與資料梳理基礎的展覽設計，在諮詢委員眼中策展與設計團隊顯現出傲慢態度而雙方難

有豐富的對話。

　　第三個斷裂是，世客博的展示文本與手法被認為與策展定位有不小的落差，客家研究學者認為博覽會主旨沒有成功地傳達給觀眾（這部分的分析可參見第二篇、第三篇有關臺灣館與世界館的詳細分析）。然而，客觀而論，對展示敘事資訊與立場的正確性、適當性的高度要求，對於大型展會的操作是一個棘手的問題。因為大型展會的操作依賴複雜的分工分包作業，由量能大的單位或公司承攬，再將規格龐大分工細膩的展覽工作分派給不同的下游廠商，以期在短時間內完成標案任務。這些有資格承攬大型計劃的單位或機構，都不是以研究、田野見長，甚至如世界館的宜誠資訊有限公司與三立電視股份有限公司，其業務主軸與主要經濟收益來自與展覽策展執行完全不相關的業務[3]，負責策展內容的宜誠為世客博臨時徵集的內容小組[4]，被認為並不是以客家研究見長的研究者。由學術社群領導的世客博，策展期間學術社群與製作團隊之間無法對話的緊張關係，正反映了博覽會產業結構的問題。

---

[3] 宜誠資訊有限公司以數位平台建置與維護或者各類資訊數位化建置服務為主，三立電視股份有限公司以電視節目製播、電子廣告與大型晚會的製作傳播為主。參見「開放政府」平台標案查詢結果。https://pcc.mlwmlw.org/ 。讀取日期：2024 年 1 月 30 日。

[4] 主要為淡江大學歷史學系教授兼海洋及水下科技研究中心副主任李其霖、國立中央大學客家語文暨社會學學系兼任副教授、桃園市國際客家與多元文化協會副理事長的曾建元、中央研究院人文社會科學研究中心兼任研究員湯熙勇。這個陣容和宜誠提案時的名單已經大幅縮小，籌備過程也多次被要求應增加海外不同地區的客家研究專家，但到策展結束，研究陣容並沒有太大的改變。

第三節　客家如何再現：
行政、研究、設計專業磨合的課題

　　世客博世界館客家展演的理想命題在於呈現全球各地客家與在地社會的互動及在地化過程，勾勒客家的整體圖像，展現「客家性」多元發展，然而要符合這個命題有一定難度：首先，世界館並不是由各地自行參展，而是由臺灣團隊來統合策展；其次，即使臺灣客家學者已經有不少有關世界客家紮實的研究成果，但是研究關懷不同於策展需求，即使有一定累積的學術論文，但難以照顧策展所需要的物件盤點與選擇，在短時間內要提出策展論述，並綿密地爬梳與徵集世界各地客家文物、文獻作為展覽資源，需要一定訓練與經驗的學術人力。然而，客家學術核心人物，幾乎站在諮詢一方，扮演著監督的角色。

　　就博覽會的性質，世客博所設定的世界館應該非常合適招募世界各地客家社群自行參展，然而一方面由於製作時間有限，大規模地向海外徵集出展在操作上有其困難，另一方面，蕭新煌指出更根本的理由在於即使世界各地客家社團眾多，但都是小眾團體，大部分只有親睦型社團運作能力，無經費來源，很難有計畫地組織參展與提供展覽內容，即使克服萬難遠道參展，也極有可能是客家社團的市集或者鄉親聚會形式，無法達成各地客家參展的形式。折衷策略是鼓勵臺灣策展團隊向海外客家借展，同時，積極向海外客家社團代表諮詢，不過，就諮詢會議紀錄來看，海外客家多半表示肯定與支持，但提出的建設性建議並不多。

　　在臺灣館的部分，則希望透過各縣市的參展，呈現客家族群在臺灣社會發展過程的歷史，族群之間的互動、調和與適應，並聚焦在「適應臺灣」、「豐富臺灣」、「共享臺灣」三個層次。這種藉由各地參展、自我表述的臺灣客家展演，理論上應該可以獲得理想的成果，但如第二篇的

分析，臺灣館的主展區，策展著重在技巧以及氛圍的營造，展示手法印象呈現大於實質內容，內容空洞且無序、去脈絡化，總體表現較為薄弱。而各縣市館的表現落差很大，有的縣市在前述三個敘事層次都能有很好的掌握，有的縣市對本地客家的在地化掌握有限，有的縣市淪為器物展，有的只徒具展示手法而內容貧乏。相較於客家研究成果豐碩，臺灣館如上述的整體表現，一方面驗證了研究與策展是兩種不同的功課，一方面如本篇第三章所言，臺灣各地的客家文化館並未發揮支援的效用，反映了臺灣客家文化治理的結構性問題。

本節就臺灣館中獲得客家學者肯定的縣市展區[5]進行訪問，希望瞭解臺灣客家再現的策展思考、準備與執行狀況。在個別徵詢後同意接受訪問的只有花蓮縣、臺中市的策展團隊[6]。以下分別梳理兩個策展團隊的經驗，以瞭解展覽製作後台為目的，如何回應諮詢小組所設定的策展架構、如何建立工作團隊、研究與展示設計如何溝通、行政與團隊如何磨合等。前台展覽內容請參見第二篇的分析，本節不再重複。

花蓮縣的展覽主題訂為「洄瀾縱谷好客」。根據訪談策展團隊[7]所得，該團隊以數位多媒體、商業傳播及品牌設計與企劃為主力，近年承

---

5 參見本書第二篇。研究團隊以「適應臺灣」「豐富臺灣」「共享臺灣」為分析架構，指出臺北客家、臺中客家、南投客家、高雄客家、花蓮客家及臺東客家等六個展區的表現較為突出。

6 臺中市策展團隊同時擔任雲林縣與臺南市展區的策展工作，不過，雲林縣與臺南市展區不在本節鎖定的訪問對象，所以不特別進行訪談與分析。

7 花蓮縣展館的策展團隊是當若科技藝術股份有限公司，創立於2012年，擅於跨界融合與創新，專營數位多媒體、商業傳播及品牌設計與企劃。本次展出前期田野調查的工作是委由「在地偏好 Topophilia Studio」進行。本研究於 2024 年 5 月 23 日進行線上訪談，受訪者為當若科技藝術股份有限公司的總監。

辦策展類計畫之主題、合作館舍類型與地區等服務的範圍跨度很大。在計畫開始執行的前一年，國立東華大學已經累積了一些花蓮客家的研究，主要從島內由西部往東部的移民情況開始，偏重日治時期的歷史資料梳理，雖然掌握早期客家來到花蓮的狀況，但是日治以後的調查考究與正確性有限，特別是需要加強當代客家族群的觀點與經驗描述，因此策展團隊尋求有田野經驗、也曾經跟客家事務局合作過的工作室協助，透過田野訪談爬梳客家族群不同世代者的觀點，並連結了東華大學的歷史研究，擬定出策展論述。策展團隊也提到，承辦期間客家事務局局長有異動，有一位是觀光旅遊專業背景，比較重視知識的導覽，另一位則比較關注如何呼應且凸顯東部特色的客家政策方針。這兩位立場不同的局長對策展內容的看法不太相同，策展團隊也必須予以調整。

臺中展區的主題定為「沐山之客」，以「源」、「聚」、「界」三個構面展開展示敘事。策展團隊[8]的主力在品牌形象設計、品牌策展、文化館規劃、觀光工廠設計規劃、地方創生設計整合策劃、創新概念的設計整合服務等。根據訪談所得，該團隊分為企劃與設計兩個小組，企劃組負責梳理資料、田野訪談與擬定展示內容，並與在地的客家研究社群合作[9]。臺中展區以客家人進入山林，如何利用山形地勢，如何開鑿水圳為主軸，呈現客家人適應環境、克服環境的開創精神，展示內容在農業耕作之外，以田野為基礎，加入大茅埔聚落不同在地的商家，例如醋酸、理髮廳、早餐店等，呈現了當地客家生活的面貌。

8　策展團隊為樸實創意設計有限公司，2012年成立。本研究於2024年6月6日進行線上訪談。從樸實近年的策展計畫來看，在主題、服務館舍類型與地區，跨度很大。世客博臺灣館，樸實同時承辦了臺中、雲林與臺南館，策展人同為嶺東科技大學視覺傳達設計系的教師。

9　臺中展區邀請臺中市客家文化協會的理事長邱文偉老師協助。

從花蓮展區與臺中展區的展覽製作經驗來看，這兩個展區可以獲得客家學者肯認有幾個共通理由：首先，策展團隊或是掌握既有的客家研究，或是有在地客家研究社群的接應與協助，讓客家形貌的描繪有一定基礎；其次，為了豐富展覽的內涵，兩個團隊都花費一定心力進行田野調查，串接研究資料，並能在展覽中呈現鮮明的客家人觀點與生活樣貌；最後，展覽的設計與敘事內容密切相關，例如，花蓮展區令人印象深刻的入口意象──由多媒體呈現的花蓮縱谷景觀──其實就是為了展現田野受訪者提到他們來到花蓮之初印象最深刻的事；臺中客家館以大茅埔防禦型聚落的形式作為展場意象，並以對臺中客家人非常重要的水源作為視覺的焦點，展場中央展示裝著特別從大茅埔大甲溪取來且經在地儀式祈福的 300 瓶水瓶，在展場輔以當地科儀影片，企圖傳達環境與人文、信仰互動的意象，這些展示手法本身發揮了重要的敘事功能。

當問及兩個策展團隊，為何臺灣館展示內容與設計普遍有所落差，花蓮展區的策展團隊提出了如下的觀察：

> 以往參與以設計為命題的委託，比較像是需要先爬梳收斂一個明確的主張，而後再透過多種的設計觀點去吸引目標受眾，而近年有許多策展目標希望面對的是普羅大眾。隨著公部門的投入與資源越來越大，許多展會都會以這個形式來進行。也由於展演量與議題梳理工作愈加龐大，要清楚完備整理的資料、洞察等前置工作也就越來越複雜，於是需要同步建立專業博物館學重視的事情，但現在設計專業的系統和專業博物館學的系統需要尋求彼此更有效率、清晰的對話。以設計為主被賦予的工作確實遇到了一個大的挑戰，這個挑戰在古典的流派當中習以為常，但如果有合理的工作時間，雙方應該有更好的對話。以往新媒體很常會遇到傳統工作的藝術者尋求合

作或技術協助，我是業務出身，遇到很常見的情況是雙方很難立即對話、需要更多的時候彼此理解各自專業。

這段話語中所謂的專業、古典的博物館學，指的是展示內容與手法緊密吻合的原則，而這在重視設計、短期內以普羅大眾為對象的大型展會，原本並不需要。由於公部門日益重視、大力投入大型展會舉辦，就容易使得設計導向的作法趨向主流。而當大型展會被期待講更多故事、更有文化內涵時，設計專業的手法就容易因種種因素而無法招架，也很難在短時間內與內容專業的工作者對話。這段話正好呼應了前述以臺灣文博會為代表、大型展會逐漸重視文化策展的趨勢，也點出長期來由大型展會培養出著重設計、甚至炫技型的策展團隊，要同時在短期間兼顧內容、回應內容的確是有所困難。

小結

歷史悠久、有獨特展演性格的博覽會，在 21 世紀臺灣的社會大環境下，發展出作為本土認同國家政策之意象政治工具的性格，這是臺灣的獨特現象，因為對於正在奮力追求、建構本土性的臺灣，比起投入需要經年累月的軟體文化基礎建設，這種訴諸大眾、具有很強的行動力與宣傳力的文化節慶或者博覽會，更受國家青睞。然而，大型展會固有的操作技術、框架與關係人的複雜性，用來表述嚴肅的文化議題，總是難免產生不協調的現象，也屢遭詬病。

由政治人物發起、拍板定案，兼顧了國家、市場、公民等文化治理面向的世客博，可以說延續了前述臺灣近年大型展會的色彩。然而，委

託客家學術社群擔任博覽會製作的監督角色,是世客博的特色。客家學術社群以諮詢小組之立場,賦予博覽會非常嚴肅的定位,不但盡可能主張壓抑過度或者不適當的炫技型展示手法與大量市集,同時透過密集的諮詢會議緊密地檢核展覽內容,努力追求實質、深入而具體的內涵。

然而,我們仍然看到世客博的製作呈現了三種斷裂:第一個斷裂是,兩個主展館與周邊展館調性不一致,以及背後執掌單位權責與層級不一的問題。第二個斷裂是,客家研究學術社群意見的主導性,以及與世客博策展團隊之間的緊張關係。第三個斷裂是,世客博的展示文本與手法被認為與策展定位有不小的落差,客家研究學術團隊認為博覽會主旨沒有成功地傳達給觀眾。大型展會養成了設計思維主導的策展模式,由學術社群領導的世客博,策展期間學術社群與製作團隊之間無法對話的緊張關係,正是臺灣博覽會產業結構的反映。

第三章　族群博物館與族群博覽會

　　在客家文化治理的脈絡，2006 年起倡議的國家級客家博物館與各地方出現客家文物館或園區，這種博物館形成（museum formation）有何獨特的邏輯？與 2023 年的世界客家博覽會有何關係？本章以三節討論：製作客家博物館、整合性的客家博物館觀、客家博物館與客家博覽會的交集。

第一節　製作客家博物館

　　博物館事業的發達，是一個漸進的、不止息的全球現象。製作博物館（making museum）的熱潮延燒近 40 年，博物館的實體建築與相關事物成為一種世界性的流行風尚。不只新的博物館被創造出來，許多物件與場所追求「博物館化」。不少孩童時期非自願參觀博物館的年輕人，如今加入了這個行業或在專業領域上進行獨創的摸索，相關的實務網絡與實踐社群正在成長當中。事實上，興起於 19 世紀的世界博覽會與博物館的製作更緊密相關。博物館支持世界博覽會，世界博覽會也製作博物館，如芝加哥的 Field Museum 和日本大阪國立民族學博物館。不論認識與否，一般人對於博物館的名稱能琅琅上口。然而，「名可名，非常名」，博物館並非一個中性的領域，在全球性的積極製作博

物館的歷程，量的增加促成質的變化，不同程度的、或大或小的爭議風暴也在形成、消失、再形成。至少，博物館性質的兩面性呈現在幾個面向。博物館可以是一道增益人間美麗但轉瞬即逝的彩虹，也可能是一顆恆久遠、永流傳的鑽石。博物館不但在一個社會的文化體系中自成一格，具有不可取代的地位，「要不要」與「應該不應該」設立博物館成為永久的辯論。博物館的相關建設所需支應的經費也許不至於動搖國本，但基本結構所引發的上層結構的變化卻也不容小覷。博物館固然有「美名」在身，也會遭遇「污名化」，特別是一旦涉及族群文化、正義、社會階級差異議題，製作博物館的想像便不是如此理所當然。

　　換言之，建構博物館的意涵極為多樣化，或因著博物館典型的知識的、蒐藏的、展示教育的目標，或關注國家與權力機制的巧妙運作而有不同。再者，製作博物館的過程，一方面展現其詩意的演出，另一方面又體現了行政部門的攻防與綿密的政治角力。正確的說法應該是「共識是多種形式的論述交鋒的結果」。正如 Lavine 和 Karp（1991）所指出的，任何展示都不免偏向某些文化假設以及製作展示者所擁有的資源，這種展示性質使強調多元文化主義的美國博物館之展示「成為一種被爭論的地界」。Schneider（1998）曾描繪共同創造奧賽博物館的政治家、專業研究員（curators）、史學家，對於建築形式、收藏品、與博物館觀念的爭辯與妥協，揭露法國博物館體系中專業精英（curatorial elite）被社會賦予的真實權力。藉由 Schneider（1998）對奧賽博物館的具體分析與比較觀點，不但反映出「文化對法國大眾的重要性」，博物館的現身再製法國人美學觀之文化觀念，具體呈現其將政治的敵對陣營加以整合的能力，也顯示出法國政府支持博物館的方式與美國博物館的私立背景（由富翁支持）差別極大。不論法國政府或民眾都允許「透過政府本身及其科層體制傳達藝術與社會的價值」，相較於美國，「法國政府在藝

術世界中扮演一個強有力的角色」，國家的領導者被賦權委託專業在整體的法國文化版圖上增添榮光的表徵（Schneider, 1998）。

在臺灣，我們邯鄲學步於不同的社會文化制度所生產出來的博物館觀念與系統，雖有經典的文化政策宣導：「博物館之建構是為了達到民有、民治、民享的文化理想」，但事實是國家與地方社會、資本家與勞動者、專業與常識兩造，對博物館的詮釋有如天壤之別，大半的時間多是雙方在對立的陣營堅持，「是其所是，非其所非」，既沒有交集，也無法溝通。作為社會物的博物館，極盡炫麗奇巧之能事，創造跨地方的流動空間性，其支配性甚至凌駕了原本具有無可取代價值的館藏品；但是，另一方面，大部分的（歷史與自然科學）博物館工作仍舊依賴與過去對話，博物館的大門向自然資源與文化遺產開敞。

博物館功能日趨複雜，在社會經濟衝擊下，廣義的博物館是科學與藝術普及教育或終身學習的中心，是公民與社區的空間，是社會變遷與促進文化理解的機構，典藏文化遺產的博物館是創造力的觸媒，是旅遊與觀光的關鍵夥伴，也是文化研究與創新事業中重要的一環。此外，博物館作為傳統分類學研究的重鎮，生物多樣性與文化多樣性中心的地位也未曾褪色。21世紀，世界各個區域與地方的發展風潮，各式各樣的博物館持續扮演重要的照護自然、歷史與文化遺產的角色。在這些基礎上，博物館被視為文化發動機。對比於過去的靜態詮釋行動，當大家認知「會動的物是重要的」、或表演是展示的一環、或跨越固定僵化的界限是創意的來源、或管理的理性化凌駕專業的執行力、或觀眾「倍增計劃」開始有了效果、或行政法人比國家科層體制要好，挑戰博物館本質與博物館關懷的「認同困境」便開始流竄。

現在看起來受到全球化之財經地景、族群地景與意理地景等影響的「博物館地景」（museoscapes）也許更像一種「混血的雜業」。博物館的

發生與發展既涉及複雜的「非博物館因素」，這些因素是什麼呢？Arjun Appadurai 提醒我們，全球化現象是複雜的和變動的政治經濟樣態，其核心問題是文化同質化與異質化之間的非互斥關係，博物館全球化現象尚隱含為數不少的社會運動，和不穩定的移動社群所營造的行動空間和地方性的文化，因此我們必須處理的是全球化與地方化的過程。透過地方文化的多稜鏡式的詮釋，普遍的博物館全球化不但產生差異極大的現象，也引發不同社會文化體系之積極或消極的回應，驅動不同地域的政治、經濟面貌（Appadurai, 1996）。不論在世界其他地方或在臺灣，「製作博物館」的問題都是一種複雜的存在。

臺灣生產博物館的速度與數量，較之歐美國家不遑多讓。但是，博物館愈是豐盛地繁殖，這個「想像的社群」的性質愈令人困惑。至少，博物館往往被認為具有文化保存、重建歷史、族群辨識與部落認同、促進知識管理與文化產業的功能。然而以族群辨識有關的博物館展示形式而言，也呈現出兩種不同的類型：「人類學（民族學）博物館」以及相關卻有所差異的「族群（民族誌）博物館」。前者關心一般性的文化理論建構，後者較專注於獨特的文化觀念的展現。前者大致是大型的國家博物館的主要訴求，後者則以地方的或族群的場域為基地。族群（民族誌）博物館不但是人類學知識發展與社會建構的結果，其組成的方式與社會實踐內涵也因時而異。前者關心學科通論的結果，重視文化比較的視野以及發表普遍的文化理論建構；後者較專注於爭辯中的議題，描述獨特族群的文化觀念；前者關心相同與一致性，後者呈現差異與多樣性。前者是常設展所採取的模式，傾向於教育式的訊息傳達，後者則較常見於特展，傾向於啟發式的學習。前者的性質較為靜態，後者則留意動態。二者的區別顯示出博物館的建構過程固然誘引出政經發資源的強力競逐，但我們卻不能忽略通過獨特的社會文化詮釋所產生的影響。此

外，學院知識和活生生的族群行動兩者之間雖然相關，但卻是很不一樣的系統、範疇，呈現出對現實的認識和解決問題效度上的差異。1990年英國牛津大學聖安東尼學院的亞洲研究中心，曾舉辦一個「亞洲族群」學術研討會，研究祕魯和帝汶的人類學家 A. Gray 提及：在政治的層面上，「原住民族」（indigenous people）一詞所涉及的語意屬於「命令式的」（imperative）範疇，而非「敘述式的」（descriptive）範疇，牽涉到被殖民者有關自決、文化表達自由和操控領域及資源的力量的問題。因此，族群重視的是「族群」字義下的「價值」。由價值到社會實體之間，最重要的是集體知識。如果集體知識有什麼樣態，自然會影響在族群博物館中我們對價值和社會實體的理解（Barnes et al.,1995）。

客家博物館的設立，亦是客家族群建構裡相當重要的一環。博物館是蒐藏、研究、展示自然物與人為物的性質之大本營，更是保存社會文化遺產（social and cultural heritage）重要基地，具有文化保存、重建歷史、族群辨識與部落認同、促進知識管理與文化產業的功能。當代社會的文化博物館不但具有維護、展現生物多樣性與文化多樣性的功能；在風起雲湧的本土文化運動與族群認同的建構中，亦扮演不同的促進社會經濟與文化民主發展的重要角色（王嵩山，2008：116）。因此，一座成功的博物館能夠提供豐富的物質文化資訊展示，透過博物館的族群論述如出版品、活動或講座，亦能夠協助凝聚族群的認同，儘管許多客家人對於自我身分認同與歸屬感的認同主要還是來自於血緣、語言、家族這些原生性的情感因素，但是博物館的展示內容卻也能夠是形塑與影響客家人認同的重要因素之一。

客家博物館可以作為展現「族群與社群的社會與文化史類型博物館」，通過獨特的物件呈現「製作客家的歷史」的過程所涉及「多元文化、族群意識、社會經濟背景的族群經驗」；著重再現臺灣客家族群之

「過去的與現在的」文化形式，描繪臺灣客家的「歷史觀點、日常生活中之結構與價值、道德知識、美感表現」，建構獨特的族群、歷史與社會文化經驗。它同時也可以追求一個族群「百科全書式」的博物館，呈現、詮釋客家有關過去之知識系統中的「生態的社會建構、社會文化之獨特性與整體性、歷史與事件、傳統與現況，與基於文化而來的創新」等現象，並且適切的反映當前客家族群迫切的社會、文化、與生態（土地）議題。亦即博物館展示內容的呈現可以不僅只是展覽客家族群的「過去」，同時也兼顧客家族群其實是作為一個持續變動中，與外在社會的其他各族群同時共存，相互影響的活的文化群體的存在。考慮到過去與現在應該是一種延續而非斷裂性的關係，讓前來參訪的客家族群與其他族群都能夠透過參訪客家博物館進一步認識客家族群當前的處境，以及客家族群與其他族群之間的密切關係。

　　臺灣客家博物館同時也能夠提供典藏、研究、教育和展示等功能，結合為客家研究型的博物館，一方面擴充館藏，另一方面也伴隨著客家研究讓展示推陳出新。客家博物館的展示應朝向讓觀眾除了觀賞原本具備的常識之外，並提供觀眾認識過去所不知道的面向。讓前來參觀的觀眾，不僅只是看完一個傳統客家文物的展覽，而讓客家人或非客家人參觀客家博物館之後皆能有所收穫，重新認識客家這個族群，瞭解客家與其他族群之間的關係以及角色，釐清、調整錯誤的刻板印象，從而發揮博物館的教育功能。並且客家族群並不能夠脫離在地性而存在，各地客家也都適應著不同地方發展出其獨特的樣貌，因此客家博物館同時也必須能兼顧與在地居民建立良好的互動平台，與社區進行連結，透過展示不同的面向，拼湊出較為立體的客家圖像。儘管「客家」是處在形成中、變動中的概念，結合學術機構所提供的知識基礎，與研究展示的更新，客家博物館也能夠因應社會、文化的變動，跟進時代的脈動，扮演

客家族群建構代表性指標的重要角色。

第二節　整合性的客家博物館觀

　　族群博物館是為了保存、展示和解釋特定族群的歷史、文化、藝術和遺產，族群博物館主要是用以收藏、保存、展現獨特族群團體文物為目的的博物館，以促進理解、尊重和包容。這些博物館有助於保護和傳承不同文化的價值觀和傳統，並提供教育和互動的機會，促進跨文化交流和對多元文化的尊重。當今世界各國的族群博物館幾乎都是展示其境內少數民族特有的文化或歷史。

　　早期人類學博物館以民族誌的觀點來收藏並展示各種資料的民族誌博物館，在詮釋與溝通收藏品時，通常強調區辨文化、重視族群的獨特文化形式與內容，因此展示多以單一族群或文化為單位。民族誌博物館常見於非洲和大洋洲新成立的民族國家；在這些國家中，民族誌博物館被視為可以在不同文化群體之間，形塑其貢獻於國家統一的手段。另一方面，某些工業化的國家，特別是曾捲入殖民化過程的國家，民族誌博物館成為一種異民族之文化的博物館。這些機構許多設立於首都，而這些首都在殖民的顛峰時期是遙遠、未知世界的「民族之窗」，例如巴黎的人類博物館、倫敦大英博物館的民族誌部門收藏品，以及荷蘭阿姆斯特丹的皇家熱帶研究所博物館。某些特殊的民族誌博物館也可能設立在區域級的城市中。通常這些博物館的成立，都與某一個個人有關，例如牛津大學的皮特歷佛斯博物館；或者因貿易的聯繫而產生，如德國布萊梅的海外博物館；英國利物浦、默西賽德之民族誌博物館則是因其接近主要的國際港口而誕生。半世紀以來，人類學博物館的性質與演變不但

反映了人類學學科本身的發展，更顯示社會文化的需求。

人類學博物館收藏和保護重要的文化遺產，確保它們能夠被保存下來供未來世代啟發、學習和欣賞。聯合國教科文組織所推動的新文化範疇的全球化六十年，四種文化資產類型全部涉及人類學與博物館：世界文化遺產、世界記憶（記錄遺產）、無形文化遺產、以及水下遺產，近年來更與全球永續發展 SDGs 相關。人類學博物館擁有巨量的資料與資源，與大學、研究機構合作，進行人類學、考古學和民族學研究。早期的人類學博物館往往帶有殖民意涵，展示來自世界各地的文物，透露西方的視角。現代博物館更加注重由文化所定義的物與物性，並以文化原住民族的內在觀點、源出社群出席與投入的視野詮釋與溝通文物。博物館作為一種方法，通過詮釋與溝通技術，展示各種文化的物質和非物質遺產的文化意義和價值，並促進涉入式（engagement）的公眾教育與學習。人類學博物館越來越重視與當地社群和文化持有者合作，重視文化意識，確保展示內容的準確，並促進文化的共同理解和互相尊重，成為文化和教育／學習的重要場所、積極的社會參與平台。

正是在前述當代歷史與文化情境中，我們看到博物館實踐典範移轉，也就是從民族學／誌博物館更名為世界（文化）博物館，重新對既有蒐藏品的詮釋與溝通行動，呈現減少文化區辨族群的成分而強調其關聯性質，體會文化內在觀與能動性，通過「論壇」概念處理，例如去殖民、性別、老化、歷史正義、人權、社會公正、移民、海洋、陸地、環境保育、氣候變遷等當代社會議題，並反映了對文化與生物多樣性、社會包容、環境感知的更深入理解和重視。展示的重要性擴大意味著博物館場域成為社會變革的推動者，通過展示、教育和社群參與，促進對社會文化問題的理解和解決（王嵩山，2024）。

整體而言，國外對於族群博物館的討論，主要還是把它放在一個少

數群體相對於主流多數博物館的發聲面向,並對於族群博物館提供與當代主流政治與認同論述之外的爭辯論壇報以相當的肯定。儘管族群博物館內部的差異性其實很大,但是許多族群博物館還是會以強調該族群自身的特殊性與差異性與主流社會作為對照,有些族群博物館則將族群拉抬到全球的高度,協調地方與全球觀眾不同需求,並試圖與廣大的文化及社群團體對話,甚至探索新的歷史詮釋以及爭辯當代的政治與認同議題,在提昇多元文化價值的社會裡扮演象徵性的重要角色。有些族群博物館則是將廣義的族群博物館跟旅遊工業放在一起討論,認為博物館所展示的族群文化其實是隨著時代變遷的動態過程,除了對於商業化的反省,也必須進一步理解少數族群如何在其中建構自身的認同。族群意識與傳統本來就不是靜態的,而是不斷地被創造出來的,必須從中看見隨著時代改變的族群論述與在地的認同,以及族群如何從中找到與歷史的連結與認同並且將自己的族群放進社會的位置。

　　國內關於族群博物館的論述還是放在民族學博物館的討論之下,並且依循著對於民族學往往再現弱勢族群的傳統文化,卻忽視其現實處境的批判,提出應當注重族群本身的地區性差異與多元性的反省。近年來,臺灣客家族群面臨多元文化發展的社會情境,客家文化開始有了全面性的發展空間,一方面來自公部門,從中央政府到地方政府都設有客家事務相關的委員會。另一方面則來自客家地區,在民間和地方政府的推動下,逐步地建立地方的特色。知識系統上,在大學設立客家學院以及客家研究中心作為知識體系的基礎,在地方推廣文史工作團體的客家調查。廣播媒體方面亦設有客家電視臺、客家廣播電臺。這些學術單位或媒體的成立,開始在客家飲食、衣服、戲曲、儀式、歌曲乃至於宗教信仰方面上思索、挖掘、創造客家文化的特色、詮釋創新客家的歷史,提供客家人的族群記憶,甚至創新族群記憶。

隨著西方社會文化理論的發展，處理蓬勃的臺灣多元族群文化研究，我們應該嘗試建構具有本土文化敏感度且合宜的詮釋性概念、語彙與研究工具，藉以追求深刻化的文化遺產研究。文化治理實涉及文化保存、文化再現與文化實踐等三個不同但相關的面向。另一方面，除了理論訓練在傳統的文化相關系所持續進行之外，具體化無形文化遺產的創作者（也就是「遺產承襲者」），依然是根本，構成臺灣文化遺產社群的「實踐社群」。近幾年來，臺灣的文化資產研究與教學機構陸續增加。這些專業機構所訓練出來的專業人才，構成文化遺產的「實務網絡」，並通過專業課程、學位授證，傳遞相關知識與技巧，形構文化遺產的經營管理。前述「實務網絡」指的是聯繫可能未謀面、但從事類似實務工作的人，「實踐社群」雖然也是基於實務但關係較為緊密，由從事同一種的或相似任務的人組成的群體。前者接觸到廣泛的資訊，後者與特定的社群來往、私淑與人緊密連結的知識樣貌；前者獲取大量的、但孤立的資訊內容，後者理解整體的知識的派生脈絡；前者讓學習的人「學得」（learn about），後者透過「涵化式」的學習、與橫向社會關係來誘導學習者「學成為」（learn to be）。相較於教學與研究機構的發展，可以讓無形文化遺產學者相互溝通累積知識，技術與經驗的「專業團體」情形堪稱虛弱。文化遺產工作者與地方文史工作者，或對學科知識具有興趣的文化教育工作者，參與的管道漸漸縮小。專業組織的經營，不只涉及有沒有追求政治利益的欲望，更要投入專業發展過程中不可或缺的熱情，多少要有點志工或慈善家的精神，並創造平行聯繫與學習的平台。事實上，實踐社群往往通過共享不同形式的「文件」，建立具一體感的凝聚關係與認同成為「想像的社群」（Anderson, 1998）。

　　文化形式研究，不但要處理族群的（或地方的）知識與專業知識之差異，也需積極的探索知識建構的社會與權力的性質。因此文化遺產是

動態的形式，其「保存」便不能是固定和不變狀態的遺產維護。保存工作應確保文化遺產的動態群集，這便涉及族群的社會文化體系與文化遺產的關係。因此，在族群博物館中，擁有整合性的精本形式的文化遺產學以及五種博物館技術之文化治理，涉及文化保存、文化再現、文化實踐三個面向，至少要具備五個基本條件：全職的文化遺產保存與維護工作，專業的文化遺產理論與實務教育機構，頒授證照與學位的權力與能力，讓文化遺產學者與博物館學者可以相互溝通並累積知識、技術與經驗的專業團體，訂定具備倫理性質的規範與自治權。此外，文化遺產保存與維護過程所涉及的文化管理、交流與人才培育，除了應理解需要三種不同的專業，分別是文化遺產的承襲人、文化遺產的詮釋者、文化遺產的管理人（包括立法者），更應區辨實務網絡與實踐社群兩類系統，在文化保存、文化再現、文化實踐工作所能發揮的功能。

雖然大部分的協助經營管理（stewardship）與照護（curation）的原則，依舊受到政府部門掌控，但影響未來文化資源管理之方向與結果的決定性因素，卻是取決於那些過去直接連接與呈現在文化資產中之主體的涉入與努力。這種認知普遍見於幾個文化形式的領域。比方說，社會人文的專業，著重地方人士對獨特的歷史觀點與藝術創造之建構；都市與建築規劃的專業，強調使用者或社區的主動與深入的參與；地方文史中心或博物館專業，強調社會的互動與公私部門的合作；自然資源的保護，強調在地民眾與志願性團體自發性與持續性的運作；維持文化多樣性的行動中，族群自身努力的積極投入等。

然則，族群博物館和自然與文化資產的保存與維護，固然具有發展社區、促成族群或國家認同的潛力，我們卻不可忽視前述的趨勢中，所隱藏的某一特殊政治群體與個人壟斷或操弄的可能性、反智主義的傾向、極端的文化相對主義，與封閉性的狹窄地域化之危險。文化的差異

亦暗示了博物館的存在及其運作方式之獨特性,例如客家文化園區與鄒族自然文化園區便是受不同因素影響的結果。其中除了文化內容的差異之外,執行合理的博物館與文化資產的管理業務,更涉及層層相扣、龐大的、系統化的族群與外在大社會組織原則互相交錯的複雜運作。

綜言之,博物館建構過程中不但涉及(以蒐藏為主體的)「文化內容」,也涉及複數形式的歷史、文化差異(及其衍生出來的多樣性)與族群觀。回應社會文化性質而產生的博物館樣貌存在明顯的異質性,臺灣的各個族群正以自己的方式詮釋博物館。再說,博物館與藝文資源的分配(museums and allocation of arts resources)形式是不同的生產性資源(productive resources)在不同用途之間的分配。一般認為,選擇資源的未來用途往往決定社會產品(social products)(如博物館)的構成。資源一方面是有限的,一方面又是具有多種不同可供選擇的用途,其中更隱含著國家與地方、族群與社群的競奪。

客家博物館的建構,正處於一個強調差異、追求族群主體性、重視地方分權的時代,文化與集體知識成為追求族群認同、社會發展的工具。作為「文化的發生器」的客家博物館,應立足臺灣、放眼世界,創意性的再現「客家創成」過程中所涉及的各種文化內涵與民族經驗。

就客家而言,整合性的博物館是包含蒐藏、展示、教育與學習、治理、社會文化影響這五大技術思維中的族群博物館,一方面,客家博物館要匯集標本與文物、搶救瀕危的「多樣化的」客家文化遺產,再現客家社會的各項文化觀念、成就和創造性的努力。另一方面,客家博物館應有更大的關懷,強調跨文化的「人類經驗」、「傳記體的與自傳式地」(biographical and autobiographical)詩意敘事、「多元觀點」,描繪「人」在遭遇不同歷史情境與生態環境時,如何通過集體知識動態式的建構其社會文化體系。客家博物館的成立,參與多樣化的客家文化之論述與建

構，至少應持有下述文化概念（參見王嵩山，2018）。

首先，以獨特的物件與知識的蒐藏為基礎，博物館實踐不但應追索「結構性」的臺灣客家族群社會史，也應理解「動態性」、「高適應性」、「多元化」的客家文化與日常生活的特徵，並處理二者之間的關聯性。客家因移動而成形，客家社會因與不同的族群文化「共存」而呈現多樣化的面貌。客家博物館應協助人們瞭解諸如住居形態、衣著方式、食物偏好、溝通方式等如何形成、繁衍與再創造，並在歷史過程中體現自成一格的「各地客家社區」傳統論述場域、傳統儀式活動與工藝的意義及其神聖性、文化範疇中的時空概念、傳統社會組織為主體的社區領域活動，以及由知識體系與社會分類系統而來的物質性（materiality）。

其次，客家博物館的建構，應該「同時」著重再現客家族群之「過去與現在」有形與無形的文化形式或文化遺產，描繪客家人的「歷史觀點、日常生活中之結構與價值、道德知識、美感表現」，積極的呈現獨特的族群、歷史與社會文化經驗。想像客家博物館，應凸顯客家文化樣貌的流變與形構，特別是動態的、跨界的客家族群之社會文化內容。換言之，客家博物館不追求「百科全書式」的呈現，而強調移動的本質如何決定其信仰體體系、社會組成原則、生態適應方式、親屬結構、物質文化的性質，以及「活的傳統、文化的再創造」，並有可能以下列諸表徵之詮釋與溝通（展示與教育）的重點：(1)作為「自然人」的臺灣客家特徵，(2)經濟發展的策略，(3)後現代主義與風格之「政治」，(4)文化製造，(5)傳統的必要性，(6)神話、記憶與工藝，(7)日常生活，(8)文化再創造中之意識型態與族群意識的角色，(9)族群歷史中所顯示的依賴與自立的辯證關係。準此而言，客家博物館的經營，便應重視「生態的社會建構、社會文化之獨特性與整體性、歷史與事件、傳統與現況，與基於文化而來的創新」等現象，並反應當前客家族群迫切

的社會、文化、與生態（土地）等議題。

第三，客家博物館內部業務，應是一個「有機的整體」。博物館的治理必須持續地掌握當代博物館專業理論與實踐之脈絡，以及諸如猶太博物館、美國印地安博物館、加拿大文明博物館等之族群博物館經驗，適切的扮演「族群博物館」之新角色。因此，客家博物館必須創造性的探索因應不同社會文化性質、和／或問題與概念取向而來的展示和教育方式。最後，客家博物館將自身定位於「世界」的系統中，持續的反省族群文化之展示與教育的終極關懷。

第四，在追求「文化民主化」的當代臺灣社會中，客家博物館以族群文化為主體，通過蒐藏、科學教育、展示、表演藝術的運作研究與規劃，不只關心客家族群文化認同之塑造過程，更追求「多語主義」、「多元文化公民身分」與「文化多樣性」的社會意義，既推動語言的研究與教學，也重視異文化之間的溝通，俾作為從事多元文化社會教育、與社區自發性的文化動員之依據。

第五、客家博物館積極的通過新興科學技術，特別是網際網路，進行知識與（有形的與無形的）文化資產的累積、創新，與文化（以及國際）間的交換之工作。準此而言，「客家博物館」必須支援卓越的「客家學」研究與教學，並嘗試將自身定位為「全球客家研究中心」，最終有能力啟動「世界客家博覽會」。博物館的實踐可以拓展世界視野，持續通過客家國際合作和溝通，博物館可以引進和分享不同文化的展示和研究成果，增進全球文化的互相理解和尊重。對於臺灣來說，正是通過博物館實踐，以臺灣客家為名連結世界，豐富本土文化的內涵。臺灣客家博物館將可更全貌地、具文化意識性地履行其在客家文化的保存、再現和實踐中的職責，促進客家文化的持續發展和創新，並在當前世界文化溝通中發揮積極作用。

第三節　客家博物館與客家博覽會的交集

　　近代臺灣博物館事業之積極建構，是在「展示」而非「蒐藏」的基礎上發展出來。人類學和民族誌博物館展示中的族群概念，來自於殖民時代以來的人類學知識成就；我們討論博物館展示、族群辨識與博覽會的關係，不但要具備前述整合性博物館實踐的概念，更要將博物館與博覽會的展示議題擺置在一個廣泛的、比較的社會文化脈絡來理解。

　　展示是一種空間的意識性營造，展示的需求與場所密切相關，而場所的建構和掌握則與政治經濟結構相關。臺灣各地的文化中心，初步的回應了地方的展示需求；而幾座大型的國家博物館，更加的擴大展示的需要量。蒐藏是需要時間累積的，展示則有可能在經費許可的範圍內、以較短的時間形構出來。對於一個新成立的博物館而言，展示與蒐藏所涉及的文化資本往往是互斥的。正因為如此，幾乎所有國家博物館的創館初期都是著意於創造「吸引人的展示」，高雄的國立科學工藝博物館甚至沒有設置蒐藏空間與蒐藏組織，其結果是營造了一個龐大的、難以運作的教育或展演中心。新的博物館如南臺灣的國立海洋生物博物館，眩人耳目的BOT（公辦民營）又何嘗不是在這類市場價值觀之下的追求。事實上，展示的競逐不只見之於常設展，更顯現在近年來流行、密集出現於臺灣的大型特展（blockbuster）。大型特展的場域主要出現在北臺灣、特別是以臺北市為其基地，大型特展的內容是精緻藝術的範疇，由幾個國家級或院轄市級的博物館來組織；而大眾媒體與私立的財團法人文教基金會的介入，更是這一類型展示的一個重要特色。這類展示的聯合社群所擁有的文化資本極為驚人，居於支配地位的博物館（與其他的文化組織），通過大型展示的象徵（「展示語言」、文化內容和特殊的標本器物）得以建立其支配權。不論如何，這一類的國家的或公部

門為首的展示,更出現博物館相關專業被化約,媒體反客為主的操縱展示形成,展示的呈現可以透過市場機制的買賣行為達成、文化或族群被化約處理等現象。雖然公共博物館負責提供一個原來被專業壟斷的空間,但是文化論述場域卻並未成為一種可以公平競爭的社會資源。媒體通路所釋放出來的訊息,例如名人參觀的場景、由名家連續的在報章撰文書寫指導性或／和煽惑性的簡介、膨脹洶湧擁塞的人潮景觀,這些訊息不但成為參觀行為的支配力量,創造出藝術影響力的文化消費假象,並合法化的標誌著握有藝文發言權者之親近人文藝術的主觀品味。換言之,以客家族群文化展示為例,族群辨識的「誤認」、客家主體性的「缺席」雖然來自於知識上的限制,唯社會的集體興趣與不均等的權力關係也不可避免的扮演一個決定性的角色,更涉及一個龐大的消費市場的性質。

　　因展示而獲得的政治經濟利益是顯而易見的,而社會內有關展示資源的分配是不均等的。美術館與畫廊永遠有一份長長的待展名單,展覽本來就是藝術市場的重要環節,因展示創造出展場、藝評人、藝術品交流系統。大部分的博物館通過展示來呈現其獨特的收藏品詮釋的能力,攫取知識上的地位。博物館展示行為驅動知識的擴張,從而造成排他式的內在凝聚,館員可以在其專業謀得一席之地,合法化其經濟資本;不止如此,以壟斷式的收藏品為基礎的展示,促成知識與物件的再生產,其生產成果隱含了商品化的危機。事實上,一個吸引人潮的展示不但獲得門票的龐大收入,更進一步的帶動其他以到此一遊、寓教於樂為名、自成一格的博物館消費。正因為如此,臺灣的博物館(或是美術館)之展示活動一不小心便落入資本主義追求利益極大化的陷阱。所謂合理的展示財務規劃,往往被設定在收入應比原有投資更為豐厚的基準,社會教育的成效主要是以大量的參觀人數來衡量,操縱展示形成的因素是

「文化的價格」而非「文化價值」；是「文化市場」而非「文化社群」；是「普化的文化關懷」而非「獨特的文化再現」。

弔詭的是，這方面的知識、利益的叢結更混雜了文化政治，掌握展示場域使其得以控制有效的政治籌碼。如此一來，博物館展示便無可避免的在其追求自我呈現、擴張其社會內的文化支配權的同時，支離了其作為一種獨特的文化組織之博物館原有的結構或本位素質。事實上，博物館展示的本質依然處於一種可爭辯的狀態，是被持續建構的。一旦博物館的經營耽溺於展示場面的競相誇大與參觀人數的無止境的追求，無視於文化殖民與量化評價的詮釋危機，自甘於化約博物館功能，以及簡單化與粗俗化的博物館認同，獨斷的操弄／受操弄於包含媒體的文化資本，以量的角度而非質的思考來創造參觀人潮的意義，忽略知識與權力的必然關係，以及展示的政治籌碼化等等面向，便不免異化博物館的功能、侵蝕博物館事業獨特的知識與人文基礎。這種情形不但使我們更意識到結構與能動作用，社會與個人、歷史與過程之間的辯證的、互相涵攝關係，也使我們更加體會深入的認識不同的、差異極大的文化與族群之性質的重要性。前述社會事實，更呈現在博覽會的範疇之內。

博物館與博覽會通過其本身的安排及陳列來模仿多樣性的世界組成，不論是文化、族群，或是自然。博物館與博覽會如何展示（即展覽後面的意識型態、概念），展示什麼（陳列物的取捨背後的因素）相當重要。博物館與博覽會的文化展示可區分為兩種不同的形式。常受批評的當代人類學博物館展示觀點，具有下述特徵：展示中往往無視於死亡，男子會所等聖地被視為「物件」，展示焦點在物件與觀念，過去僅是過去。展示中不見情緒性與險惡性，貫通展示的是有關歷史學、人類學、工藝學之學術主題，展示不追求被界定為隸屬於教堂、墓地等事物的靈性。相對而言，以人（族群）為主體的民族誌博物館展示觀點，則

蘊含下列的關懷：死亡與我們如影隨形，傳統屋宅如男子會所等同於「祖靈」，展示關懷的焦點是人，過去／現在是未來的指引。展演的經驗與內容不只是情緒性的，也有興趣於人性和靈性的追求。不只如此，累積在學術研究文獻中的創見與發現，沒能「展示」在陳列室的櫥櫃中。更由於人類學強調原創的田野工作，使得他人所蒐藏的標本在近數十年來大半靜靜的躺在櫥櫃與地下室中，沒有被拿來作為研究的對象。事實上，早期臺灣的人類學博物館展示中「民族」的面貌是模糊的、是靜止而不變化的，如客家與原住民中的「平埔」族群。人類學博物館的展示往往明顯的呈現出以族群為主的文化特質（有時又是一種刻板印象的）、忽略社會文化的動力、以序列排比方式來處理標本的「自然史」（人作為自然界的一部分）傾向之「陳列」。族群的文化遺產所呈現的面向，不單是「物的展現」，通過族群「物質文化展示論述」，族群博物館得以建構記憶的、對話的、脈絡的、甚至競爭的文化概念（王嵩山，2012）。

　　博物館與博覽會展示的相關脈絡持續的擴大，其社會文化關懷亦日漸深入。美國國家美洲印地安博物館展現豐富的收藏，並與外界（包含其它的博物館與大學）共同合作和研究。美國的卻洛奇印地安博物館，則將歷史文化脈絡置入於主要的展示的內容中；通過「過去」的重新檢視，建立印地安人的存在。祕魯國家考古人類歷史博物館的展示雖然較重於印加文化的內容，但其常態展示的空間中也涵蓋了其它時期（例如：美洲大陸殖民時期）的物質文化，關懷更廣大的族群脈絡。再說，在差異極大的社會文化脈絡中，原住民博物館展示呈現的不只是「被觀看」的「他者」的（靜態的）「標本」。博物館面對複雜的文化場域，因此藉由展示的內容而衍生的教育功能亦非單一化的。「物」的實體如何展示設計固然重要，博物館教育及其相關功能卻不單由展示的手法及展

品而達成。因此，延伸服務、對外連結成為另一種博物館展示的方法。美國國家美洲印地安博物館的「社區服務部門」即拉長這樣的動線；而其成立「社區工作坊」，正足以協助社區中的印地安原住民重新尋回屬於他們的集體記憶、瀕臨消失的傳統工藝，並在全球化的歷程中建構獨特的原住民族群的文化知識。準此而言，對於族群辨識有所處理與注意的博物館展示，勢必深刻的意識到差異；族群辨識不僅與博物館展示相關聯，而是在民族誌式博物館的反思式的實踐過程才得以達成。民族誌式博物館展示已不僅止於再現過去，或普化族群文化的差異，而開始重視不同文化與族群的聲音，並積極的與族群合作，民族誌式博物館的族群辨識便強調由不同主體的主位呈現（emic presentations）。事實上，美國的博物館中不但已出現原住民觀點，也出現由原住民族經營管理的博物館，Ames（1986, 1992）也指出加拿大原住民族積極主動的參與博物館，更挑戰了傾向於保守的，以自我永續為優先的收藏研究特權（curatorial prerogative）。

小結

當代歷史與文化情境中，我們看到博物館實踐典範移轉，也就是從民族學／誌博物館更名為世界（文化）博物館，重新對既有蒐藏品的詮釋與溝通行動，呈現減少文化區辨族群的成分而強調其關聯性質，體會文化內在觀與能動性，通過「論壇」概念處理如：去殖民、性別、老化、歷史正義、人權、社會公正、移民、海洋、陸地、環境保育、氣候變遷等當代社會議題，並反映了對文化與生物多樣性、社會包容、環境感知的更深入理解和重視。展示的重要性擴大意味著博物館場域成為社

會變革的推動者，通過展示、教育和社群參與，促進對社會文化問題的理解和解決。

　　因此，從客家博物館的建置邁向世界客家博覽會的當代實踐，顯示通過展示介入族群文化的保存、再現與實踐的過程，揭示反思性與具比較視野的民族誌式博物館實踐，必須顧及複雜的、且差異極大的當代族群文化的不同議題，也應積極的探索地域居民的認同與族群的集體知識之意識性的建構之關係。

第二篇
臺灣館的定位、策展與
臺灣客家意象建構的分析
與檢討

　　　　　　　　　林本炫、俞龍通、張正霖

臺灣館是世界客家博覽會的兩個主場館之一，臺灣館展覽的成敗，攸關世客博成功與否。臺灣館的主題是「扎根與共榮：有客當靚」，由主展區和 14 個縣市展區組成，並以「適應臺灣」、「豐富臺灣」和「共享臺灣」為三大主軸。「豐富臺灣」原先是「改變臺灣」，強調客家族群在諸多方面是改變的力量，並非如一般認為的，客家人是保守維持現狀的。2022 年底桃園市政府換黨執政後，這個主軸被換成了「豐富臺灣」。這三個主軸和展覽主題「扎根與共榮」緊密扣連，唯有適應臺灣，才能扎根。唯有共享臺灣，才能各族群共榮。

本篇對臺灣館的分析，只著重在展覽文本的分析。也就是將展覽本身當作一個文本，包括其展示之內容和展示手法。至於參觀者的感受，參觀者在這個展覽中接收到了什麼，也就是所謂的「受眾分析」，由於牽涉到眾多複雜的因素，不在本篇探討範圍之內。另外一個重要原因，則是我們必須先瞭解世客博的展覽目標，瞭解並分析臺灣館的展覽文本是否達到展覽目標，探討受眾分析才有意義。由於這是首次舉辦族群為主題的博覽會，這一點格外重要。

第四章探討世客博的展覽目標、臺灣館的定位，以及臺灣館的工作模式。世客博要達到的目標，就是傳達全新的客家形象，帶領客家人迎向明日的未來。而臺灣館要讓民眾分別從「適應臺灣」、「豐富臺灣」和「共享臺灣」三個主軸，瞭解、欣賞、感受客家之美。臺灣館主展區和 14 個縣市展區的主事者，是否瞭解這些展覽目標，瞭解三大主軸的內涵，瞭解過去的客家形象有何問題，從而能夠傳達「全新的客家形象」？再者，相關主事者是否瞭解到族群博覽會的特殊性，而在工作模式上展現出和一般博覽會、一般標案不同的工作模式，以便能夠達到世客博的目標？第四章在這方面有精彩的分析。

第五章對臺灣館的展出內容，以臺灣館三個主軸「適應臺灣」、「豐富臺灣」和「共享臺灣」，逐一檢視分析主展區和 14 個縣市展區的表現，並以「優等」、「尚可」、「薄弱」加以評等。不論是主展區或縣市展區，在三個主軸的表現，都以「共享臺灣」表現最差，顯示到了較為抽象的這個主軸，各主事者和策展者較難掌握其內涵。在三個主軸上都表現優等的展區，計有臺北市、臺中市、南投縣、高雄市、花蓮縣及臺東縣等 6 個展區；表現皆為薄弱的展區為新北市、新竹市、苗栗縣、臺南市和屏東縣等 5 個展區；桃園市、新竹縣和雲林縣 3 個展區則介於中間偏向優等，主展區介於中間但偏向薄弱等級。有許多縣市展區基本上都能夠抓到在地的客家文化，在三大主軸下凸顯在地文化。也有若干展區未能掌握三大主軸的意涵，策展手法不夠細膩或者技巧粗糙，導致內容無法呈現，甚至淪為該縣市之城市行銷或者產業展。

第六章分析臺灣館的展示手法，分為器物、精神和制度三個層面，據以分析臺灣館如何透過展示技術的選擇和安排，呈現客家文化。將展示手法分為新和舊兩類展示手法。舊的展示手法指涉傳統的、物件為主的、靜態的展示模式；新的展示手法泛指新概念、新技術、新模式在展覽中的應用，包括對博物館的實體物件展示詮釋更客觀、大量運用裝置藝術、多媒體應用、數位影像、電腦等，使得展示風貌發生演變。新、舊展示手法在臺灣館均獲得應用，透過新、舊結合的展示手法，臺灣館給予參觀者較為多樣性的觀展體驗。第六章並透過兩大部分來評價臺灣館展示手法的效益：其一，本展作為整體，對臺灣客家經驗相關展示方式的創新嘗試是否發揮作用？其二，則是展示手法與臺灣客家文化多樣性敘事間的辯證關係是否合宜？展示手法的組織和規劃扮演著重要角色，但其過度使用可能會導致展示內容的本質被掩蓋，使參觀者僅見展

示而未充分掌握訊息。臺灣館之部分展區確實在追求展示手法的創新之際，使其欲傳達的核心訊息反而變得模糊，甚至有透過展示裝置「填滿空間」之嫌疑。

　　總體而言，臺灣館整個規劃和策展過程，客家研究學術界未受到應有重視，主事者將相關標案當作一般標案處理，加上兩次流標，造成後來時間急迫，以設計為主導的工作模式，在不到一年的時間裡驚險完成準時開幕。由於有不少縣市未能掌握臺灣館三大主軸內涵，無法扣緊展示主軸，也未能和主展區銜接。在展示手法方面，手法重於內容，劇場化的展覽空間，可能充滿過多符號和象徵物，反而容易造成參觀者在認知上的「迷蹤」。在整體空間分布上，應可於結尾設置「歸納」展覽觀看體驗的特定展區，幫助參觀者掌握參觀內容，同時衍生更多層次的心得與想像。在臺灣館之入口處，亦較缺乏對本次策展計畫和核心內涵、取徑、理念的整體說明，從而令參觀者無法在展覽起點便獲得較清晰的認識框架。

第四章　臺灣館展覽目標及臺灣客家的意涵

　　世界客家博覽會有「臺灣館」和「世界館」2個主展館，8個副展館，以及相關10多個景點，展期內的1,100萬參觀人次未必都是前往主展區的臺灣館和世界館觀賞，其中更可能有重複計算的部分。但光就觀賞人次來說，至少可以說是熱鬧有餘相當成功。實際到現場觀察幾次，的確人潮也不少，尤其是幾個重要的假日，更可以說是人潮洶湧，摩肩擦踵。然而就展覽的目標是否達成來說，可以從展示文本的內容是否傳達展覽目標，以及觀展者的感受是否接受到這些目標，加以觀察討論。由於本研究僅進行文本分析，不進行受眾研究，因此本章首先討論世客博的展覽目標及其工作模式，後面兩章則分別從展示內容以及展示手法，討論其和展覽目標的關係。

第一節　臺灣館的展覽目標

　　「2023世界客家博覽會」的總主題是「天光日个客家」，客語的意思是「明日的客家」，英文是「Travel to Tomorrow」，代表未來的客家，就是迎向明天的意思。因此世客博要達到的目標，就是傳達全新的客家形象，帶領客家人迎向明日的未來。從這個目標相對而言，就是過去客家給人傳統的形象，透過這次世客博，希望呈現全新的客家給全國民

眾、全世界的民眾。如同世客博官網所揭示:「世界客家博覽會,不只是要如實、素樸的展示客家是什麼,有什麼特色,讓社會認識客家,更要積極展示客家社會力對人類社會的貢獻及其未來性,世界客家博覽會要通過有意的選題、論述,展現客家與在地社會之間的因緣和合,並將臺灣客家置於全球客家網絡的中心,連結全球,連結未來,彰顯客家(文化)對明日社會的積極意義。」

這一段話提出了幾個目標,首先要如實地呈現過去的、目前的客家是什麼,有什麼特色,好讓社會「正確地、更好地」認識客家,不只是臺灣客家,還包括世界各地的客家。第二,要讓臺灣社會及世人瞭解客家人對人類社會的貢獻,包括臺灣及世界各地社會的貢獻。第三,讓臺灣社會及世人瞭解客家的未來性。客家並非停滯在傳統社會,意思是客家也在不斷變遷,不斷適應當代社會,而且有能力適應當代社會,甚至引領當代社會。第四,展現客家和在地社會之間的因緣和合,這裡的在地社會可以是臺灣的不同縣市,也可以是全世界各地,客家在臺灣各地和全世界各地,都因為不同的自然環境和人文歷史條件,而有不同的適應結果,展現出不同的客家面貌。第五,將臺灣客家置於全球客家網絡的中心,這裡強調的是「網絡」,而非強調「中心」、「根源」,是在平等互動前提下,全球客家攜手並進,為當地社會做出貢獻。第六,連結未來,彰顯客家(文化)對明日社會的積極意義。一個有未來、有前景的族群應該是能夠面對明日挑戰的族群,客家如何面對明日社會,也是當代客家所要思索的課題。從以上分析來看,世客博官網上短短的這一段話,可以說是點出了世客博的六個主題,也是六個展覽目標。

作為一個大型博覽會,當然也具有教育的意義。如同世客博網頁引用 1928 年「國際展覽局」(Bureau International des Expositions,簡稱 BIE)成立時,其條約明訂「所謂博覽會者,不論主題為何,主要意義

正提供一個對公共大眾有教育價值的展覽場所,其內容可以包含人類之生活或歷史中人類致力於各項領域的成果,或者呈現人類未來展望等各方面題材」。以全球規模最大、最為人熟知的博覽會而言,從早期各國國力的競賽與展示,轉而到「深入探索人類未來的發展面向。其政治權力的表徵已轉型成為人文關懷的實踐,特別是 20 世紀人類科技的迅速開展帶來生態環境的破壞,使博覽會成為一種反思、批判與重建記憶的場域,展覽主題從和平、進步、革新的面向,逐漸拓展至保育、重生與永恆的議題」,而就展示手法而言,「我們看到的不再是各地的商品展示的或是文物展,而是具有各地區和不同族群特色文化的演繹交流。」教育的功能和文化的交流成為博覽會的重要目的之一。如果真要說世客博有國力展示的話,那就是「軟實力」的展現,不但展現客家在當代臺灣的發展面貌,這種客家文化力對臺灣社會的影響和貢獻,而且是在各族群平等、相互尊重之下發展出來的文化力。而透過這個全球獨一無二的族群博覽會,可以向世人展示,唯有相互尊重的族群政策、相互尊重的族群平等環境,才能促發更多的文化創意和活力,從而對整個社會具有最大的貢獻。

在凝聚全球客家人方面,世客博試圖「用客家新傳統與老華客組織交流」,以新的觀念和各個客家組織進行交流,而且「用新的客家文化與年輕世代交流」,使客家不再侷限於中老年人的客家。「打造臺灣成為『新客家文化』中心,與全球多元的客家文化進行對話、看見客家對不同國家發展的貢獻,在差異性中建構全球客家認同的光榮感。」這裡的重點在「新客家」和「新客家文化」,而不是回頭看,不是從歷史中尋找光榮感,而是從客家在不同國家的貢獻,肯認客家彼此之間的差異,在這個差異中建立共同的客家新認同。

最後一項是科技感。世客博由桃園市主辦,並且選在桃園高鐵站附

近舉辦,固然是因為該地有較寬闊的空間,然而桃園高鐵站附近的捷運A17至A19站是桃園市快速發展的區域,鄰近機場和桃園航空城,是充滿活力的區域,在此舉辦可形塑客家的當代感和都會感,「透過上述人文關懷的博覽會基調,結合航空城朝向高科技發展的策略,將為未來科技與人文結合的都市發展,建立新典範。」藉此可擺脫客家過去必然和農村、農業社會連結的舊有形象。

臺灣館的大主題是「扎根與共榮:有客當靚」,其下又分為三個次主題,分別是「適應臺灣」、「豐富臺灣」和「共享臺灣」。依照展場中臺灣館主展區的展示說明,扎根指的是客家人「是在充滿變動與未知的氛圍下,逐漸適應臺灣的環境與生活,讓這塊土地不再是他鄉,而成為了臺灣客家人的新故鄉」。豐富臺灣則是「客家文化不只是客家人的文化,更豐富了臺灣文化的多元色彩。臺灣客家文化不只是臺灣文化,更是以臺灣客家的經驗與全世界分享」。而「共享臺灣」是「集結當代客家族群的自信與創意,以三大主題呈現臺灣客家在不同時代的努力與改變,更透過縣市展區的豐富樣貌,看見臺灣客家的精神與活力」。總體而言,就是要讓民眾瞭解、欣賞、感受客家之美。這裡的客家之美,是經過各個世代的努力奮鬥適應,並且豐富臺灣文化的結果,是一種動態之美,而非僅止於靜態展示的美。三大主題不只是在主展區呈現,也希望能夠在各縣市展區呈現各縣市的樣貌與活力。

適應臺灣的內涵,是客家人面對陌生的族群與自然環境,帶著來自原鄉的生活智慧,結合在地的經驗與嘗試,不斷努力與克服,創造出臺灣客家特有的文化樣貌。「豐富臺灣」指的是客家人不只適應臺灣,客家人「為了更好的生活而努力,並在各個領域發光發熱,從士農工商到藝術文化,為臺灣帶來諸多的貢獻和影響」。但更重要的是,「在客家族群的捍衛、爭取與努力下,進一步從中央到地方,掀起臺灣客家文化風

潮，不但影響客家自身的發展，也改變、豐富了臺灣。」這個指的是客家人帶領或者主要參與的各種社會文化運動，包括「還我母語運動」、「520 農民運動」、「美濃反水庫」等，對臺灣有重大影響的社會運動。因而「這座不同族群共同生活的島嶼上，獨特的客家文化豐富了臺灣的多樣性，更讓多元文化並存與交織，成為臺灣最迷人的風景」。

至於「共享臺灣」則最為抽象，展示背板上的文字詮釋為：「客家文化不單屬於客家人，更是人們看待臺灣歷史發展、多元共存的重要視角。不同的族群文化承載著各自的觀念與價值，豐富了臺灣這座島嶼。透過相互尊重與理解，才能讓文化的多樣性得以保存、延續。透過客家族群的身分認同與文化發展，集結來自民間、中央的不同資源，在語言教育、地方發展與藝術、生活文化各方面持續耕耘，客家文化和其他族群文化共同綻放光彩。今日的臺灣客家，將是明日世界客家的縮影。」對於客家人來說，「共享臺灣」的意義就是客家人不再是臺灣的「客人」，和其他族群一樣是臺灣的主人，共同享有臺灣這塊土地，共同貢獻於臺灣這個土地、這個民主自由的社會。共享臺灣的核心價值，就是族群平等，族群主流化，政府在制定任何政策時，都要照顧到對任一個族群的影響，要具有族群敏感度。不但任何一個族群的權益不會受到犧牲，而且都有相同的機會為臺灣社會做出貢獻。

從以上論述以及世客博官方網站的文字和影音，可以總結世客博的展覽目標，包括傳達客家不只一種，要讓觀展民眾「用自在的方式感受客家」。從工藝、飲食、文創等等面向，發現客家的多種樣貌。客家人不只勤勞節儉，還如「形象影片文化篇」所指出的：「客家人用智慧討生活」。客家不只一種，但是「因為客家，我們相聚」。客家雖然源出於中國，但在各地落地生根後，已經是各國的公民，客家是一個因緣，不論基於何種「客家性」的認知，客家是一個網絡。這個網絡也許沒有中

心，也許有一個中心，但並非管制的中心，而是一個共享共榮的文化中心。

第二節　傳統客家意象及其問題

　　前段提到世客博的展示目標，最重要的是要讓觀展者感受到客家不只一種。在空間上來說，臺灣各地的客家都不一樣。在時間上來說，不同時間的客家也不會一樣，客家隨著時間而改變面貌。那麼，為何要凸顯客家不只一種呢？這種「客家只有一種」的印象是什麼？怎麼來的呢？

　　客家的傳統意象有很多值得檢討的部分，其中最大的問題就是客家只有一種、客家是「本質性的」、「固定的」存有。最常聽到的說法，認為客家人都是住在山裡面，「逢山必有客、無客不住山」（羅肇錦，2015），但是客家人住在山裡面，僅只是桃竹苗部分鄉鎮的印象，最近也有研究指出，這是戰後從中國梅縣（現梅州市）客家人（外省客家）帶來的「客家中原論述」造成的刻板印象（鍾志正，2015）。桃園客家人主要住在臺地上，桃園臺地和山裡面不一樣，還有住在新屋海邊，近年提出的「海脣的客家人」。但最重要的是屏東客家人，是住在平原裡面的，甚至還有住海邊的，比如佳冬。再者，客家人二次移民到花東縱谷之後，這和住在山裡面也不完全一樣。以苗栗縣來說，儘管多數客家人居住的鄉鎮的確屬於山區，但是苗栗市和公館鄉，確確實實是平原，屬於後龍溪河谷沖積平原，而「苗栗」的舊稱「貓裡」，就是道卡斯族語「平原」的意思。但是至今苗栗市還喜歡自稱「山城」。

　　在遷徙方面，除了客家源流的爭論之外，常常就說客家人是因為在

山區窮困,所以就到臺灣來,好像山區裡面的人都可以到臺灣來,山區裡面的人都是窮困的,而窮困就直接可以促使一個人飄洋過海到臺灣來。事實上不是所有的客家人都有機會來臺灣。那麼臺灣客家人的祖先在中國原鄉是如何的分布?中國哪些地方的客家人移民到臺灣?這是一個值得討論的問題。一般常說客家人比較晚來臺灣,所以住在臺灣山區,或者因為原鄉環境是山區,所以到臺灣之後就來到山區定居(施添福,1999),可是明明有很多臺灣客家人不住在山裡面,這個事實卻被視而不見。這個印象塑造單一的客家印象,而且比較晚到的,理所當然就住在山區裡面的。這都是值得討論的。

從建築方面,認為客家人住在土樓裡面。以為中國客家地區有很多土樓,就認為臺灣客家人也住在土樓裡面。可是根據中國大陸學者房學嘉的研究,也不支持客家人住土樓裡面的這種說法,其理由是福建西部的土樓(有圓樓也有方樓,所以不稱「圓樓」)是客家人和福老人都有,但是客家人的大本營梅州市一帶,卻看不到土樓,黃蘭翔(2011)也支持此說法。更何況臺灣客家人從來都沒有住在土樓裡面,臺灣客家人是住在伙房(圍龍屋)裡面。在宗教祭拜對象方面,過去認為三山國王是客家代表信仰,但是卻沒有考慮到客家三山國王信仰的分布,最多三山國王廟的縣市,並非客家人口比例最高的縣市。再來客家特有信仰是義民信仰,但是很多人對義民信仰還沒有充分的瞭解,和義民相關的史觀也有多所爭論。

常說客家人是就地取材的,客家人是節儉的,說客家人是保守的,這樣子一種的印象,可能是那個年代需要發揮智慧,充分利用有限的資源和山區的資源,一般說來平地是比較好謀生的,但是山區也有一些平地沒有的資源。客家人往山裡面移動,都是因為比較晚到臺灣被迫往山裡面移動?傳統的印象認為客家人習於農耕,不善經商。這也是缺乏

跨區域比較的結果。客家人的面貌也並非固定不變的，隨著時代的演進也可能不斷改變，這是另外一個很大的問題。

以上傳統客家意象有問題的地方，希望通過博覽會想要達到的目標，是要改變這種認為客家只有一種的刻板印象。不論是客家人或者非客家人，對客家存有刻板印象者，這個展覽要能夠呈現新的客家意象，客家在臺灣並非單一的，因此臺灣各地客家跟中國原鄉的客家也不完全一樣。世界各地的客家也不會是同一個面貌。

在此，客家是不斷改變的，創新的、有創意的，也就是客家人不是只有勤勞節儉這些特質，而是展現客家人在過去對臺灣有什麼樣的貢獻，不是靜態的呈現客家「本質論」的特性。同樣的，客家人到臺灣來，是一個冒險的、進取的行動，比如客家人在中國原鄉之所以有機會到臺灣來，除了貧窮之外，最主要是靠近韓江流域的周邊以及韓江的上游，也就是梅江、汀江和梅潭河及其周邊。一小段翻山越嶺，到河邊搭小船，再到松口鎮或者三河鎮（三河壩）換大船（火船），沿著韓江，到汕頭港再換更大的船渡過「黑水溝」來到臺灣，通過山、河和海的銜接，完成向外拓墾的旅程。這在清康熙雍正年間乃至於民國初年，飛機還沒有發明之前，是一個冒險的行程，但是要有地理的條件，不是所有客家人都能夠冒險出海。譬如粵北韶關的客家人，福建西部龍岩、連城等地的客家人，因為不在上述韓江或者韓江上游支流周邊，因此沒有機會到臺灣和東南亞冒險。中國大陸原鄉有多樣的客家，所以來到臺灣本身在語言上會有不同腔調，到了臺灣又要適應不同的地形、人群關係，所以有居住在平原的、居住在山裡面、有居住在臺地、有居住海邊的、在縱谷的，這是適應地形自然環境所產生的結果。同樣的道理，客家人可以到屏東平原開墾，顯然就不是「客家人比較晚到臺灣」這麼簡單的解釋，或者說即便客家人晚到，也有機會到別的地區，而未必晚到就必

然只能到山裡開墾，如此簡單的解釋。

傳統的客家意象，還有一點重要的是，戴著斗笠穿著藍衫在種田，各地鄉鎮市級的客家文物館或者民間的一些客家文物館，在器物方面展示客家文化，通常就是展示農具。閩南人有可能比較多從事工商業，然而從事農業是不同族群皆有。但是進入近代之後，在客家文化運動的初期，客家人把農業社會的文物跟文化「佔有」為客家文化，其他族群沒有反對意見。在這種情況下，客家人自我定型為農業社會的人，也就是過去社會的、傳統社會的，因此給人的印象，農業社會的印象，是戴著斗笠的意象，這樣的印象強化了「客家人是傳統、保守這樣的形象」。因為窮困而來臺灣，因為窮困而節儉、勤奮，一整個糾結在一起的客家文化的意象。通過客家博覽會，要達到改變這樣一個客家印象，呈現新的客家印象，也就是客家是不斷改變的、創新的、創意有智慧的。客家也不是單一的，而是多元的。在不同地區的原鄉來臺的客家人，可能在原鄉就有差異。到了臺灣，適應各地的自然環境跟族群關係以及人文條件之後，呈現出不同的客家樣貌。

所以這樣一個展覽，第一個就是要改變刻板印象，客家人不只是農業社會的，當然也進入到工商社會，所以第二個客家人是隨著社會的變遷，客家人在不斷的改變，不斷的創新。尤其是農業社會的形象，事實上客家人也有從事工商業，比如在東南亞的客家人，早就出現為數不少的成功企業家。臺灣的社會，客家人也有傑出的企業家，但是在社會上所塑造的，依舊是客家人務農的形象，這是第二個要打破的。第三，客家並非單一的，客家人是冒險的、進取的，就要從客家人一開始從原鄉到臺灣的過程說起，這是冒險的過程。

光是貧窮這個因素，不足以解釋客家人冒著生命危險來到臺灣，是具有冒險精神的人才會做的事情，但是客家人有這樣的條件，是因為靠

近韓江流域,所以某種程度也是上天賜予的一個機會。當然,有一些族群,比如說閩南人在泉州、漳州,本身就靠海,所以要向外冒險向外發展就比較有機會。客家人被講的是在山裡面,山裡面的人為什麼跟靠海的泉州人一樣,有機會到外面冒險?當然不是靠著兩隻腳走到海邊去搭船,而是有一個山和海的連接,就是韓江及其上游支流。所以這次世界客家博覽會,連續三天的開幕晚會,分別以「山」、「河」、「海」為主題,可以說是非常正確的,不過這三個主題可能還沒有把客家人跟山河海的關係,傳達得非常清楚。

客家人是多樣性的,問題是多樣性的客家,有沒有什麼共性,可以稱為客家人,這牽涉到客家是怎麼形成的?在形成過程中,客家的共性(客家性)是什麼?可能不是那麼單純的一件事情,所以客家人同中有異、異中有同,到底是異比較多,還是同比較多?

第三節　新的客家人意象

到了14個縣市展區,客家到底有哪些同跟異?這是縣市展區可以去呈現的,也需要和主展區相互呼應。臺灣館的架構「適應臺灣」、「豐富臺灣」、「共享臺灣」。「適應臺灣」就是客家人渡過黑水溝來到臺灣,基本上是一個由南向北開墾的過程,臺灣雖然不大,但是南北的自然條件差別很大,因此在各地發展出不同的經濟型態、不同的族群關係型態、不同的產業型態。這是適應的部分,也就呼應客家人到臺灣來開墾,基本上在族群關係上是居少數,在地理條件上,有些地方的客家人可能居於比較不利的條件,因此必須去適應自然環境,不過即便客家人是住在比較淺山丘陵地帶,也可能有一個好處,比如說淺山丘陵地帶比

較容易引水開鑿水圳，如果加上附近有平地，就可以把旱田水田化，這是在苗栗平原和公館平原看到的景象。至於桃園臺地在日本殖民政府以官方力量開鑿桃園大圳之前，這邊主要是以埤塘為主。開鑿埤塘接雨水來儲存，作為水田化水利的來源，當然埤塘也需要有一些埤塘附屬的水圳來引水，但基本上和從河流引水開鑿水圳是不太一樣的，所以發展出不同的地景地貌。在屏東平原，有得天獨厚的湧泉，所以當地客家人可以很容易就取得水源，然後發展出水田耕作的型態。這是各地不同的條件所適應的。

改變臺灣就提到，客家人不只是適應臺灣的自然條件和人文、族群關係，同時也改變了臺灣。包括在解嚴前後，客家人主導的農民運動，苗栗地區的勞工運動，帶動對臺灣勞資關係的改變。還有美濃客家人反水庫運動，不瞭解者認為是阻礙經濟發展，其實是改變對土地的觀念，對生態的不同觀念。改變臺灣也包括以客家文化豐富臺灣的文化。這些社會運動改變了臺灣的思維，所以這是改變臺灣。

臺灣最早的民主運動，起源於中壢，因為許信良選縣長的開票舞弊問題，引發民眾抗議，造成「中壢事件」。在臺灣民主化的過程中，這是一個很重要的事件。臺灣民主化的黨外運動，常常以講閩南話為標榜，讓人誤以為臺灣的民主化運動只有閩南人有貢獻，而客家人沒有貢獻。事實上，客家人也在民主化過程中改變了臺灣。臺灣館主展區原先「改變臺灣」這個階段，跟客家人的這個面向有很大關係。2022年年底桃園市政府換黨執政之後，將「改變臺灣」變更為「豐富臺灣」，所以後來在展場上看到的是「豐富臺灣」，客家也有豐富臺灣，客家文化增加了臺灣文化的豐富性，但是層次不太一樣。基本上在「改變臺灣」的貢獻上面，「豐富臺灣」和「改變臺灣」的層次不一樣。

共享臺灣的部分，到底什麼是共享臺灣？從幾個層面來講，客家人

較多來自於廣東省，雖然福建西部也有，但是臺灣在清帝國統治時是屬於福建省，1885年才獨立建省。所以在此之前，福建人移民到臺灣來，是在同一個省內的移動，從以前到現在，閩南人都自稱叫「本省人」，在現在來講是指獨佔了臺灣省，獨佔了「臺灣人」的稱呼，就好像閩南語被稱為「臺語」，獨佔了臺灣，所以叫本省人。本省的另外意思在清代就臺灣建省之前，表示是福建省的、本省的。那麼客家是從廣東來的，廣東也有非客家人，例如潮州人、廣府人等，但是從廣東來就是「外省的」，所以有所謂的「隔省流寓」，就是指廣東人從「外省」來到福建省的臺灣，是外來者。所以客家人，之所以在臺灣居少數，是因為是「隔省流寓」，因而形成「閩主粵客」的主從關係（李文良，2008；林正慧，2006），然而，是否因為客家人比較晚移民臺灣，所以人數少，尚待討論。

「共享臺灣」是客家人對臺灣有貢獻，臺灣是各個族群所共有共享，不是誰獨佔了臺灣。現在臺灣有1949年之後來的外省族群，還有原住民，所以共享臺灣這個概念，是指臺灣是一個多元文化主義的社會。共享臺灣的過程當中，大家都可以有平等的權利，在臺灣這塊土地上生存，不應該有任何一個族群受到歧視、受到排擠。共享臺灣另外意思是，既然大家都可以平等的在這塊土地上生存，都有機會貢獻於臺灣。所以在這方面是共享共榮，共同發光發熱，共享臺灣這塊土地，共享臺灣這個多元文化社會。這個意思就是說在族群關係上，大家是攜手並進的，所以共享臺灣可以從這方面來解釋。用現在的話來說，就是客委會推動的「族群主流化」政策。

如果各縣市展區瞭解「適應臺灣」、「豐富臺灣」和「共享臺灣」的真意，那麼各縣市展區需要來呼應這個架構，也就是適應臺灣在各個縣市是如何展現出來？它的差異性在哪裡？共同部分是什麼？豐富臺灣是

各縣市客家人在各個縣市改變、豐富了什麼？貢獻了什麼？那就是各縣市的改變、豐富臺灣。共享臺灣則是各縣市的族群關係怎麼樣？四大族群關係有怎麼樣改變？乃至於到今天，是呈現什麼樣的狀態？如何共同的在縣市裡面攜手共享，成就一個多元文化社會？當然這個展示還是以客家為主體，而不是四個族群都展示，但是在客家與其他族群的關係裡面，每個縣市如何去展現共享臺灣的面貌。

這樣一個過程，可以用客家文學大老鍾肇政所說的「新个客家人」來講，就是客家的光榮感不是來自於說客家多偉大，客家人是正統中原漢人，客家有哪些名人多有成就。而是大家要做新的客家人，新的客家是怎麼樣？用「硬頸爭自由，再造客家精神」、「熱血爭民主，再創客家光輝」，鍾肇政期許大家在臺灣爭取自由民主的過程投入貢獻，而不是講過去客家人的血統、客家有哪些歷史上的名人，何況那些未必是客家人，客家也不一定能夠拉到那麼久遠的年代，這是共享臺灣的意涵。

第四節　臺灣館工作模式

「2023 世界客家博覽會」，不但是臺灣首次，也是全世界第一次，以「族群」為名，展示族群文化的博覽會。這個博覽會由客委會編列預算，但交由桃園市政府承辦。臺灣各級政府曾經主辦過各種大小規模不等的博覽會，最大規模的應該屬「花卉博覽會」，分別在臺北市和臺中市舉辦過。也曾舉辦過各種運動賽事，如高雄市舉辦過世運會，臺北市舉辦過世大運。但是當客委會將世客博交給桃園市政府，桃園市政府面對有史以來第一次客家博覽會時，是否意識到和其他博覽會的不同？是否意識到和舉辦其他大型賽事的不同？

政府部門通常用招標的方式，將業務委辦出去，承辦的桃園市政府是否意識到不能採取和一般標案的方式來招標？那麼，這麼大的一個博覽會，涉及到展示目標的設定，展示內容的規劃以及展示設計和施工，還有行銷、營運、志工招募和培訓等等複雜的業務，尤其是展示目標的設定，展示內容的規劃以及展示設計和施工，這些性質差異極大的部分，要如何分標、創標以及招標，才能找到最適合的業者來承做，達到最好的展覽效果？以上就是本節所要探討的，也是本次世客博最關鍵的部分。

攸關整個「2023世界客家博覽會」未來運作的「世界客家博覽會策展總規劃委託專業服務案」，可以說是整個「世客博」的最高上位計畫。該標案於109年3月18日公告，4月17日開標，5月6日決標。原公告標案金額1,950萬，最後決標金額為1,920萬元，由安益公關公司得標。安益公關公司耗時兩年進行前期規劃，於111年4月完成，算是世客博最高的「上位計畫」，桃園市政府並於同年4月11日召開推動委員會，由客委會楊長鎮主委及鄭文燦市長確定總營運推動上位計畫。

而和臺灣館有關的，第一次招標公告日期109年3月18日，名稱是「世界客家博覽會臺灣館內容調查及主題規劃」，亦即還沒有真正進入到策展內容，是屬於「臺灣館的上位計畫」，招標結果是流標。時隔兩年之後的第二次招標公告日期111年2月7日，其名稱為「世界客家博覽會臺灣館主題及策展內容」，前次招標既然流標，本次招標理應吸納了第一次招標案的工作內容，但是這次標案也流標了。而且值得注意的是，整個世客博最高上位計畫「世界客家博覽會策展總規劃委託專業服務案」和臺灣館的上位計畫「世界客家博覽會臺灣館內容調查及主題規劃」是在同一天公告。兩者之間既不存在主從關係、也沒有時間上的先後順序，也就是臺灣館的「內容調查及主題規劃」可以不用等「世界

客家博覽會策展總規劃委託專業服務案」有初步結果之後再行啟動。更奇怪的是，攸關臺灣館上位計畫的「世界客家博覽會臺灣館內容調查及主題規劃」流標之後，時隔將近兩年才又以「世界客家博覽會臺灣館主題及策展內容」標案公告。而最高上位計畫的「世界客家博覽會策展總規劃委託專業服務案」則長達兩年之後才完成，此時幾乎已不足以擔任指導地位。

接著由桃園市政府工務局以「『世界客家博覽會臺灣館總策展及展區規劃執行與營運』勞務採購案」進行招標，預算金額9,000萬，111年7月20日公告，111年8月17日截止投標，最後由位於松菸文創園區內的「財團法人臺灣設計研究院」得標[1]，展開臺灣館的展示內容和規劃執行。直到112年8月11日開展，實際上只差了6天就滿一年的時間。

由於進行前期規劃的安益公關公司，僅進行硬體規劃，並且依要求舉辦10場專家座談會之後，並未對專家座談會內容提出任何具體規劃或建議，僅針對世客博提出口號，於是，當臺灣設計研究院接手「臺灣館」時，可以說是在幾乎沒有任何內容文案的情況下，從無到有開始規劃「臺灣館」的內容和營運[2]。從網路上查到的招標公告得知，從初期的

1　2022年12月16日由客家事務局公告第一次契約變更底價金額4,944,000元。2023年2月22日客家事務局第二次公告變更契約，底價金額4,942,000元。2023年7月28日客家事務局公告第三次契約變更，底價金額8,708,000元。2023年11月14日展覽結束後，還有「世界客家博覽會總營運規劃暨執行委託專業服務」勞務採購案第1次契約變更，底價金額6,747,000元整。

2　林本炫擔任臺灣館學術顧問時，曾詢問得標的臺灣設計研究院，前一標（安益公司）或者桃園市政府有無提供任何參考資料，答覆是沒有。而從側面訊息也得知，由於該前期規劃幾乎不具有任何參考價值，因此桃園市政府也不希望臺灣設計研究院團隊參考安益公司該結案報告。

招標到三次契約變更，臺灣館的該標案總共經費是 10,865 萬元。

如前述，臺灣設計研究院是在 111 年下半年決標後啟動，此時距離開展不到一年。主要負責的部門是該院的研究發展部，實際領導本案的是副院長林鑫保。臺灣館同時聘請交通大學建築所龔書章教授為總策展顧問，負責硬體和策展設計的諮詢。臺灣館並沒有像世界館那樣有固定成員的客家文化諮詢小組，111 年 7 月初召開客家研究學者顧問會議，邀請林本炫和另兩位客家學者，以會議方式對展示文案提供建議。111 年 8 月份，臺灣設計研究院邀請林本炫為臺灣館「副總策展顧問」，負責客家文化文案內容的審查和建議，和龔書章分別擔任軟體和硬體顧問的分工。其後因為一位客家研究學者無法參與開會，另外邀請聯合大學俞龍通教授擔任顧問，也開過幾次顧問會議，但次數不多，主要還是由副總策展顧問擔任文案的指導和審查。臺灣館執行團隊每週一下午 1 點 30 分固定開會，林本炫則以線上方式參與會議，有幾次則到松菸文創園區內臺灣設計研究院會議室實體開會。

臺灣館執行團隊也依要求和「兩館諮詢小組」開會，林本炫確定擔任臺灣館副總策展顧問之後，於 111 年 10 月 28 日首次出席臺灣館執行團隊和「兩館諮詢小組」的會議，此後幾乎平均每一個月，臺灣館執行團隊都會和「兩館諮詢小組」開會。會議場地初期在中研院社會所，因為參與會議人數太多容納不下，改到臺灣設計研究院的大型會議室召開，每次諮詢會議由「兩館諮詢小組」召集人蕭新煌教授主持，除臺灣館執行團隊成員之外，桃園市政府專案辦公室楊安光主任、客委會產經處金玉珍副處長、「兩館諮詢小組」成員也都出席[3]，後面幾次會議，各縣市展區執行單位也都出席參與報告和討論諮詢。

3　參見本書第二章。

整個展示規劃的運作，可以說是採取多層分包制，由臺灣設計研究院得標承包，再分包給「柏成設計」為臺灣館主展區的總包商，7個縣市展區由桃園市政府分配經費給各縣市自行招標，不願意自行招標者，則委託給臺灣設計研究院的合作廠商辦理。每個縣市有500萬元經費自行招標或委託臺設院辦理。如果從這樣的經費分配來看，7個委託策展縣市展區就分配掉3,500萬元經費，剩餘7,365萬元經費，用在臺灣館主展區的規劃設計和施工以及整個臺灣館在66天展期的營運費用。

　　臺灣館由桃園市政府客家事務局發包招標，其招標過程並不順利。前兩次公告招標流標，第三次公告招標，已經是111年7月20日，時間可以說是非常急迫。並且由於「前期規劃」的標案成果非常不理想，桃園市政府並不鼓勵參考前期規劃成果，僅止於將展覽會名稱定位為「Travel to tomorrow 天光日的客家」。得標廠商臺灣設計研究院可以說是在完全沒有基礎的情況下，要在非常有限的時間內完成臺灣館的內容撰寫、展示規劃設計和施工以及展期中的營運。

　　而主展區的「內容」部分，則由柏成設計分包給另一個個人，是一個獨立接案者，因為過去和柏成設計有合作經驗，柏成設計就把客家展示的文案分包下去。這裡面產生一個問題，內容廠商和主展區總負責廠商並非平行關係，而是柏成設計的下游「廠商」，兩者並非平行關係。負責展示內容的下游廠商也並非徵選而來，屬於建築背景，過去並未有客家方面的研究或者展示經驗。由於是直接由柏成設計找來的合作伙伴，因此並未有任何的資格審查機制，而是直接向柏成設計負責。

　　14個縣市廠商部分，每個縣市有500萬經費，有7個縣市自行發包招標，有7個縣市委由臺灣設計研究院策展，而臺灣設計研究院再邀請其合作廠商全權負責這些縣市的展示內容。7個自行發包的縣市，由於要經過招標的程序，因此較慢開始進行，甚至最慢決標的苗栗縣，確

定得標廠商的時候，已經是112年2月份，而這時候，其他縣市策展廠商，都已經和臺灣設計研究院及「兩館諮詢小組」開過幾次諮詢會議。這些自行發包招標的縣市展區，由於有各自的創標過程，縣市政府主管和發包創標之承辦人，是否都能夠瞭解「世界客家博覽會」的舉辦宗旨，不無疑問。加上有些縣市想要利用這個大型展覽的機會，宣揚自身縣市以及政績，因此在和「兩館諮詢小組」開會初期，不少縣市的展示內容並非展示該縣市的客家特色，而是流於縣市物產展。經過多次和「兩館諮詢小組」開會之後，若干縣市才慢慢調整內容，較為符合展覽的宗旨，但也有若干縣市堅持不改內容直到展出，成為名符其實的物產展。

除了各縣市有自己的創標想法之外，各縣市有自己的標案審查委員，縣市展區廠商得標之後，也各自聘有顧問，這些審查委員和顧問，未必都瞭解「世界客家博覽會」的舉辦宗旨，也未必都具有客家研究背景和成果。更且，在很多情況下，廠商在得標之後，通常就不會再諮詢其投標時掛名的顧問。「顧問」只是為了應付投標所需要的形式要件而已。而通常會來投標的廠商，多半是設計公司，其展示文案由誰產生、如何產生？就是一個很關鍵的過程。

除了時間有限以及各縣市對博覽會有各自想法（想像）之外，所謂「諮詢」的過程和機制，也是另外一個問題。先就臺灣館主展區來說。每個月有固定月會，學術顧問都會參與並提供意見。而每個月和「兩館諮詢小組」開會，諮詢小組成員的意見，不但多樣而專業，有些可能有點抽象，甚至諮詢委員彼此意見可能不相一致。這一方面構成了臺灣館策展者難以依循，實際上也構成文案、甚至展示手法修改的機制問題。以一般標案來說，廠商在得標之後，要提交細部計畫、第一期報告書、第二期報告書、結案報告書等等，每一次報告書都要經過審查委員審

查，並且在下一次將修正對照表附在報告書最前面，審查通過才會支付該期的計畫款項。如果報告書審查沒有通過，或是修正意見與答辯未獲審查委員接納，就必須不斷修正，直到通過為止，才能領到該期款項。

但是「兩館諮詢小組」在諮詢會議中的建議，臺灣館主展區以及各縣市策展單位如何面對呢？初期並未針對諮詢委員的建議有任何具體作法，直到第二次會議，兩館諮詢小組要求策展單位（不論是初期的臺灣館主展區，也就是臺灣設計研究院和柏成設計或者後期加入的各縣市展區策展者）必須做成答覆。此後每次會議的報告書，大體上都有針對「兩館諮詢小組」各委員的意見做成回應，但也僅止於回應，如果策展單位堅持不修正，或者不予理會、沒有合理的答辯，「兩館諮詢小組」成員也無可奈何。

在諮詢會議的後期，這樣的情況更明顯。理由很簡單，世界客家博覽會的出資單位雖然是客委會，但是經費撥到桃園市政府之後，實際發包和驗收單位是桃園市政府，而各縣市自行發包招標，則發包和驗收單位自然是各縣市主管局處。臺灣館的策展單位臺灣設計研究院承接桃園市政府標案委託，並非接受客委會標案委託，因此也必須定期向桃園市政府報告執行內容。這在 111 年年底縣市政府政黨輪替之後表現得更為明顯，新上任的桃園市政府團隊，對於原先臺灣館主展區的三個主軸「適應臺灣、改變臺灣、共享臺灣」，其中的「改變臺灣」有意見，要求臺設院改為「豐富臺灣」，雖然經過客委會主委親自和桃園市長開會協調，最終仍被修改為「適應臺灣、豐富臺灣、共享臺灣」，其中的關鍵，就在於桃園市政府是驗收單位。也就是說，客委會雖然出錢舉辦世界客家博覽會，但是一旦經費撥出去，對於展示的內容和結果已經無法完全掌控。

111 年年底新上任的桃園市政府，除了未能尊重原先規劃方向，對

於展示主軸有意見之外,也和客委會以及諮詢小組有不一樣的思維。新上任的桃園市政府,以市長張善政為首,認為要展示「客家源流」以及「客家名人」(而且舉張小燕和羅大佑為例)。這很容易理解,就是要以「正統中原漢人」來建立客家歷史光榮感,以傑出名人建立客家當代光榮感。學術顧問建議臺設院不要展示客家源流,不但因為客家源流有爭議,並且因為這是很傳統、很老套的展示內容和展示方式。至於「客家名人」如果一定要展出,在有限時間以及避免爭議的情況下,則建議以客委會 2020 年委託中央通訊社編輯製作的《臺灣客家名人錄》,加以製作成電子書形式,在展場中展示。

總體來說,也許在主觀上,桃園市政府一開始想要將「內容標」和「展示設計標」以兩個平行的標案進行招標發包,世界館確實是做到了,但是臺灣館基於某種外在因素,流標了兩次之後,最後是將內容和展示設計合併為一個標案,直接發包招標。在第三次招標的時候,只有兩家廠商投標,一個是臺灣設計研究院,另一個是一般的工程公司。臺灣設計研究院得標之後,又轉包給柏成設計。柏成設計公司再把內容部分分包給一個獨立接案的年輕人,而創標和招標的單位都是桃園市政府,不再是由客委會主導。

第五節　設計主導的工作模式

一般所謂的「展覽」或者「博覽會」,粗略可以分成兩大類,姑且將其中一類稱為「百貨公司專櫃式」,另一種「主題內容式」。譬如世界博覽會,是由世界各國負責該國展示內容,主辦國只提供展示空間和空間規劃。當然,在每一屆世界博覽會,會有該次展覽的主題,由主辦國

負責策劃其內容。第二類「主題內容式」展覽或博覽會，則以客委會曾經舉辦的「客家產業博覽會」為例，或者客家文化發展中心展示的各檔展覽。這一次「世界客家博覽會」的臺灣館，兼具這兩種屬性。就「主展區」來說，是「主題內容式」的展示。而「各縣市展區」交由各縣市自行策展，則又像是「世界博覽會」的「百貨公司專櫃式」展覽。但這有兩個特殊的問題。世界博覽會應該不會要求各國展覽館要展示什麼內容，有什麼共同主題，由各國自行決定、發想，參展各國也不會忘記要展示自己國家最美好、最吸引人的一面。

　　就「主題內容式」的展覽而言，內容是至關重要的，雖然「展示設計」也很重要。但就內容而言，除了國內幾所客家學院或者客家研究所之外，業界應該不存在專精客家文化「內容」的業者，這是客家產、官、學界一個特殊的現象。所以在歷次客委會舉辦的「主題內容式」展覽或稱「某某博覽會」的招標案，向來都是設計業者得標，從來沒有專精「內容」的學術機構得標。然而，就算此次世客博的世界館將「內容」和「展示設計」分成兩個獨立的標案，「內容」標仍然是由非專精客家內容的機構得標，並且另外找了四位非專精客家研究的學者擔任內容主筆。問題在於，得標的廠商如何邀請這四位非專精客家研究的學者擔任內容主筆？何以不邀請客家學院或客家研究所的學者？是曾經邀請未獲得應允？還是透過人際網絡任意邀請？或者廠商根本不知道有專業的客家學院和客家研究所的存在？也就是說，即便是分割成「內容」和「展示設計」兩個標案，「內容」標也沒有交到專精內容者來負責規劃。

　　上述現象還可以從幾個更為技術面的層次來探討。首先，這次臺灣館的標案，不論是流標的第一次標、第二次標或者是後來的第三次標，客家學術界都不知道這件事。這又分成兩方面來說，一個是學術界不會定期去看政府的標案公告，或者是學術界並未被通知、被邀標，因為相

關政府單位從來不認為這是學術界可以勝任的事情。或者，政府單位認為這和一般類似「顧問標」的方式一樣，依照一般的創標、招標方式來進行即可。

第一次招標公告日期109年3月18日，名稱是「世界客家博覽會臺灣館內容調查及主題規劃」，預算金額200萬，亦即還沒有真正進入到策展內容。時隔兩年之後的第二次招標，公告日期111年2月7日，其名稱為「世界客家博覽會臺灣館主題及策展內容」，預算金額700萬。第一次標案既然流標，第二次標案理應吸納了第一次招標案的工作內容。因此，第二次招標「世界客家博覽會臺灣館主題及策展內容規劃」委託專業服務案，實際上是增加500萬，用在新增的「策展內容」這個部分。

臺灣館的第一次標案可以說是臺灣館的「上位計畫」，第二次標案是具體內容的規劃策展，可以說是臺灣館的「展前研究」。由於作為上位計畫的第一次標案流標，因此第二次標案不但要決定展什麼主題，還要具體撰寫每一個主題的內容，也就是同時肩負上位計畫和展前研究的雙重責任。

如果109年3月18日的第一次招標和111年2月7日的第二次招標順利決標的話，這兩個規劃標分別是「臺灣館」的「上位計畫」和「展前研究」，如果這兩個標案都順利發包並順利執行都有具體內容，後續的「展示設計標」（施工標）照說依照展前研究來設計施工即可。但是我們實際看到的是，三個階段的標案，從世客博總體的「上位計畫」，到臺灣館的「上位計畫」，再到臺灣館的「展前研究」，都有各自的問題。最早先由安益公司得標的規劃標，也就是世客博的「上位計畫」，耗資最大，但是成果最少，對於後續的展示設計幾乎沒有任何指導作用。而後續的臺灣館上位計畫和臺灣館展前研究，經費有限卻責任

最大,不知為何專精內容的客家學術界並未參與投標,反而吸引了不具客家內容專精的工程業者投標,最終沒能通過審查,無法順利決標。最終走向上位計畫(主題調查)、展前研究(內容規劃和文案撰稿)和展示設計(包含施工)合一的第三標案,由臺灣設計研究院幾乎是從頭開始,在一年之內完成三個階段的工作。

如前節所述,不論是最早先的前期規劃標案(世客博上位計畫),或者後來臺灣館第一次招標的「世界客家博覽會臺灣館展示內容調查及主題規劃委託專業服務案」(臺灣館上位計畫),第二次招標「世界客家博覽會臺灣館主題及策展內容規劃」(臺灣館展前研究),不是沒有廠商投標,就是投標者未達審查標準而流標,顯示在「內容階段」的標案,如果以內容的專業程度而進行嚴格審查,一般廠商不容易通過審查而得標。而在學界專家基於主觀意願或者客觀上未獲告知,未能參與「內容標」投標的情況下,第一標和第二標的結果不令人意外。

各種兼具內容與展示設計雙重性質的標案,一般採取的作法,是要求投標廠商必須邀請學者擔任顧問,但這顧問多半流於形式,廠商一旦得標之後就棄顧問於不理,用少數金錢以「顧問費」名義打發掉。再者,如果是內容和展示設計兼具的標案,從人事和材料成本以及設計專業的華麗來看,學界投標根本就不可能勝出。一般廠商如果執行這類標案,其人事成本是固定的,因為私人公司本來要聘用這些員工,器材也是固定甚至是可回收重複使用,而大學執行標案則需額外支付這些開銷。因此,和這些設計公司或者公關公司比較起來,專精內容的大學是不具競爭力的。

那麼,有沒有可能是大學投標這類兼具內容與展示設計雙重性質的標案,然後找設計公司或者公關公司執行展示設計和施工的部分?首先,大學校方願不願意承擔鉅額的財務風險,以及一旦違約的法律糾紛

（大學教授和學校方面）？並且，大學沒有固定而專業的人力，多半是得標之後臨時組成（尤其是文科教授不像理工科教授固定養著一群實驗室碩博士生人力），使得委託方（政府或產學合作機構）未必願意將標案委託給大學方。大學方能獲得的標案，通常就是純研究性質或者不涉及硬體施工的勞務採購案。因此我們看到內容和展示設計施工合一的標案（總體規劃案）幾乎都是設計公司或者公關公司得標，即便委託方對於內容不滿意，永遠也只能遵循這一模式。

那麼，將「內容」獨立出來，以「展前研究」的方式讓專精內容的學界承包，似乎是一個比較好的方式。客發中心「臺灣客家文化館」常設展2.0版於2019年換展，在此之前委託張維安、謝世忠、劉瑞超執行的「展前研究」，是國內少有的，將「內容」和「展示設計」分開的標案。客家文化發展中心自2017年開始推動臺灣客家文化館常設展的展前研究案，2018年進行常設展規劃設計，2019年完成常設展全面更新，並將展前研究成果出版成專書，這本專書即是《承蒙：客家臺灣‧臺灣客家》。

整個常設展從展前研究到展示設計施工，費時兩年。展示設計依照展前研究內容來執行，並且在展示時，盡量少用文字，多用器物。讀者對於展示的完整內容有興趣，可以在每一個展示區域的觸控螢幕上[4]，輸入自己的電子郵件地址，系統即會將該領域的全文傳送到參觀者電子郵件中。臺灣客家文化館後來的許多展覽，也都採取這種內容和展示設計分離的展前研究模式。

4　除了導論和結語之外，分為「歷史客家」、「全球客家」、「常民客家」、「文化客家」、和「公民客家」5大領域，也就是《承蒙：客家臺灣‧臺灣客家》一書的7章。

臺灣客家文化館的常設展 2.0 版，從展前研究到展示設計完工，前後花費 2 年。規模更為龐大的世客博，前後歷時 4 年，時間原本就不算太充裕。這當中涉及到「世客博總體上位計畫」、「臺灣館上位計畫」、「臺灣館展前研究」、「臺灣館展示設計施工」、「世界館上位計畫」、「世界館展前研究」、「世界館展示設計施工」[5]，在時間順序上，第一階段是「世客博總體上位計畫」，第二階段是「臺灣館上位計畫」和「世界館上位計畫」，第三階段是「臺灣館展前研究」和「世界館展前研究」，第四階段才是「臺灣館展示設計施工」和「世界館展示設計施工」。但所謂的「前期規劃」（總體上位計畫）發包給非專精於客家內容的公關公司，該公關公司又未能和學界適當合作。世界館展前研究雖順利招標，卻是對客家內容完全不熟悉的公關公司得標，該公關公司又委託了對客家學術幾乎完全不瞭解的學者負責撰寫文稿。涉及臺灣館展示內容的臺灣館上位計畫標案和臺灣館展前研究標案都流標，最後不得已，只好將臺灣館的上位計畫、展前研究和設計施工全部合併成一個標案，透過層層轉包，客家內容規劃和文稿撰寫，落到和客家研究完全沒有淵源的獨立接案業者身上。

　　從桃園市政府標案的名稱和時間順序來看，似乎有「展前研究」的味道，但其實曖昧不明，也未能確立為委託給專精於客家研究的學者，以致學界完全不知道此項標案訊息。在這次世客博，不論是世界館或臺灣館，可以說客家研究學術界極少參與，至多居於邊緣性角色，擔任顧問和諮詢角色，而非直接參與其中。為何如此？很可能就是主事者沒有認識到「展前研究」的重要性，沒有明確的「展前研究」的觀念，沒有

5　至於營運維護、交通、行銷宣傳、志工招募與培訓等，則不在本文討論之列。

明確認知到「展前研究」（即標案名稱上的「主題調查及內容規劃」）必須什麼樣的人或機構才足以勝任、才有資格投標？然而，展前研究究竟長什麼樣子？和一般的學術研究及政策研究，究竟有什麼不同？恐怕也很少人說得清。學界和業界有關「展前研究」的研究可以說幾乎沒有，恐怕也是影響此次世客博各階段標案之創標、發包、招標的重要因素。

小結

臺灣館歷經兩次流標後，由「臺灣設計研究院」得標，在不到一年時間，從無到有，從主題規劃到文稿內容，再到設計施工，還要統籌14個縣市展區，真的可以用驚險過關來形容。臺灣設計研究院得標之後，採取層層轉包的方式，把主展區的內容規劃和設計施工交給「柏成設計」這家設計公司來承做。而「柏成設計」又把內容部分轉包給一個屬於獨立接案的年輕人負責。這層層轉包的背後，其實有著兩次流標的風險在前面。

桃園市政府一開始，也許有將內容和設計施工分開招標的想法，但是並沒有很明確的觀念，不瞭解「上位計畫」、「展前研究」和「展示設計施工」之間的區別。由於對上位計畫和展前研究沒有明確的觀念，因此未能充分邀請客家研究學術界參與，以為邀請幾位學者擔任顧問、諮詢便足夠。由於對上位計畫和展前研究的認知不正確，以為和一般工程的「顧問標」類似，因此採取一般招標案的處理方式，創完標、上網，等著「業者」來投標，然後評審、選取得標者，以為如此便可完成招標程序。

然而臺灣館前兩標的流標，為世客博的順利開展埋下巨大風險。逼

使第三標必須吃下前兩標的範圍，以含括上位計畫、展前研究、規劃設計施工的統合標案方式發包，由得標者臺灣設計研究院在短短一年之內，以層層轉包的方式，自行設法完成三大項工作內容。世界館雖然形式上將內容和設計施工分開招標，後來也的確順利決標發包，但屬於上位計畫和展前研究的兩個標案，都由公關公司或設計公司得標，屬於展前研究的內容文字撰稿與文物蒐集部分，則任由得標公司依其自有管道、方式，邀請不具客家學術研究資歷的學者參與。具體來說，桃園市政府沒有瞭解到前期的展前研究和後期的設計施工，乃屬於性質完全不同的工作，必須由不同屬性的「業者」來承做，才能順利決標並勝任工作。將這類標案，誤以為仿照一般工程標案，分割成顧問工程標和設計施工標，即可順利決標，完成內容和設計施工的工作。於是乃有臺灣館前兩標的流標，以及世界館雖形式上將內容部分獨立為一標，卻是由不具有實質資格的廠商得標。

桃園市政府也沒有瞭解到屬於內容部分的上位計畫和展前研究，需要有充分的時間作業，並且有足夠的時間，透過審查、對話和修改，讓展示文案內容具有正確性，並能真正達到展覽目標。因此，真正具有驗收權力的桃園市政府所設置的諮詢小組，不具有實質的學術審查能力，而具有實質的內容審查能力的「兩館諮詢小組」，對於展示文案內容，卻不具有最終的審查權力。更嚴重地說，無法明確決定「誰」才是策展內容的最終決定者，策展團隊（包括臺灣館主展區策展團隊和14縣市策展團隊）和「兩館諮詢小組」之間長達一年的開會諮詢對話，某種程度上流於形式。

「2023世界客家博覽會」落幕了，在眾多副展館的陪襯烘托，媒體報導人潮不斷，以及1,100萬觀展人次漂亮數字下，總算是有驚無險度過。如果還要舉辦下一次，或者其他類似的展覽，如何避免再次出現上

述問題？值得好好深思。以下幾項建議可以參考。

一、在工作模式上，由客家委員會直接主導，不宜再交由縣市政府執行。博物館和博覽會有密切關係，客家委員會下屬的客家文化發展中心管轄苗栗的臺灣客家文化館和屏東的六堆客家文化園區，但是客發中心和兩個園區在2023年的世客博，可以說幾乎沒有任何角色，是很可惜的事情。

二、各縣市政府如果仍有參與展出的必要，那麼不論主導的是客發中心或者客家委員會另外直接成立的專案團隊，都必須和各縣市政府承辦單位直接溝通，而不是透過一層標案關係進行聯繫，以確保展覽目標能夠傳達及落實。

三、前期規劃部分，必須由學術界主導，包括客家研究學者和博物館學者以及有策展經驗之學者或業者，並且盡快成立工作小組。2023年世客博的「兩館諮詢小組」雖然有學者參與，但整體而言，學術界在2023年世客博的角色相當有限，令人感到遺憾。

四、內容和策展兩個部分必須明確劃分，內容部分以前述「展前研究」的模式進行，這部分必須由客家學術界組成團隊執行。展前研究完成後，將規劃內容交由策展團隊進行設計施工，而展前研究的團隊必須有人參與到這部分的審查，以確保展前研究之理念和內容能夠落實。

五、由於經費龐大，以上各個部分可能都必須以招標方式進行，為確保得標者具有實質能力，必須嚴謹審查投標者的資格，避免不具能力者得標。2023年世客博的標案型態不利於學術界參與，為了讓學術界能夠參與，於創標時需要事先瞭解大學之產學合作運作型態與主計法規。

六、由於博覽會有既定展出時間，和一般標案不同。一般標案必須經過分期審查，得標之執行團隊要通過審查，達到委託機關之要求，才

能獲得撥付款項。但 2023 年世客博由於第一期上位規劃沒有發揮太多實質指導作用，屬於內容規劃的第二期標案也流標，而「兩館諮詢小組」對於執行團隊也只具有「諮詢」功能，不具有「審查」權力，兩館及縣市展區執行團隊未必採納相關建議。

七、在如期展出的時間壓力下，委託機關無法落實對執行團隊的監督，即便「兩館諮詢小組」提出再多、再好的建議，策展執行團隊不一定採納，因為時間到了，仍然必須要如期展出，委託機關不可能冒著開天窗的風險，因此必須要有充裕的時間。「總體上位計畫」最少需要 1 年時間，而屬於「展前研究」性質的客家內容規劃，至少需要 2 年時間，加上最後的策展施工，因為要將展前研究內容和文案經過消化轉譯，再加以適當的設計規劃施工，最少需要 1 年的時間。所以從政策決定舉辦客家博覽會，並且經費確定開始，最少還需要有 4 年的時間，才是合理的期程。

八、在整體的展出上，必須在入口的地方，呈現博覽會的舉辦目的，以及族群博覽會和一般博覽會不同之處。而在接近出口之處，則需要有一個作為結尾、收斂的空間，對於前面的展出作回應，帶給觀展者餘音繞樑的感受，同時有所反思。這個結尾的空間，還必須包括說明整個規劃、研究和策展的過程，並列舉參與規劃、研究和策展的團隊及個人，以示負責，並表達感謝，同時讓觀展者和相關專業人員，對於參與者的表現，有給予評價的機會。

第五章　臺灣館展示內容分析

　　此次世界客家博覽會為臺灣首次舉辦族群文化取向的博覽會，臺灣客家族群主要分布的縣市皆來參與，包括客家人口聚集數量最多的臺三線桃園市、新竹縣市、苗栗縣、臺中市；六堆地區的高雄市及屏東縣；臺九線花東地區的花蓮縣和臺東縣；中部的南投縣和雲林縣；都會區的臺北市和新北市，及過去較為陌生且少被關注的臺南市，幾乎有客家人的縣市都來參加此次盛會。

　　就文化人類學視角的全貌觀和多樣性而言，此次博覽會中，全臺客家族群幾乎都來參與，可以全貌地領略臺灣客家文化的多樣性。就時空而言，不同區域的客家呈現了不同的遷徙與適應過程，各有各的墾拓與移民歷程，呈現獨特的在地生活樣貌。臺三線展區的「國家級臺三線客庄浪漫大道」，孕育與乘載著客家族群篳路藍縷，打造樟腦產業的臺灣輝煌國際貿易的記憶。六堆有著以地域宗族凝聚眾人，推崇晴耕雨讀精神守護鄉土家園的特色。臺九線有著與原民共生共榮的多元交織場景。客家先民篳路藍縷到原民文化豐富的花蓮及臺東落地生根，經過轉移、落腳、共榮，與不同族群一同生活，文化相互激盪下，在各鄉鎮發展出屬於自己的「原客」生活樣貌。移居臺北市與新北市的都會客家人，因為都市生活百態與客家生活型態不同而隱藏身分，直到客家文化與傳承受到挑戰，1988年都會客家發起了「還我母語」運動，喚起客家意識與認同，使中央與地方政府紛紛建立保護客家文化的相關措施，形塑出

獨特的都會客家樣貌。

南投客家人依山而居，彼此互助。921大地震之後，受災最嚴重地方之一的國姓鄉，為了讓鄉親勇敢走出震傷重建家園，發展出「國姓搶成功」文化活動，在此看見客家族群的韌性和創意。雲林縣的詔安客家有著極為獨特的詔安客語，客家鄉親們胼手胝足將一片荒蕪之地開墾為良田，成為臺灣蔬果生產重要產區，運用醃漬技術發展成獨特的客家飲食文化。臺南市則根據《熱蘭遮城日記》中記載客家人擔任荷蘭人和西拉雅族之間的翻譯，呈現最早客家文獻紀錄，以及後續繼續深化的客家文化尋蹤和探秘的開端。

此次博覽會除了展現各個區域的在地性，也是這些區域客家文化的回顧與展望。不僅要回顧過去客家鄉親遷徙與墾拓的歷程，及適應的結果與所導致的變遷，展望未來，客家文化必須透過反思與展望來領航未來的方向與行動，從語言面、文化面、社區面和產業經濟面反思和構築未來的發展。以語言面而言，四海大平安的客語發展展現哪些成果？產生哪些變遷？面臨哪些危機？例如詔安客語經過多年的推動與復振，是否還有不足與待努力之處？文化面上，是否客家所展示與呈現皆是刻板印象的再傳播和複製？隨著時代的變化，是否與時俱進地展現嶄新面貌與內涵？各地特有的客家文化是否充分展現和被挖掘？社區面上，屬於客庄社區的傳統與文化及生命力是否完善的呈現？就經濟產業面而言，此次的展覽是否呈現令人耳目一新，想要前往旅遊和觀看的目的地意象和吸引力？還是老調重彈，刻板印象一再重複和再製？

以上的提問，正是瞭解此次博覽會是否達到其所欲的目的與成效的重點，一方面既要保存既有的傳統與文化，同時也要引介新觀點展現新創意。針對以上的提問，本研究以臺灣館「適應臺灣」、「豐富臺灣」及「共享臺灣」的三大策展主軸來檢視與回答，簡要針對這三大主軸加

以界定:「適應臺灣」陳述客家族群墾拓、遷徙、移居及落地深根的歷程,講述環境生態對族群的制約及族群適應與變遷的過程與結果。「豐富臺灣」表徵的即是遷徙移居和落地生根適應環境後,發揮能動性所產生的結果與展現的智慧。這些結果與智慧,一方面是客家文化傳統的再現,或是社區的營造與產業經濟的成果,更可以明顯的感受到其豐富了臺灣社會文化。「共享臺灣」意味著客家族群所展現的智慧與成果,可以引領客家族群本身和其他族群,達到族群平等與族群共榮的結果,成為全體臺灣社會前進的動力,同時也反思與展望客家的下一步發展方向與行動綱領,針對現有尚待克服的問題,進行批判性思考,進而引介新的觀點和展現新的意象。

第一節　主展區的主題分析

臺灣館此次展覽以「扎根與共榮:有客當靚(最美)」為主題,分為主展區和其他 14 個縣市展區,並且以「適應臺灣」、「豐富臺灣」和「共享臺灣」為三大主軸。以下就以這三大主軸,一一檢討主展區和 14 個縣市展區。

圖 5-1　臺灣館主展區一隅

（本研究拍攝）

一、適應臺灣

全臺客家位處不同區位,「適應臺灣」策展主軸所呈現的內容,主要以描繪展館區域所在的自然環境,及客家族群與這些環境所產生的互動及能動性,來展示客家族群的適應過程與成果,涵蓋了各自獨特的文化地景。這些文化地景有其共通性,也有其獨特性。有的環境限制了客家族群,但客家族群也展現能動性,克服環境並發揮智慧產生豐碩的成果。

在「適應臺灣」方面,展區以環型編織佈置牆面,展示客家在臺灣百年分布與遷徙,中間的大型天頂芎拱下,梳理傳統生活元素,匯集了

客家飲食、工藝與建築等模型展品或影片，呈現出臺灣客家的特殊性與在地性。主展區因為是參觀者們首先接觸的區域，所以這個展區的策展重點，著重在展覽的佈置與氛圍的營造，希望參觀者進入展館映入眼簾的那一剎那起，即能感受到整個展館所欲呈現的意象與氛圍。在「適應臺灣」方面，呈現了客家族群在臺灣的現況與樣貌，包括客家人口數和分布狀況、客家飲食、工藝與建築等模型展品或影片等，至於客家的遷徙和扎根等歷程，則透過電視牆的方式邀請許多領域的專家來講述，經由專家有系統、有條理和有脈絡的講述，觀眾更能清楚瞭解客家族群適應臺灣的歷程。

許多觀眾駐足在電視牆前面，聆聽專家的講解，這樣的呈現方式既深入又有互動性，同時不斷重播，不斷講述，提供民眾在知識吸收上很大的收獲。筆者在現場就遇到一位中國來的研究生，她站在電視牆前面很仔細地聆聽，筆者跟她對談後，她表示對客家文化感到新奇和興趣，因為這次的觀賞讓對她對臺灣的客家文化有進一步的接觸、認識與啟發。此外，透過客家人口數字的呈現方式，讓參觀者瞭解目前客家的現況等，就過去歷史的遷徙以及現況客家人口數的分布等，可說是稍略達到原先預定的策展目標。

然而就臺灣內部客家適應與遷徙方面的呈現則付諸闕如，並未以一個統整性的、概括式的意象呈現隨著工業化和都市化的發展過程所牽動的大臺北都會客家、日本時代花東客家、中部和南部客家的遷徙與適應歷程。主展區應該扮演 14 個縣市展區的開場與導言的前導展區，而目前這樣的展示內容，並沒有達到引導與介紹臺灣各區域適應臺灣的目標。

圖 5-2　臺灣館主展區電視螢幕，播放學者講述客家人移民來臺過程。

（本研究拍攝）

二、豐富臺灣

在「豐富臺灣」方面，主展區紀錄臺灣客家歷史上重要里程碑，以紙張堆疊的量體呈現當時社會運動的興起，為群體傳遞理念的氛圍，回顧客家人在各領域的貢獻和對臺灣發展的影響。這個紙張的堆疊只是意象的呈現，相關事件與運動的內容和文本，並沒有在這些紙張上呈現，因此在豐富臺灣這部分的呈現相當薄弱，殊為可惜。若能在這些紙張上記載著這些事件與里程碑的內容，使用平面的書面方式呈現，並透過設

計某些彩繪和集點等互動方式，促進觀眾的互動與對話，將是一大創意。若能這樣呈現，將能提供觀眾對這些事件或運動的瞭解。

　　客家文化作為臺灣文化的重要組成之一，對於臺灣文化的積極影響與所創造的意義和價值面等，除了還我母語運動所帶動的多元文化思潮外，還有更多其他面向的貢獻和成果。特別是作為主展區更是扮演介紹和引導，各縣市展區在豐富臺灣方面的內容與價值，包括桃園縣開埤鑿圳的水資源開發和產業經濟的拓展精神；新竹縣和臺中縣適應環境而發展出來的特殊產業和物產；花東客家和各族群兼容並蓄的族群互動，而豐富了臺灣文化；南投客家歷經 921 大地震浴火重生的堅毅特質；其他如客家飲食豐富了臺灣飲食文化的多樣性；各式各樣的工藝所展現的美學等，都沒有在這個主展區先畫龍點睛地呈現出該有的意義與價值，營造出這樣的氛圍與意象。很顯然地，之所以沒有這樣的呈現，乃是主展區的策展和各縣市展區缺乏有效的連結與對話。

　　展覽中反而是呈現未精挑細選，標準不明，未令人信服的一堆客家人物所形成的「客家名人錄」。由於這些人物只是客委會針對臺灣各行各業的客籍人物，蒐集而成的一本彙整資料，並非經過嚴格評審或是得獎且具有重大貢獻人物的選集，策展單位就草率地將這些人物規劃成為一個客家名人錄展區，策展內容充滿浮濫且不夠精緻和細膩，這樣的策展純屬聊備一格的自嗨。整個豐富臺灣的展區內容薄弱、粗糙、草率、無創意，純粹是雜物的堆疊。就這個展區的定位，應該是其他 14 個縣市展區在「豐富臺灣」這個策展軸線上，最重要精華和特色的濃縮與聚焦的意象和氛圍的展現，屬於宏觀的匯聚展現。因此就策展目標之一，要讓臺灣社會及世人瞭解客家人對人類社會的貢獻這一目標而言，在主展區是不足的。

三、共享臺灣

主展區在「共享臺灣」方面，以迴轉吧檯的形式，展現客家與不同族群同坐一桌共享氛圍，雖說想呈現集結當代客家在教育、地方創生、文化等各領域的嶄新樣貌。但展示手法也是印象的呈現大於實質內容，文本內容空洞，書籍物件的展示互動性不佳，既無科技感的互動性，內容的傳遞也起不了作用。倒不如將重要作家的某一首詩集以小卡片或數位科技方式來呈現，更讓人印象深刻。

同樣地，雖然宣稱這個展區採取「客家進行式，強調語言是文化的載體，從載體出發，認識臺灣客家，從練習說客家話開始！語言是族群文化的載體，也是辨別與認識一個文化最直接的途徑。……。作為溝通的媒介，語言創造出人與人之間的連結，提供拉近彼此關係的機會。簡單的一句話，便能感受身處在相同文化中的親切，喚起彼此心中的認同」，但直接投影在上面，現場也沒有工作人員帶領解說或是影音設備輔助，不懂客語的參觀者仍舊不懂，完全沒有凸顯客語流失的困境與急迫感。只是簡單的投影幾句客語，就希望人們感受客語流失的危機，似乎想當然耳般的異想天開。

這樣的展示內容並沒有達到策展所欲達到的實質目標。同樣的主展區應該扮演介紹和引導各縣市展區在共享臺灣方面的內容與價值，也沒有在這方面發揮引導與序曲的角色。整個主展區「共享臺灣」的展區，不僅策展技巧與氛圍營造薄弱，沒有創新與令人感到新奇或有趣的氛圍，在資料的內容及文本的呈現更是空洞。儘管設置一區積木遊樂區，引起後生仔的互動與樂趣外，整個展區乏善可陳。因此，雖然策展目標在於「讓臺灣社會及世人瞭解客家的未來性。以及連結未來，彰顯客家（文化）對明日社會的積極意義方面，和將臺灣客家置於全球客家網絡

的中心」,但主展區並沒有達到這樣的策展目標。

第二節　縣市展區的主題分析

如前面所述,「適應臺灣」、「豐富臺灣」和「共享臺灣」是臺灣館的三大主軸,各縣市展區和主展區同樣都要以這三個主軸來呈現客家文化,並非各自獨立。也就是各縣市展區要呼應主展區的架構,呈現各縣市客家在這三方面的發展情形。因此本節同樣以這三大主軸,逐一分析各縣市展區在這三個主軸的表現。

一、適應臺灣

臺北市客家人適應環境的過程產生隱形化的族群面貌,使得臺北都會客家深受環境限制而有隱身隱聲的族群樣態。因此臺北客家以「發聲‧發生」為主題,用列車行進的方式,描述客家鄉親從各地來到臺北奮鬥的歷程,是夢想的開始,也是鄉愁。此種鄉愁源自於與其他族群互動過程中,所顯現的隱身和隱聲的現象,以及後來為扭轉這種族群不平等境遇,所帶動的客家語言發聲與一連串客家文化復興運動。

當時客家人北漂到臺北工作,為了更快速融入臺北多元文化中,臺北都會的客家人不願意太過凸顯自己的客家族群身分,在多數族群文化壓力下,選擇隱藏自己客家人的身分,這種身分的隱藏同時也使得客語的使用也隱藏起來,多數只有在家裡和私下聚會或同鄉熟悉場合才使用客家話,久而久之成為臺北都會客家的族群印記。這樣弱勢和不公情事終於在 1988 年的「還我母語」運動中爆發出來,許多客家鄉親在臺北

街頭遊行，以「發聲」三大訴求：開放客語廣播電視節目、實行母語教育、建立平等語言政策。這個遊行促成之後《客家基本法》的訂定，臺北義民祭的舉辦，號召隱身的客家人現身，成為後來臺北市最重要的客家文化盛事。

圖5-3　臺北市展區入口處設計成火車車廂，象徵臺灣客家人早年搭乘火車北上奮鬥，並從「隱身」走向「發聲」的過程，並以多媒體讓觀展者尋找照片中隱身的客家人和客家話。

（本研究拍攝）

從「隱身・隱聲」到「發聲・發生」的策展軸線，將都會客家鄉親的心情與愁思及適應歷程深刻的展現。從把自己的身分隱藏起來開始，都會客家的特殊印記和專屬文化味道開始揭開序幕，臺北都會客家對於隱身主題的掌握和詮釋，相當符合其發展脈絡與「適應臺灣」這個策展主軸。從隱身引申到後來 1988 年的還我母語運動，翻轉臺北都會客家隱形化樣貌。

整個策展可以再強化的是說明臺北市客家人口分布，既然是隱身，隱身在哪裡？臺北市客家聚集最多的區域或是角落在哪裡？並稍作描述這些區域中的常民生活，更能看出整個臺北都會客家從隱身到發聲的一個開始與結果。展覽中呈現一幅臺北都會客家的客家版清明上河圖動態影像牆，描繪臺北客家人聚集的場域和空間與生活樣貌，但標註並不清楚，可以用 QR Code 的方式將資訊承載其中，讓民眾可以進一步搜尋。凸顯臺北客家雖然在整體都市氛圍是隱性的，但在這些角落是顯性的，這部分應該是可以更加強化論述深度。

新北客家以「客之繹術」為主題，透過「尋根」、「深根」重塑都會客家面貌，強調在不斷變繹的過程留下的繹術，透過尋根和深根重新定義都會客的新面貌，延續傳統客家精神。策展規劃為四大主軸：「新北大百科」、「講客同樂會」、「新北客當生趣」、「萬象玲瓏」。「新北大百科」描述新北市客家的遷徙與適應的歷程，傳統與現代的交會，如簡述早期新北客家的足跡，臺灣北海岸汀州客習慣在重陽節透過放風箏感念祖先，而製作風箏需要數人合力製作與施放，促成了客家人情感緊密，更蘊藏著客家傳統技藝的底蘊和文化。「講客同樂會」邀請新北市不同地區與族群來賓，展開一場關於新北客家的對談，展現新北客家的多元樣貌和包容性。

新北市的主軸線訴說驛站的概念，客家鄉親遷徙的一個過程。但是

到底如何遷徙？分成哪幾個階段？以及從哪幾個區域開始遷徙等，並沒有全貌性和時間性的展示與論述，只有簡短說明有關汀州客的歷史。究竟汀州客如何從中國福建來到淡水河口？從石門三芝上來如何遷徙？上來之後如何適應和聚居？來到新莊後發生閩客衝突又遷徙到桃竹苗等的歷程與軌跡，應該是凸顯此次主題「驛站」概念的重要線索與素材，但因講解不夠深入，使得此次「適應臺灣」的主題——「客之繹術」的定錨極為適當，但展示的內容與文本深度有待強化。

來到大臺北都會後，為了適應環境演化出「隱身・隱聲」的族群印記，新北都會客家這個展區，應該也要呈現這樣一個從隱形到顯性的歷程與結果，呼應「適應臺灣」、「豐富臺灣」與「共享臺灣」的策展主軸。雖然和臺北客家有著類似的「隱身・隱聲」的軌跡，但內含也許是不同的樣貌，這部分是新北客家的策展主軸，應該深入論述和凸顯。新北客家來到都會後，是如何從隱形到顯性的適應過程，要把這個脈絡呈現出來，隱形不代表消失，而是一直存在，可能某一個角落或某些空間，如菜市場或是廟宇，祭拜的時候就可以聽到鄉音和展現族群文化，這時候一定是顯性的展現客家文化，這是新北客家最精彩之處，應該展現這種常民生活中客家文化的演變過程。

從隱形到顯性這個歷程及所經歷的關鍵事件，這些關鍵事件影響後續的客家文化發展。這次展覽呈現相當表象的事物，卻沒有凸顯真正刻劃新北主軸的驛站精神，亦無法呈現客家鄉親的心情。什麼環境和因素形塑了這樣的氛圍？這個展示應有如此論述，但是不要一直糾結於過去，更要展望未來，展示客家鄉親來到新北市之後，兼容並蓄發展出許多令人欣賞與驚奇的成果與智慧，而豐富了臺灣，進而將這樣的成果成為全臺灣的智慧和經驗，而和全臺灣共享。隱聲隱身的情節不會在苗栗發生，因為苗栗多數為客家人，這說明隱身隱聲這個印記，為新北客家

鄉親的一個集體記憶，策展就是要凸顯這種更深入的紋理與脈絡。

桃園客家以「客家無限之詩」為展覽主題，以水、陂塘和文學為主軸，展現桃園客家如何巧妙地運用在地獨特的水文地理特點，從上游的陂塘文化一直延伸至出海口的海客景觀加以連結，包括農耕灌溉、生活用水、撈陂活動等適應的過程。濱海客家聚落以「半漁半農」的獨特方式謀生，如牽罟、石滬地景等，展示這些聚落在過去與現在的變遷的特殊風貌和生活差異，進而延伸出濱海休閒觀光的風貌。

儘管在內涵上具有適應臺灣的精神與設計，但相對的文字敘述並不多。只有放置幾張桌椅，擺設一些模型和研究資料。以海洋客家而言，更能夠刻劃和彰顯海洋客家的一些比較重要的脈絡跟紋理，並沒有呈現出來，整體觀看後的感覺是零散、單薄且空洞。只是表象上的呈現一些意象，欠缺對於策展主題相關資料的吸收、歸納與彙整，缺乏完整性和細膩度與深度。除了以上所提到的三個主題外，桃園客家還有一塊極為重要的拼圖，就是都會客家的紋理，亦不見這部分的說明與交代。整體而言，桃園市展區沒有完整呈現桃園客家的一個總體圖像：「近山客家」（龍潭區及楊梅區）、「濱海客家」（新屋區、觀音區、大園區）、「都會客家」（中壢區及平鎮區）三種類型。應該先就這三種區塊特質加以全貌觀的描述後，再針對埤塘、文學等更深入論述與展出。這是有關桃園市展區仍有不足可以改善提升之處。

新竹縣展區以「信念匯聚之地」為主題，並以「地與氣」、「人與精神」為主軸，作為展場的核心，描繪新竹縣客家適應環境並展現能動性，孕育新竹縣多元、極具特色的客家文化，匯聚成一座信念之塔。在「地與氣」的部分，凸顯新竹縣客家人與土地、氣候的緊密關係，訴說地與氣的發生，乃依循新竹縣淺山丘陵、九降風的地理環境條件，所孕育及發展而出的客家族群開墾歷史，以及隨之而生的聚落、特殊物產、

物產生產及保存方式等，在這樣的環境生態下，客家先民開墾的歷史，所開展出的水利設施，及其相應而生的風土飲食文化。

整個展覽從新竹縣的環境生態與風土及其孕育的產業，作為此次策展的主題，相當適切地呼應「適應臺灣」、「豐富臺灣」與「共享臺灣」的策展主軸。新竹縣特殊的地形地貌和九降風，孕育了舉世聞名的膨風茶（東方美人茶）以及關西紅茶，開創了過去輝煌的外貿王國，搭配著近來夯熱的《茶金》電視劇的熱潮，呈現北埔《茶金》拍攝過程及新竹茶產區及與客家的關係作為策展主題。

新竹市以「客家煉金術」為主題，以「質變的客家」、「客家的質變」為主軸，作為展場的焦點，認識在地產業與客家生活地景。然而整個策展的敘事和脈絡，似乎是新竹市整個城市發展歷程的展覽，而不是新竹市客家的展覽。整個展覽從整個新竹市的發展脈絡跟軌跡出發，訴說新竹工業城市的發展，極少部分提到客家。只有一個展板介紹金山面以及整個高鐵開拓過程中，竹苗客家鄉親開鑿鐵路的過往，這樣的新竹市客家樣貌，內容與文本上乏善可陳，所佔篇幅也不大。除了聚焦在金山面以及整個高鐵開拓過程客家鄉親的參與外，可以更聚焦在東區的關東市場和香山，展示當地客家文化聚集的人事時地物的點滴。這裡聚集了許多來自新竹縣湖口、寶山、竹東等地的客家菜販，他們的遷徙、聚集與發展過程可以呼應「適應臺灣」、「豐富臺灣」和「共享臺灣」策展主題，惟這方面的論述是不明且模糊的，僅呈現某些客家特色的商品。

整個展覽反倒像是新竹市這個城市發展歷程的展覽，客家被縮小了。這次的展覽應該從客家來觀看。新竹市展區應該凸顯在整個新竹市都市發展過程中，客家鄉親適應、變遷與發展的過程，但這個脈絡與主軸線並不清晰。整個呈現可以用時間序列法的方式做一個縮影，從1950到2020年間，這兩個客家聚落的發展與變遷，客家鄉親及社區與

社群在這樣改變過程中,其適應與變遷的歷程與面貌。

苗栗縣展區以「山項‧尋」為主題,呈現客家文化充分運用自然資源與環境互動的精神,展出苗栗重要的木雕、陶藝、山歌、戲曲、文學等多元作品。入口裝置藝術以光柵結合「硬頸攝影群」羅漢章《家在此山中》與黃勝沐《相堵頭》兩件作品,生動呈現一人負隅獨行入山開墾的影像,交織著山坡上下兩人的不期而遇,揭示了「山項‧尋」的意涵,及苗栗客家適應環境的歷程。策展中雖然試圖想要呈現這樣尋找之遷徙與適應的歷程與精神,惟在展區的物件的呈現與展示技巧等,卻是去脈絡化的只展示某些木雕和陶瓷的物件,有關遷徙與適應的歷程及脈絡並未呈現。

臺中市展區主要以大埔、豐順、饒平等客家原鄉來臺入墾後,在臺中市山城客庄東勢、石岡、新社等地安家落戶並開枝散葉,薈萃而成獨特的「大豐饒」客家文化。此次展覽以「沐山之客」為主軸,進入展區可以感受到造型特殊的木構隧道,隧道內投影東勢大茅埔「穿龍圳」內部,客家先民穿鑿鑿圳引流的歷史痕跡,走過隧道進到場館內圓形堡壘,形塑出大茅埔獨特防禦型聚落意象,臺中客庄沐浴山林生態的豐饒瞬如萬花筒般,開展出客家文化的繽紛多彩。

臺中市展區以信仰中心泰興宮作為中心點,用圓的樣態展現整個大茅埔客家的發展,「源」起為策展的概念,以取大甲溪之水為核心,延伸出來「源」、「聚」、「界」,呈現出大茅埔聚落,開展了事件空間,整體象徵著客家遷徙的流動,沒有起點也沒有終點。搭配著二十四節氣跟地方的客家時序,對應與說明客家與山水之間聚集,同時也孕育著大茅埔客家對山水生活環境永續形成的概念,透過這樣的敘事,打開此次臺中市展區的序幕,讓人們瞭解臺中市這次展覽的主題:「沐山之客」,沐浴山林生態山城豐饒客家。

圖 5-4　臺中市展區以圓形堡壘，形塑出大茅埔獨特防禦型聚落意象。
（本研究拍攝）

　　南投縣展區的主軸線「客中有客」，取其南投客家匯聚了六堆、雲嘉南及桃竹苗遷徙而來客家鄉親，在南投可以聽到「四海大平安」五種腔調的客家話，在其他縣市可能只能聽到四縣和饒平或大埔的客家腔調，詔安可能聽不到。在雲林的詔安客家鄉親沿著濁水溪來到南投定居，所以在南投也容易聽到詔安客語，因而南投匯聚了全臺各地的客家鄉親，呈現出「客中有客」的獨特性與在地性。

　　南投縣展區以山中的空間層次打造，引領觀眾深入瞭解「山中有客」的客家遷徙脈絡，將南投客家人的遷徙路徑分為兩階段，生動展示了明末清初時期渡海來臺先民，和清末日本時期受經濟因素影響，遷徙

圖 5-5　南投縣展區以 921 地震後發現的一棵咖啡樹苗，敘說南投客家鄉親經歷震災後的堅韌，以及由此開展出來的南投咖啡產業。

（本研究拍攝）

至南投的「北部客再次移民」，使觀眾更深刻認識與理解客家族群適應與變遷的歷史背景。南投縣展區也展示了對於南投客家鄉親影響劇烈的自然災害事件——921 大地震，921 大地震震央所在地為國姓鄉的九份二山，國姓鄉是南投縣客家人口數最多的鄉鎮，經歷了一段災後重建的過程，在此看見客家族群的韌性和堅定意志。

雲林縣展區以「覓覓詔安——百年文化釀造的神祕詔安風味」為策展主題，介紹雲林詔安客家文化。雲林客家以福建詔安縣居多，來臺灣已有三百多年，大多使用詔安客語。詔安客家僅佔全國客家人的

1.7%，其中雲林最多。詔安客家的最大特色就是詔安客語。雲林詔安客家有別於其他客家族群開墾山地，他們來臺就在平原墾拓，最終在雲林開展出一片農業。

臺南市展覽主軸「臺南400，客與同行——府城四百年潛藏客家」，主要根據《熱蘭遮城日記》中記載，早在1636年就有客家人擔任荷蘭人和西拉雅族之間的翻譯，是最早有客家的文獻紀錄。另有跟隨鄭成功部隊來到臺南的客家將士，比起臺灣其它地區的客家墾拓早很多。雖然沒有顯著的客家聚落，但透過文本、古蹟遺址爬梳，仍可以發現客家族群在這座四百年古都府城裡。客家人在臺南落腳足跡，從客家相關地名與街道可窺一二，包括礁巴拚，簡姓的汀州永定的客家移民。根據2021年客委會調查統計，臺南市有13萬餘客家人，不僅有客家庄，也有為數眾多的客家人，潛藏在臺南的街道巷弄裡。

高雄市展區主要以美濃、甲仙、高樹、杉林、六龜等區域為主要策展範圍，「適應臺灣」的敘事手法和展場設計，以時間軸規劃為：「序曲1736」、「轉身1992」、「觸動2023」三個子展區，分別以山、海、流域意象呈現，展現高雄客家族群的豐富歷史。用文字來紀錄客家人生命、社群與性格，客家文學中呈現的時代風格，歷經鄉土文學淬鍊，一再與時代潮流呼應。展覽的序曲從1736年開始，先以在地扎根，之後開始轉身到1992年文化成型，這部分主要講述美濃反水庫運動，然後逐漸地展示青年創作，象徵人才輩出以及產業轉型，包括廣進勝的油紙傘，所以從在地扎根到轉身，然後到了2023年開始觸動所展現的未來客家的圖像，策展主軸呼應和吻合臺灣館策展總主軸的「適應臺灣」、「豐富臺灣」與「共享臺灣」。

屏東縣展區的主題為：「聚域六堆之客」，展覽欲呈現屏東六堆客家的歷史和在地環境生態。誠如展覽文案所述，屏東六堆客家的形成可以

回溯至西元 1721 年的朱一貴事件，客家族群以「十三大庄、六十四小庄」的龐大規模組成了「七營」的民防組織。隨著時光推移，組織進化為「前堆」、「後堆」、「左堆」、「右堆」、「中堆」與「先鋒堆」等「六堆」的分區聯防體系。六堆豐厚的遷徙和適應的歷史，應該是策展可以豐富呈現的內容與文本，然而這次的策展手法與工具的使用和呈現方式，並未完整呈現如此綿長的歷史發展歷程。

花蓮縣展區以「洄瀾縱谷好客」為主題，透過老照片訴說東部客家移民過程，說明花東客家主要在日本時代大量移民，多數從北部東移，更早為清朝時代開山撫番政策下，到東部開發的客家移民，只是這個時期的人數並不多，而且都是來來去去，較少長期定居，日本時代因為鐵路的開發帶動東部製糖和菸葉的發展，才讓客家移民定居下來。後來因為西部發生水災、地震等天然災害，尤其是 1936 年的關刀山大地震，也帶動了幾波西部客家鄉親的移民到東部。

花蓮縣展區在這個部分整理得很詳盡，讓參觀者對於整個東部客家的移民歷史和過程，有一個全貌觀和完整的圖像，展區循序漸進引領觀眾進入花蓮客家的時空隧道，探索花蓮客家，符合「適應臺灣」、「豐富臺灣」與「共享臺灣」的策展總主題。這個就是一個適應、豐富和共享的過程，客家人來到花蓮之後，對這個地方造成什麼影響？尤其是正面的影響和成果，不管是文學、藝術或是產業如何豐富臺灣，讓其他族群的人知道客家的這些豐碩果實，並共享這些果實。

臺東縣展區的主題為「客家・原鄉・新故鄉」，從展覽主軸可以瞭解策展的視角是多元文化，呈現臺東客家和其他族群互動的過程與結果。進入展區即彷彿穿越時光，古道重現，民眾可跟隨先民腳步進入「浸水營古道」，搭配黑白影音呈現歷史場景，彷彿回到過去感受客家先民在島內的二次遷徙，及後山移墾的宏偉歷程。展區內金黃的稻浪

和原鄉作物的具象擺設，不僅是農作物，更是象徵臺東客家與原住民文化的緊密交融。在臺東縣展區中，將原客生活與美食、藝術、音樂、婚姻等元素巧妙融合，深刻呈現了臺東客家族群與原住民共同生活的多元風貌，提供民眾深入體驗的機會。展場的最後部分設有一片大型木作平台，融合了早期田埂邊的駁坎傳統工藝和原住民月桃葉的編織，參觀者可以感受臺東特有的原客融合之美。

二、豐富臺灣

臺北市展區有號稱「客家版清明上河圖」的動態影像牆，描繪了客家人在臺北的生活樣貌，及臺北都會因為客家族群而有更豐富的多元文化內涵。惟在這方面的論述是較為薄弱的，比較具體的是在佈展上呈現臺北近年打造的原創文本及 IP 創作成果。

「新北客當生趣」展示了新北客籍藝術家的作品，包括藍染、雕塑、茶等，把文化和現代結合，將文化傳承。「客家桐花季」為新北年度重要文化觀光節慶活動之一，萬象玲瓏就是以沉浸式桐花投影秀，觀賞桐花綻放及飛舞，但是展覽內容的知識性非常薄弱。其中一個主題就是賞桐步道，其實新北的桐花也不全然是客家的，因為它沒有桃竹苗客家的集體記憶與生命音符，新北很多區域並非客家人居住的地方，所以以桐花作為新北許多區塊的客家主題是極為薄弱的。例如新店客家桐花所講的是新店這個地方的桐花，不是客家文化的桐花，其客家文化底蘊相當薄弱，若要以某一地方的桐花來代表客家，就要挖掘和凸顯其客家文化內涵和客家性。因此整個新北市展區給人一種似乎是整個新北市區域發展的主題展，而不是以新北客家為主題的展覽。

展區展出桐花祭 13 條步道，但桐花祭的祭字寫成季節的季，也

犯了最基本的錯誤。另外的錯誤包括桐花英文的翻譯。展覽中用 Tung Flower Blossom 來作為英文的翻譯，其實 flower 這個是贅字，客委會的翻譯為 Tung Blossom，不用 flower。很多細節諸多錯誤，知識性不足，呈現了很多並不專屬於客家的內容，而很多是閩客族群共有的。

　　桃園市展區的「水與生活」主軸，展示陂塘和農村聚落生活的緊密聯結。在開墾初期因為無法引水灌溉，客家先民發揮智慧善用陂塘來儲存雨水，開鑿了眾多的人工水池，使得客庄聚落蓬勃發展。直到 1960 年代，桃園擁有高達 8,845 個陂塘，有著「千塘之鄉」的美譽。這些水文景觀的存在不僅為城市提供了必需的資源，更在客家文化的建構上扮演著重要角色。水資源的豐富與匱乏，深刻影響著居民的生活方式、社會文化的發展，以及文學思想的滋長。水成為了整合與認同桃園客家文化的元素，引領這座城市逐漸轉變與成長。在當時水資源稀缺的情況下，桃園卻在水的滋養下繁衍興盛，豐富與滋養了人們的生活、社會與文學思想等各個層面。因水利資源的開發帶動聚落的發展，孕育而生的三界爺信仰和平安戲水利祭祀活動，展現出傳統信仰與當代創新活動的密切結合，構築了獨特的文化景觀。在「水與文學」方面，以文學作品呈現地景中的水、聚落生活、信仰，訴說客家文學的影響力。

　　充分利用在地生態環境的「地與氣」，新竹縣展區展現出「人與精神」，就是順應當地的地形氣候等環境，以及因勢利導所發展出名聞遐邇的北臺灣客庄茶產業──新竹縣知名的膨風茶及其茶產業鏈的茶葉產銷制度。茶葉產銷制度曾經創造了新竹茶產業的一段風華歲月，後來隨著環境的變遷與時代的演進，展現了茶產業沒落了及復興的成果。在無形文化資產方面，新竹縣展現多元性的信仰，包括義民信仰、三山國王信仰、客家天主基督教會，以及近年興起的北埔擎油桊火活動，豐富臺灣的文化內涵。展示義民信仰及源於拓墾歷史背景的三山國王信仰，並

呈現義民禮讚客家歌舞劇作品，同時介紹客家基督教的歷史和影響，以及北埔擎油笐火活動。此外也介紹新竹縣客家多元的無形文化資產，包括獨特的海陸腔客語、源自丘陵間的山歌文化和源於開墾歷史的客家武獅。透過代表性展品，深入探討客家文化的獨特發展，展示新竹縣海陸腔客語在全臺的獨特性。

新竹市展區的「客家煉金術」，表達許多客家人不畏懼辛苦且粗重的工作，選擇投入鐵路修築工程，描繪著山線鐵道路網之間，竹苗地區客籍工作者奮鬥的痕跡，連結新竹客家人與鐵路的淵源。另外，也展示了三山國王，只是所談的不多。其實在新竹市三山國王這個主題是模糊的，三山國王在新竹市並不多，無法支撐其作為新竹市的客家文化意象。總之，不論是敘事客籍工作者奮鬥的痕跡與鐵道的故事等內容，都不夠深入，更談不上引介新的觀點。

苗栗縣展區陳述三義木雕的起源，源於客家精神與自然資源的互相啟發運用。因為樟腦產業的繁榮促成了樟樹伐木，三義木雕師傅發揮巧思，將原本廢棄無用的樹瘤和樹根，巧妙轉變為苗栗獨特的出奇木雕。後來此一產業發展逐漸成功，不僅成為木雕藝品的外銷主力，更從原料製材到生產銷售，形成完整的木雕產業鏈，三義也因而成為臺灣的木雕工藝重鎮，享有「臺灣木雕王國」的美譽。在陶瓷產業方面，則敘述苗栗是臺灣陶瓷產業發展的重要據點，陶瓷製品的製造與窯爐深具特色。尤其「登窯」更是極具苗栗特色的一種窯爐，苗栗是臺灣最早引進「登窯」的地區，也是苗栗客家地區使用最多且分布最廣的窯型之一。苗栗客家在臺灣陶瓷史上有著卓越的表現，而「登窯」在此過程中扮演關鍵性角色，為苗栗的陶瓷工藝注入了獨特的風采。

展示手法為一般博物館展覽方式，陳列一些木雕作品，包括「飛黃騰達」、「雲」、「禪味」、「風化的歲月」、「圓融」等，兼具抽象和寫實的

風格。在陶瓷方面呈現苗栗陶藝的發展歷程，展現陶藝如何從適應環境而產製的陶製生活器皿，轉型為成功外銷世界的陶藝裝飾產業，最終昇華為新藝術價值的藝術陶。多款陶藝作品如「萬緣寂處」、「破土而出系列」、「躍進」、「山石系列」等在現場展出，生動展現了苗栗陶的獨特風采。

然而實際觀展後發現，苗栗縣展區的展覽是非常空洞的，整個展區幾乎沒有文字敘述，只是拿一些陶瓷和木雕作品作為展覽內容，其實這些物件到三義的木雕博物館或到公館的陶瓷博物館就可以看到，不需要在這個專屬於客家文化展演場所展示，況且這些物件也未能全然代表客家，應該彰顯的是這些物件背後的客家文化制度和精神，客家人如何善用環境以及發展出哪些技術來從事這個產業，使得這樣的產業創造臺灣出口貿易奇蹟等，換句話說，應該呼應和扣緊「適應臺灣」、「豐富臺灣」和「共享臺灣」的總策展主題。

同樣的元素如客家山歌和採茶戲，已在新竹展區出現，在苗栗縣展區再度展示，可以說不論是山歌還是採茶戲等客家文化其實是泛客家的概念，苗栗縣特色並無法因此突出。展覽中也展出了涂敏恆的《無緣》或是米沙的音樂，簡單的掛了兩個耳機，其中一個還在維修當中。整個苗栗縣客家文化的挖掘跟聚焦其實是相當薄弱的。在展區中也可以看到《客家本色》的音樂又出來了，但基本上是表象的呈現。

臺中客家獨特的「大豐饒」客家文化，源自於臺中母親之河——大甲溪，溪水孕育山林中豐富的自然資源，灌溉滋養臺中客家的生活文化，促進當地繁榮興盛的花果菇產業，從豐饒果物背後的友善農耕，見證客家人敬山愛水的信念。

臺中市展區針對「源」、「聚」、「界」三大構面，分別加以敘事和呈現。「源」起穿龍圳的開鑿，「源」水連結萬事萬物，從生存到信仰到

環境到共榮，開展整個大茅埔防禦型聚落及土地龍神的信仰，以及延伸而來的各式各樣的物產。水圳如護城河維繫著大埔客家鮮明的文化。展區中透過數字聊客家，將整個臺中客家最重要的水源的部分，包括白冷圳和葫蘆墩圳的全長灌溉面積加以說明，在意象上透過一個水圳的投射，讓參觀者走進如此氛圍，探究水圳的源頭，參觀者看到這些數字都應該對臺中客家產生非常鮮明的印象。這是臺中客家這個展區較有新意之處。

第二個策展構面「聚」，就是客家防禦型聚落。接著將客家龍神的概念，也就是風水中氣脈概念（又稱為福德土地龍神），及臺中客家防禦性區位和風水的佈局呈現出來，延續了一開始水圳源起的主軸。同樣也運用數字的策展手法，將客家的分布、客家精神和臺中客家的相關數字，做了清楚說明呈現，讓參觀者能夠瞭解。

第三個策展構面「界」，是延續水圳開鑿應水而生的果物，像高接梨的故鄉，展示東勢大埔客家人張勳先生所從事的友善農業，以及呈現早期生活樣態與時光。農業因為靠水而生衍生出來許多農業生態，體現出共生共用的哲理。

南投的客家鄉親先後來到南投後，慢慢地融入了當地社會，甚至對當地文化社會與產業帶來很大貢獻，這樣一個歷程也是「適應臺灣」、「豐富臺灣」與「共享臺灣」最佳寫照，所以南投客家展區的一個主題就是「返客成主」，訴說來到南投的客家人，慢慢落地深根，日久他鄉變故鄉，成為這個地方的主人之一。南投客家鄉親發展出幾項深具特色的產業，第一個就是水鹿，國姓鄉南港村和水里鄉新興村的水鹿養殖數量高居全國第一，其所盛產的鹿茸也是市場上炙手可熱的物品。第二個就是國姓咖啡，臺灣的咖啡品牌，除了之前曾經紅極一時的古坑咖啡外，就是國姓咖啡。整個展區呈現的是南投客家人的遷徙過程與脈絡，

以及在此發展的產業。

　　雲林縣展區透過一台用來載送蔬果的電動運輸車，裝載著許多寫上詔安客語拼音的蔬果紙箱，介紹許多可醃漬的農作物，包括菜豆、菜頭、高麗菜、洋香瓜、蒜頭、南瓜等。詔安客家不浪費食材，利用自然方法保存，曬乾與醃漬就是自然保存食物的方式。醃漬一直以來都是客家飲食概念與文化核心，還因應環境條件不同，每戶人家自己都有一套醃漬方法。此次策展透過互動圓桌設計，有三層同心圓，第一層介紹醃漬技術，第二層實體呈現食物，第三層是用醃漬物做出的美食，最後是比較傳統與現代的客家料理，展示如何運用這些醃漬食材舉辦一場客家家宴，深入認識雲林詔安的客家傳統料理，重新定義客家飲食當代滋味。這樣的展覽從客家醃製出發，盡顯詔安客家智慧。

　　雲林詔安客家的另外特色就是詔安三寶，分別為武術、開口獅、布袋戲，其中詔安開口獅和其他廟會的閉口獅不一樣，現今開口獅主要在祭神祭典中表演助興，也是詔安客家最具特色的民俗文化。而「隆興閣」為雲林重要的布袋戲班，也是詔安重要的文化，團長以詔安客語編撰劇本，打造全臺首創「詔安客布袋戲」，詔安三寶讓整體臺灣客家文化在匯聚整合後，交會出深厚豐醇文化底蘊。

　　臺南市展區呈現在地百工職人的紀錄影像，針對 14 位各行各業的隱身客家人，除了展出靜態肖像照片外，每一位隱客也都展出相關的物件。策展從點線面概念構築，從歷史的起點探查，並連繫起府城百工百業裡的隱「客」。由於相關文獻不夠充足，所以展示內涵的豐富性仍有待未來資料充裕後加以強化。

　　高雄市展區的「觸動未來客」，描繪高雄客家（特別是美濃）從客家鄉土文化到現代，以客家地區、社會作為創作靈感，述說客家人生活態度、風俗習慣、道德信仰，表現出客家人的精神與心靈，顯現族群文

化特色。展區中展示知名小說家鍾理和、鍾永豐、吳錦發等人的文學作品;也以藝術裝置呈現出高雄客庄豐碩的農產、油紙傘、竹編工藝技術。此外,尚有美濃野蓮、六龜金煌芒果、甲仙芋頭、杉林白玉苦瓜等特產,並以玻璃器皿展示各種發芽、結果或乾燥等,不同型態的在地農作物。不論是文學、音樂、社會運動和產業創新等,高雄客家都豐富了臺灣。

屏東六堆在經歷時代變遷過程中,客家人保留了語言、信仰和文化特色,歲時祭儀的祈福、拜新丁、拜天公、伯公生、掛紙、五月節、七月半渡孤、還福以及年尾的入年架等宗教信仰與慶典活動;同時也發展出許多融合於日常生活中的藝術,如客家八音、剪紙、盤花、粄食和釀造文化,成為現代六堆的生活風貌,六堆客家文化豐富了臺灣歷史文化的多樣性。在六堆環境生態的敘述上,述說屏東客家在陽光充足、土壤肥沃的屏東平原,適應環境,透過開埤做圳的方式,開發出獨特的治水技術,並發展出特有的六堆客庄產業。六堆客庄聚落中常見的傳統釀造發酵食品,如醬油、豆豉、鳳梨豆醬、豆瓣醬等,以及產業興衰與演變的歷程,從早期的稻米到後來的檳榔樹,再到近年來轉型的屏東黑金可可豆。這些豐富的內容,因為展示手法單調且不足,以及呈現這些內容的設備與介面受損,致使參觀者的體驗受到限制。

花蓮縣展區透過「走進花蓮」,巧妙引領參觀者深入花蓮的心臟地帶,可以深刻體驗花蓮的獨特風情。多媒體影像的運用,使得花蓮的人文歷史栩栩如生,彷彿穿越時空,感受到這片土地的歷史底蘊,凸顯花蓮客家鄉親的生活佚事,呈現出當地深厚的客家文化底蘊,為整個展區增添了濃厚的人文氛圍。展區以科技藝術和自然媒材相結合,打造出引人入勝的沈浸式體驗。這種展示手法讓參觀者身臨其境地感受花蓮的美景,更讓人們理解當地的自然風光和獨特之處。這種融合科技與自然的

圖5-6 臺東縣展區以原生態方式，佈置客家的「廳下」和原住民的「Pakelang」，呈現客家和原住民文化融合的特色。

（本研究拍攝）

手法為整個展區注入了現代感，使得觀眾在沉浸式的體驗中獲得更加深刻的感受。花蓮縣展區也展示近年來開發的文創商品，感受到花蓮客家豐碩的成果。文創商品品項多樣，都是花蓮在地的特產，包括剝皮辣椒、七星潭鰹魚魚鬆、薑黃粉、紅藜、肉桂等。

臺東縣展區從多元文化來呈現臺東客家和其他族群互動的過程與結果，豐富了臺灣多元文化內涵。首先飲食文化是最能表徵族群文化交融的場域，其中「餳人味」介紹了許多當地特有食材，包括粢粑、杜倫、麻糬等原客閩通用食材，這些美食在不同地區文化中共同存在，象徵

著重要的團聚元素；客家粽子和原住民阿拜（abi），雖然製作方式相似（包葉蒸煮），但口感有所區別，客家粽使用糯米，閩南人也使用糯米，原住民則以小米為主。至於原客共融料理的「原客飯糰」，以池上富興社區的傳承知識和自然共生的原則為基礎，結合社區客家人的優質米飯、客家菜脯和原住民 silaw（醃生豬肉），製作成壽司型的飯糰，展現兩個族群融合的日常。食物是最佳的跨文化交流方式，儘管有不同的語言和文化，但烹飪方式和對食材的詮釋，卻展現各自獨特的風味，使得共同享用的食材成為拉近彼此關係的媒介，同時讓人更深入瞭解臺東原客的共融和共生。

三、共享臺灣

臺北都會客家從「隱身・隱聲」到「發生・發聲」的文化運動中，帶領臺灣社會思考多元文化的重要性，爭取文化平權、族群平等，著實為臺灣的多元文化與進步帶來深遠的影響，讓臺灣族群關係向前邁進，而這樣的果實與成就實為全民所共享，因此臺北市展區呈現共享臺灣的策展精神與內涵。

促進臺灣進步與各族群共榮共享的，不僅展現於語言層面，也呈現在對於客家文化中男尊女卑的不平等現象加以反思，展區中「我的房間」的矮凳子和矮電視，呈現客家女性在傳統社會較為低弱的地位，黑色緞帶代表客家傳統束縛，訴求大家聆聽客家女性的聲音，喚起大家對此種性平的重視。在「未來售票口」策展角落中，將 AI 與客家話結合，生成一張專屬自己的車票，一起「發聲」，期待未來客家文化有更多可能「發生」。臺北市展區展現都會客家的獨特且具有號召與領航的特質，引領回顧反思與未來行動，展現了被環境限制之後，具有能動性

的族群適應歷程與豐富果實。

　　新北市展區的主軸線訴說驛站的概念，客家鄉親遷徙到新北市大都會的一個過程，同樣也歷經「隱身・隱聲」到「發聲・發生」的過程。現在在大眾捷運都可以聽到客家話，客語已經成為一種公事語言，客家文化也在新北市許多地方展現豐碩成果，但卻忽略了這樣的歷程與反思，以及欠缺對未來所引介的新觀點和啟發。雖然「共享臺灣」的概念希望透過「講客同樂會」型態來進行互動，訴說新北市各族群多元文化的共享與共榮，但參觀者必須要參與之後，才能透過互動中得知，若是沒有參與的話，就無法感受與體會。所以如此的策展設計，無法達到所預期的效果。

　　桃園市展區凸顯「水與客家」的關係，用燈光投影方式呈現一個虛擬實境的大埤塘，吸引不少年輕世代觀眾觀看。第二個策展主題為客家文學鍾肇政先生和杜潘芳格的文學，鍾肇政先生已經成為臺灣具代表性的文學大家與文化資產，為臺灣全民所共享和共榮，以他為主題來展示，既凸顯桃園客家的特色，也呼應「適應臺灣」、「豐富臺灣」和「共享臺灣」的策展主軸。第三個主題是海洋客家，此一主題也是有別於傳統客家「逢山必有客、無客不住山」的山林傳統意象，也是桃園市展區這次展覽較為獨特，相當凸顯在地性的一個主題和元素。運用海邊的咕咾石塊、海洋文化器物如漁網等模型和古地契呈現這樣的意象，也跟大家分享客家的多樣性和豐富性。而桃園作為一個多元族群共處的縣市，客家文化確實也豐富和共榮了整個臺灣。

　　新竹縣展區在共享臺灣方面，主要展現在近年來茶產業的創新面貌。展區展示相關的茶葉產品、茶文化相關書籍、製茶用具、不同發酵程度之茶葉及各式茶製品。在茶產業方面，提到其作為北臺灣客家產業鏈的貢獻與價值，讓新竹的茶產業成為全民共享和共榮的一項產業，就

此觀之，新竹縣展區的策展內容約略可以認定為，具有創造與達到全民共享與共榮的成果。

前述提及，新竹市展區的整個策展，仿若新竹整個城市發展歷程的展覽，而不是新竹市客家適應、豐富和共享臺灣的展覽。特別是客家族群和其他族群互動適應融合發展的歷程，以及所建構出來的新竹客家符碼與客家文化內涵及精髓。在這個展區，較少看到整個新竹市發展過程中，客家文化如何適應、融合及發展，然後開展出哪些新的客家符號跟文化。這些文化如何豐富和開花結果，成為全民共享的果實，並影響其他族群與客家文化的互動，讓人們感動共榮與共享。整體說來，展覽基本上都是浮光掠影片段式呈現，而沒有凸顯重要的發展主軸線和蘊藏其中極為精彩的文化內涵與圖像。

苗栗縣展區整體策展主題，以苗栗環境生態所孕育的產業為展示重點，對於產業物質層面的呈現較為凸顯，兼論為何有這些產業出現的環境因素。但是更深入探究或呈現這些產業背後所代表的客家文化意涵，特別是豐富臺灣和共享臺灣這兩個部分，則是此次策展較為薄弱之處，也是策展人可以更深入理解並加以呈現之處。展示中無法看到這些有形的產業物質層面器物，其背後所蘊藏之更為深入制度層次，甚至是精神文化的層次，特別是讓人們感到榮耀與崇敬的奮鬥精神與內涵。相對的，此次策展所呈現的內涵和文化元素，都是參觀者耳熟能詳的物件與印象，或說是一種既定的族群刻板印象或區域的文化意象，關於孕育此種物質文化背後的制度和精神文化，其論述與呈現是不足的。

整個苗栗縣展區淪為產業器物展，從三義的木雕到公館的陶瓷，在文化的三個層次上，展出的都是器物層面，並沒有論述這些器物背後或更深度的制度和精神層面的內涵。策展人表面地認為，這些物件就等同於苗栗客家，殊不知新北鶯歌的陶瓷更具知名度，桃園大溪和南投竹山

也有代表性的竹木工藝，認為陶瓷和木雕就已代表苗栗，並沒有說服力，也無法凸顯苗栗客家的獨特性，更無法令人感到光榮與讚嘆。

臺中市展區以「源」、「聚」、「界」為策展三大主軸，東勢因為接近東勢林場，林業木材等是東勢這邊的物產，所以整個展區也呈現出以木頭為意象的設計概念。同時也描述與東勢山城客家相關的一些比較特殊的野生動物，表示在此人能夠與各種物種一起共同存在等等，比較屬於生態的部分，都展示非常多的器物，或者是常民生活的一些物件。新社的高接梨是嫁接過來的，為了凸顯新社高接梨特色，最主要就是一些技法，展區展示了嫁接技術所需要用到的一些器物，如剪刀等。展覽的考量只選擇最具特色的高接梨，而不是整個東勢的產業，呈現大家記憶最深刻的高接梨。從高接梨這個創新的技法，就可以看出臺中客家「適應臺灣」、「豐富臺灣」與「共享臺灣」。高接梨所開發出的物種豐富了臺灣，然後分享這樣的成果給臺灣全體民眾，體現共享臺灣的精神。

南投縣是一個多元族群文化的環境，客家人移民到南投後，早已跟在地的其他族群產生密切互動。921大地震震央所在的中寮、國姓及水里等區域，都是多元族群共處的一個區塊，所以策展中所呈現的，從921災難中走出來的浴火重生的克難精神，都是各個族群互相攜手共創的結果。

在地族群不論在通婚或是生活的各個層面，早已和諧的融合在一起。雖然這樣的融合結果使得客語流失非常嚴重，是未來可以再努力的一個方向。但是我們也可以看到，不管是在災後的重建或是對於新興產業的發展，南投客家所呈現的內容，除了仍保持相當傳統的本質性客家外，更多的是關係性客家和創意性客家的圖像。關係性客家是指南投客家鄉親與其他族群的密切關係，創意性客家則表現在南投客家和其他族群齊心齊力打造產業或是永續發展。南投客家所展現的韌性和創意力，

都是多元族群共同創造的,所以南投縣展區展現了族群平等、共融與共享。

　　雲林縣展區重點放在主要的語言詔安客家話和詔安三寶,以及主要的農特產品等器物類的文化層次展現,在引介新觀點和反思方面談論的較少,例如有關詔安客家文化在當代的位置以及它所面臨的危機?以及到底做了哪些復振的工作?這是這次雲林縣展區可以再強化之處。

　　臺南市展區做了一次很實驗性和嘗試性的策展,源自於一個問題意識和人們普遍的疑惑:臺南有客家人?這個展覽的開端即是以此為發想。這樣提問不是指涉臺南沒有客家人,而是指稱臺南有客家聚落嗎?以桃竹苗、臺中或是南投客家為例,都有一些移民軌跡和聚落發展。花東客家也有其發展軌跡,花東客家的遷徙開端,為清末時期1824年牡丹社事件之後,採取開山撫番政策,帶動一波移民潮,接著日本時代開鑿鐵路,帶動第二波的西部移民過來,再到戰後的另一波移民。

　　相對的,臺南市在整個客家研究或客家遷徙軌跡上的研究較少。由於相關研究薄弱,所以展示的物件也是較為單薄。臺南客家有待探尋,儘管如此,展區中仍舊展現14位百工百業素人,辛勤努力付出和對臺灣社會的奉獻,成為共榮與共享的一股平凡的力量。

　　高雄市展區以「觸動未來客」,展示美濃地區客家人從過去到現在,所展現的豐富歷史與引領時代潮流的重要事件與歷程,包括反水庫運動,以及展現濃厚鄉土情懷的客籍作家們的作品與精神,都豐富了臺灣和持續性的引領臺灣,這些文學或音樂作品、社會運動和青年返鄉及產業創新等,都成為大家的共享資產,也共榮了臺灣。

　　屏東縣展區希望將屏東六堆客家的歷史與產業加以呈現,展示手法包括運用三個傳統圓桌上的螢幕裝置,呈現六堆客庄的特色與歷史,包括典型聚落「五溝水伙房」的影音介紹,客庄產業與食品和客家族群的

關聯性，以及客庄飲食文化意涵和客庄粄食豐富多樣的變化性。透過大量印有稻米圖案的長條氣球裝置，呈現生動的平原地貌，宛如詩歌旋律的擺動的稻浪，透過這樣的意象表達六堆客家族群在歷史人文到產業轉型的客家精神，及訴說六堆客家人的豐收記憶，歌頌著屬於他們的農耕文化與生活風貌。

在稻米圖案氣球上，印製著各種六堆客家相關元素的 QR Code，例如：米食、六堆、屏東檳榔轉作可可、六堆尖砲城、五溝水伙房、客家釀造等，提供觀眾瞭解當地客庄的知識。展示手法略嫌簡單，而且各氣球上面印製的 QR Code，所連結的並非特殊拍攝的影片，而是各鄉鎮公所的既有網站，而且用來呈現六堆客庄特色與歷史的各傳統圓桌上的螢幕裝置壞掉，而將整個氣球展區關閉，無法讓參觀者參觀，使得整個六堆客家的歷史與文化無法被接觸和瞭解，失去了策展的功能與目的，只是淪為觀眾拍照打卡的景點，熱鬧有餘深度不足。

花蓮縣展區以「洄瀾縱谷好客」為主題，以三大方向為引領，從當地人文、美景到農特產品，構建了一幅豐富多彩的花蓮圖景。花蓮縣展區巧妙地串聯起花蓮客家族群的故事。透過與傑出客家名人的訪談，展示了花蓮客家文化的獨特之處，述說花蓮客家族群的歷史淵源以及在花蓮扎根共榮的歷程，花蓮客家辛勤付出和其他族群多元互動，創造自身族群本身及其他族群引以為傲的事蹟，與其他族群共享和共榮。

臺東縣展區以「原鄉新故鄉」為主軸，策展手法呈現客家和原住民及閩南互動的歷程和結果，客家不會單獨存在，客家一定跟其他族群產生互動。臺東的原住民族、客家和閩南各占三分之一，因此策展呈現三個族群文化互動的結果。臺東縣展區掌握到客家在臺東必須放在一個多元主體文化的角度下來觀看，而且策展的脈絡抓住了臺東池上、關山、鹿野這三個主要客家文化重點發展區的特色：稻米之鄉，並從孕育稻米

的三條水圳開始，再到以米為主題延伸出來的飲食文化。所以不管飲食文化或是水圳開鑿，如孕育池上、關山、鹿野整個區域稻米種植的三條水圳，也是三大族群共同合作開發的結果。飲食文化也形成多元文化的觀點，大家熟知的客家粢粑，原住民語叫杜倫，閩南話叫麻糬。粽子原民話稱為阿拜，並用石板塊襯底呈現，使用臺東盛產的玉石，也展現臺東特殊的地形地貌自然生態文化。為了讓觀眾感受到臺東那種屬於叢林的自然原始，所以從進來展區後，就開始聽到鳥叫聲。這些都可以讓觀眾明顯感受到策展人的用心。

小結

以上針對本次臺灣館三大策展主軸，就主展區和 14 個縣市展區的內容進行分析，將其表現歸納如表 5-1。

表 5-1　臺灣館客家文化元素與內涵

展區名稱	適應臺灣	豐富臺灣	共享臺灣
臺灣館主展區	1.「扎根與共榮：有客當靚（最美）」。 2. 專家口述的電視牆內容較為深入。	1. 內容空洞，乏善可陳。 2. 名人錄過於浮濫。	1. 內容空洞，乏善可陳。 2. 書籍物件的展示互動性不佳。
臺北市	1.「隱身・隱聲」到「發聲・發生」──還我母語運動。 2. 客家版清明上河圖。	1. 原創文本及 IP 創作成果。	1. 爭取平權的精神，豐富臺灣多元文化，引領臺灣進步。 2. 反思客家文化中男尊女卑的不平等文化。 3. 將 AI 和客家話結合。

展區名稱	適應臺灣	豐富臺灣	共享臺灣
新北市	1.「客之繹術」。 2.「尋根」、「深根」。 3.「新北大百科」、「講客同樂會」。	1.「新北客當生趣」。 2.「萬象玲瓏」。 3. 藍染、雕塑、茶。	1. 不明顯。 2.「講客同樂會」進行互動，沒有參與的參觀者無法感受與體會。
桃園市	1. 水與陂塘。 2. 濱海客家聚落與「半漁半農」。	1. 水資源開發與利用。 2.「千塘之鄉」：農耕灌溉、生活用水、澇陂活動。 3.「半漁半農」與文化地景。 4. 客家文學。	1.「水與客家」。 2. 鍾肇政先生客家文學。 3. 海洋客家有別於傳統「逢山必有客、無客不住山」的客家山林傳統意象。
新竹縣	1.「信念匯聚之地」。 2.「地與氣」——淺山丘陵、九降風。 3.「人與精神」適應環境並展現能動性。	1. 茶產品、茶文化、山歌。 2. 義民信仰、三山國王信仰、客家天主基督教會。 3. 客家武獅。	1. 北臺灣茶產業鏈的貢獻與成就，為全民所共榮和共享。 2. 茶產業轉型與創新引領新方向。
新竹市	1.「質變的客家」、「客家的質變」。 2. 金山面及高鐵開拓過程。	1. 山線鐵道路網與客籍工作者奮鬥痕跡。新竹客家人對鐵路開發的貢獻。	1. 不明顯。
苗栗縣	1.「山頂‧尋」。 2. 木雕和陶瓷產業變遷過程。 3. 木雕、陶瓷。	1.「登窯」、陶瓷和木雕產業王國。 2. 客家戲曲。	1. 不明顯。 2. 產業發展與貢獻的脈絡沒有凸顯，去脈絡化，流於產業展。 3. 欠缺產業沒落後的反思與創新的展現。
臺中市	1.「沐山之客」。 2. 源、聚、界：水源帶動客家聚落生成與產業發展。	1. 高接梨花果菇產業。 2. 山林產業。 3. 龍神信仰。	1. 產業創新的客家智慧成為全民共享與共榮。 2. 環境永續。

展區名稱	適應臺灣	豐富臺灣	共享臺灣
南投縣	1. 客來山中。 2. 客中有客。	1. 返客成主。 2. 客聚群力發展許多新興產業。 3. 國姓搶成功客家奮鬥精神。	1. 921大地震從新站起來的精神，為多元族群攜手的成果。 2. 產業轉型與創新為多元族群攜手的成果。
雲林縣	1. 覓覓詔安。 2. 詔安客的特殊性與農業發展歷程。	1. 百年文化釀造的神祕詔安風味。 2. 詔安三寶——武術、開口獅、布袋戲。	1. 不明顯。 2. 欠缺詔安客家文化在當代的位置及所面臨危機的反思與對策。
臺南市	1. 臺南400，客與同行——府城四百年潛藏客家。 2. 客家人擔任荷蘭人和西拉雅族之間的翻譯。 3. 礁巴拈，簡姓汀州永定的客家移民。	1. 百工百業裡的隱「客」默默辛勤付出。	1. 具實驗性和嘗試性的策展，引領人們思考臺南市是否有客家人的議題。 2. 因相關客家研究較少，展示也較單薄，臺南客家有待探尋。
高雄市	1. 序曲1736：在地扎根。 2. 轉身1992：文化成型——美濃反水庫運動、青年創作、產業轉型。 3. 觸動2023。	1. 環境永續精神。 2. 知名客籍作家文學。 3. 高雄客庄豐碩農產、油紙傘、竹編工藝技術。 4. 美濃野蓮、六龜金煌芒果、甲仙芋頭、杉林白玉苦瓜特產。	1. 高雄市客家以「觸動未來客」，展示高雄地區客家人從過去到現在，所展現的豐富歷史與引領時代潮流的重要事件與歷程，持續性的引領臺灣，成為大家共同資產。
屏東縣	1. 「聚域六堆之客」。 2. 六堆客家的形成。	1. 開埤做圳治水技術。 2. 特有的六堆客庄傳統釀造發酵食品。 3. 轉型的屏東黑金可可豆。	1. 不明顯。（展示手法簡單和使用設備受限）

展區名稱	適應臺灣	豐富臺灣	共享臺灣
花蓮縣	1.清領時期開山撫番。 2.日本時代鐵路開鑿與熱帶農業。 3.戰後島內二次移民。	1.文創商品，包括剝皮辣椒、七星潭魚鬆、薑黃粉、紅藜、肉桂等。	1.展現多元文化多樣性價值。 2.族群融合共榮共享。
臺東縣	1.「客家・原鄉・新故鄉」族群互動。 2.二次移民。	1.多元文化之美。 2.原客生活美食、藝術、音樂、婚姻等元素巧妙融合。	1.展現多元文化多樣性價值。 2.族群融合共榮共享。

本研究製表

　　臺灣館主展區和14個縣市展區中，其文化元素經由策展手法表現較能凸顯在地文化或將傳統文化再現，展現客家族群智慧與政策成果，引介新觀點或呈現客家新的意象，已具上述標準再分別從策展三大主軸「適應臺灣」、「豐富臺灣」、「共享臺灣」來配適。三大策展主軸再依據主展區和縣市展區的展覽內容，加以區分成「優等」、「尚可」、「薄弱」三個等級。主展區部分，在適應臺灣這個策展主軸的表現為尚可；在豐富臺灣和共享臺灣方面的表現為薄弱。整體而言，除了「適應臺灣」請專家口述較為深入外，「豐富臺灣」和「共享臺灣」的文本內容空洞，乏善可陳。

　　在縣市展區方面，在「適應臺灣」這個策展主軸上，優等方面的展區計有臺北市、新竹縣、臺中市、南投縣、雲林縣、高雄縣、花蓮縣及臺東縣等8個展區；表現尚可偏向優等的為桃園市；表現較為薄弱的展區有新北市、新竹市、苗栗縣、臺南市和屏東縣等5個展區。在豐富臺灣方面，優等的展區計有臺北市、桃園市、新竹縣、臺中市、南投縣、雲林縣、高雄市、花蓮縣及臺東縣等9個展區；在尚可等級的為主展區和桃園市；表現較為薄弱的展區為新北市、新竹市、苗栗縣、臺南市和屏東縣等5個展區。在共享臺灣方面，優等的展區計有臺北市、桃園

市、臺中市、南投縣、高雄市、花蓮縣及臺東縣等 7 個展區；尚可的為主展區和桃園市、新竹縣；表現較為薄弱的展區為新北市、新竹市、苗栗縣、臺南市和屏東縣等 5 個展區。在三個主軸線都表現優等的展區，計有臺北市、臺中市、南投縣、高雄市、花蓮縣及臺東縣等 6 個展區；表現皆為薄弱的展區為新北市、新竹市、苗栗縣、臺南市和屏東縣等 5 個展區；桃園市、新竹縣和雲林縣 3 個展區則介於中間偏向優等，主展區介於中間但偏向薄弱等級。有關主展區和 14 個縣市展區在三大主軸的表現程度，歸納如表 5-2。

表 5-2　臺灣館各展區表現程度

展館名稱	適應臺灣	豐富臺灣	共享臺灣
主展區	○	×	×
臺北市	◎	◎	◎
新北市	×	×	×
桃園市	○	◎	◎
新竹縣	◎	◎	○
新竹市	×	×	×
苗栗縣	×	×	×
臺中市	◎	◎	◎
南投縣	◎	◎	◎
雲林縣	◎	◎	×
臺南市	×	×	×
高雄市	◎	◎	◎
屏東縣	×	×	×
花蓮縣	◎	◎	◎
臺東縣	◎	◎	◎

註：◎優 ○尚可 ✕薄弱（以 5 分為級距，優等為 4 分以上；可的等級為 3 分以上不滿 4 分；弱的等為 3 分以下。評價的內涵包括：1.策展手法表現能凸顯在地文化或再現傳統文化；2.展現客家族群智慧與政策成果；3.策展有引介新觀點或呈現客家新意象）。

本研究製表

臺灣館主展區,策展著重在技巧以及氛圍的營造,展示手法印象呈現大於實質內容,文本乏善可陳,除了「適應臺灣」請專家口述較為深入外,「豐富臺灣」和「共享臺灣」的文本內容空洞且無序去脈絡化。總體表現偏向薄弱。

在縣市區部分,總體表現等級為優等或偏向優等的 9 個展區方面:

臺北市從「隱身・隱聲」到「發聲・發生」的主軸,點出了來到臺北都會的客家鄉親,為了適應環境,在與其他族群互動過程當中所呈現的文化印記。臺北客家隱形化的情況,隨著 1988 年還我母語運動之後,產生很大的變化,極為吻合的訴說臺北都會客家的適應歷程。在「豐富臺灣」方面主要除了還我母語運動外,也提出了原創文本及 IP 創作成果。在「共享臺灣」方面主要為還我母語運動及針對客家女性地位較不平等做了反思,以及客家生活圖像仿清明上河圖的創意。歸納言之,臺北市展區因為主軸清楚呈現了都會客家的鄉愁與奮鬥的過程與精神,緊扣三大主軸。

臺三縣的桃園客家以水及埤塘和文學來呈現,基本上也抓到桃園客家的精神跟特質,凸顯客家水利與灌溉技術的開發到整個聚落的發展,同時也展示海客半農半漁的獨特性,翻轉人們對於傳統山林客家的刻板印象,既傳統再現客家文化,也引介新的觀點。另外以代表臺灣客家文學之鍾肇政先生的文學,來描繪客家精神與思想,也吻合本次三大策展的主軸。

新竹縣的地與氣、人與精神所匯聚的信念之塔,展現客家鄉親如何適應新竹淺山地形和九降風氣候環境生態,及發揮智慧開創茶葉王國。新竹縣展區將新竹客家的適應臺灣,所創造出來的茶葉王國,以及茶產業沒落之後的創新過程展示,符合此次展覽的三大主軸。

臺中市展區明顯的可以感受到,客家鄉親適應環境、克服環境而開

展出一系列成果的歷程。策展主軸的「源」、「聚」、「界」，分別說明了臺中客家如何利用山形地勢及水圳的開鑿的過程與成果。所以策展也符合三大主軸。

南投縣展區展示客家移民到南投的遷徙過程，匯聚了全臺「四海大平安」各地鄉親，從適應環境到開展智慧克服環境的歷程。南投客家鄉親經歷921大地震之後，從災難中走出來，浴火鳳凰的一個歷程，透過國姓搶成功文化節，來表徵南投客家人適應的歷程。在整個發展過程中，發揮智慧在產業的開拓上，包括國姓和南港的水鹿、埔里漆器、國姓咖啡和魚池紅茶，各種產業經濟作物都有非常著名的表現，豐富了臺灣。從921災難走出的浴火重生到產業創新，都呈現出南投客家和其他族群攜手前進，共榮的「共享臺灣」的精神。

雲林縣展區展示客家來到雲林如何適應環境，善用雲林蔬果發展出的系列豐碩實以及適應的過程。人們可以看到雲林詔安客家對於雲林農業蔬果產業的付出與貢獻。而構成詔安三寶的武術、開口獅和布袋戲，創造獨特的客家文化特色而豐富臺灣。可以再強化的，是在引進新觀點方面的「共享臺灣」，可以思考詔安客家所面臨的危機以及如何因應的新觀點。

高雄市展區不論在「適應臺灣」、「豐富臺灣」、「共享臺灣」方面的策展主軸都非常豐富。從客家鄉親移民到高雄的歷程，到逐漸文化成型的美濃反水庫運動，客籍小說家作品所呈現出來的精神與意義，以及高雄客庄豐碩的各式各樣有形與無形文化資產，如藍衫、紙傘、菸樓，及後來的新三寶水蓮、白玉蘿蔔和橙蜜香小番茄，還有甲仙的芋頭等，都看見高雄市對於這次策展的用心與巧思。

花東展區展示客家人來到了花東之後如何適應環境，其中最重要的就是如何跟原住民和其他族群互動，所產生的多樣化的歷程與成果。這

兩個展區非常善用這樣的內涵與策展手法，花蓮主要運用數位科技的策展技巧，將這樣的歷程呈現。相對的，臺東則使用原生態的方式，運用稻草以及水圳模型等材料佈展，並呈現飲食文化方面豐碩的內容。因此這兩個展區在「適應臺灣」提出了非常好的模式跟內涵。另外也讓人感受到族群和諧互動的過程，存在永續的精神概念，這種精神可以與全臺灣人們共享。

在總體表現顯然薄弱有待改進的展區方面：

新北市展區雖然以「客之繹術」為主軸，描述各地客家鄉親來到新北發展的過程，但這部分的比例及描述內容相對而言是薄弱的，只簡單敘述早期汀州客家的片段事蹟和同鄉會情況，遷徙和適應歷程缺乏更深入討論。在「豐富臺灣」方面，以「客家同樂會」方式呈現，表達各族群的互動交流樣態，但必須透過參加活動才能理解。在「共享臺灣」方面並不明顯。

新竹市展區從整個新竹市城市變遷角度出發，客家的地位與角色被弱化和縮小，輕描淡寫客家鄉親在新竹這座城市變遷過程當中，參與鐵路建設的片段，對於許多客家鄉親從新竹縣遷徙到新竹市，這樣一個發展過程著墨不多。在豐富臺灣上的論述不夠深入，至於引介新觀點上更是欠缺。

苗栗縣在「適應臺灣」方面，雖然說明客家鄉親如何利用樟樹和苗栗陶土，開創出三義木雕和公館陶瓷王國，但實際整體的呈現方式為木雕和陶瓷產業展，較少呈現整體產業發展歷程中，客家鄉親奮鬥打拼的身影與脈絡。雖然想要呈現苗栗客家戲曲發源地的特色及客家音樂家的作品，但是展示的手法與技巧，無法讓人感受這些內涵。

臺南市展區因為資料有限，起步較晚，只能從極少文獻當中開始尋找，客家在臺南的足跡以及隱藏在各角落客家鄉親的奮鬥點滴。因此未

來可以再更深入的探究相關的議題。這次的展出是臺南客家一個非常重要的開端，未來可以更加深入，持續挖掘後應該會有許多很好的成果。

屏東縣展區雖然試圖呈現屏東六堆客家的歷史所形成的聚落如五溝水等，及相關產業經濟、環境生態，但因為展示手法略嫌簡單，且所使用的機器設備損壞，展區關閉，一般觀眾無法參觀。文本上的呈現過於簡陋，只在氣球和某些展板上呈現，六堆豐碩的歷史和產業並未能展現出來。

此次臺灣館的展出，從三大主軸加以分析，主展區和各縣市展區的呈現方式有不同的表現及評價，有許多縣市展區基本上都能夠抓到在地的客家文化，在三大主軸下把在地文化加以凸顯。有的展區因為未能掌握三大主軸的意涵，策展手法不夠細膩，或是策展技巧粗糙，導致內容無法呈現。以上討論可以作為下次舉辦類似博覽會時，再精進和優化的參考。

第六章　臺灣館展示手法分析

　　世客博以展覽和策展為途徑，企圖讓參觀者有機會深入瞭解客家人的生活方式、價值觀念和歷史背景。究其目標，旨在將客家文化的獨特之處介紹給臺灣本地與世界各地的人們，同時促進客家族群之間的團結、合作與認同建構。其中，臺灣館由主展區以及 14 個縣市展區構成，形成關於臺灣客家的有意義組成和系列呈現。為使臺灣館成為文化交流和傳播的平台，展示手法及技術的運用，如何能夠呈現臺灣本地客家文化的特色與價值，乃成為關鍵要素。此處所稱之「展示手法」，包括展示技術、媒介以及整體場景設計等元素。同時，值得注意的是，臺灣館主展區與各縣市展區均設置自身的策展人或策展團隊，嘗試藉由相互的策劃協力，展現臺灣客家內在的多元性。

第一節　以展示的創新再現臺灣客家經驗

　　「世界客家博覽會」（下簡稱「世客博」）2023 年於桃園舉辦，由客家委員會與桃園市政府共同主辦，並協同各縣市政府合作，提供展現客家族群多元文化的平台。世客博以展覽和策展為途徑，企圖讓參觀者有機會深入瞭解客家人的生活方式、價值觀念和歷史背景。究其目標，旨在將客家文化的獨特之處介紹給本土與世界各地的人們，同時促進客

家族群之間的團結、合作與認同建構。其中,「臺灣館」展覽以主展區（概分為「適應臺灣」、「豐富臺灣」、「共享臺灣」三大區域），以及 14 個縣市之子展區所構成，形成關於臺灣客家的有意義組成和系列呈現。為使世客博臺灣館成為為文化交流和傳播的平台，展示手法及技術的運用，如何能夠呈現臺灣本地客家文化的特色與價值成為關鍵要素。此處所稱之「展示手法」，包括展示技術、媒介以及整體場景設計等元素。同時，值得注意的是，世客博臺灣館主題區與各縣市子展區均設置自身的策展人或策展團隊，嘗試藉由相互的策劃協力展現臺灣客家內在的多元性。

　　由於臺灣客家經驗的多元內涵，使得客家文化內容的多元性如何牽引出相應的多樣性展示手法，此一問題意識顯然始終為臺灣館策展人們所關切。作為以族群為主題的大型展覽，臺灣客家經驗必然是展示手法規劃的總前提。若援引張維安等人之論述，「臺灣客家經驗」乃意指：「臺灣客家文化復興運動，強化了臺灣客家族群意識的凝聚，進而在語言、文化、產業，乃至於知識體系等各層面有許多重建或創新的經驗。」（張維安等，2016：87）既然臺灣客家經驗絕非單面，展示手法也必然擁有多樣性，方能相互呼應、映照。此種客家經驗與展示手法如何適切地配搭的關鍵問題，應是審視本展是否成功的原則之一。如臺灣館主展區策展人王菱儀在訪談中便提及，展示手法和材質紋理須能深刻呈現臺灣客家族群的區域差異性與生活經驗（劉亞涵，2023）。高品質的展覽內容和客家文化的真實再現之間如何連結，令兩者之間擁有豐沛的辯證關係和交互性，此間除了需要奠基於深入體系的知識論述之外，亦須依靠策展技藝的規劃和創意。

　　由展覽設計的角度出發，一個好的展覽至少涉及五項主要原則：引人入勝、舒適度、超越期待、激起好奇心、共鳴和驚奇感，以及具顛覆

性和／或促使人們沉思（McKenna-Cress & Kamien, 2019: 157）。然而，針對擁有族群文化平權使命的展覽，僅是打造出一個好品質、或吸引眾多參觀者造訪仍是不充足，如何藉以認識族群的深厚底蘊方是目的。解嚴前後誕生於族群文化與語言危機意識中的臺灣客家運動，賦予了世客博如是的核心脈絡。在世客博以前，已有一系列之客家主題場館中的展示及相關研究，企圖回答此一「再現臺灣客家經驗」的重要提問。如此思索，世客博臺灣館的出現並非偶然，而是臺灣一系列客家展示經驗的探索積累所至，因此亦須尊重客家研究之長期耕耘及積累。如吳詩怡、張翰璧、蔡芬芳（2018）針對臺灣北、中、南、東地區 27 間客家文物館進行的調查發現，其中有關臺灣客家文化之展覽內容，包括歷史、地理環境、性格、語言、服飾、婦女、建築、信仰、習俗、音樂、產業與其他等主要面向（吳詩怡、張翰璧、蔡芬芳，2018：84）。由此可見，有關展覽內容的分類、組織與呈現之道的思辨，在 2023 年世客博臺灣館舉辦之前即已存在，其核心意識並被後者所企圖承繼。而從吳詩怡、張翰璧、蔡芬芳（2018）的研究中亦可發現，臺灣既有的客家文物展示仍偏向靜態，尤其是在機構化的場域中。

　　即便是偏向靜態，展示的角色和功能仍為各機構和活動所重視，從此形成既存的展覽經驗的主要取向，包括一系列傳統展示手法的應用。根據張正霖、賴憬霖（2023）的研究發現，在與各客家文化館舍有關的學術文獻中，關於客家展示經驗的研究乃是主流。可見展示對於再現與傳播臺灣客家經驗的價值，不僅已為客家文化機構所認識，在學術研究中亦已多所肯認。如朱玲瑤（2021）曾以臺灣客家文化館之常設展籌備為分析對象，探討其展示內容和規劃過程如何表現多元化之客家文化經驗。羅郁瑛（2014）則曾針對文化展示與客家論述間的建構性關聯，提出「去中心化」、「主動」和「異質性」三大規劃原則。由此可徵，

從 1990 年代迄今之客家展示實踐的歷史切入，世客博對展示手法的組織及選擇有其潛在的對話對象。究其根源，展示作為重要媒介業已是臺灣客家經驗與臺灣客家族群運動重要的組成部分。繼承此一脈絡，其核心問題便轉變為如何通過更合適或創新之系列展示手法（無論靜態或動態），將臺灣客家文化的特殊性、異質性以及與時俱進的特質展現出來。

為求達成創新性，在技術層面上如有意識運用多媒體技術，即通過影像、聲音等多元方式展示客家人的生活場景、傳統技藝、文化活動、社會處境等便多所出現，使觀眾能夠身臨其境地感受客家文化的生命力。此外，如運用互動裝置邀請觀眾參與等方式，例如策劃客家文化體驗活動或互動環節，也讓觀眾能在參與中更自然地貼近客家文化。此些展示手法在世客博臺灣館中，均可見到應用和發展。整體而言，為求體現客家文化在時空和人文等不同維度和發展，臺灣館展區確實混合運用了較為傳統之靜態展示手法，以及更具動態體驗和科技跨界的創新展示技術（臺灣設計研究院，2023a）。但文化內容與展示手法的平衡並非易事，加上主展區與縣市展區如何連結成為有機的整體，均在 2023 年世客博臺灣館之展覽設計上對策展人和團隊們帶來考驗和提問。

在經典的客家研究中（如羅香林，1933），將移民經驗和適應生活區域的特質，視為客家族群的主要文化特徵之一。在遷徙與在地扎根的過程中，客家人以其獨特的生存方式與豐沛的生命活力，創造了自己特有的文化傳統和不斷擴大的社會影響。也因此種不斷遷徙的族群特色，遷徙過程中遺留下來的具體文化象徵，例如土樓、圍龍屋、圍堡、會館等建築，即是客家族群遷徙和在地化過程中積累下來的各種有形文化遺產（黃信洋，2018）。換言之，客家族群經由數百年間的遷徙活動，在不斷適應本鄉本土的過程中，創造出有別於原鄉的客家文化。臺灣與世界各地的客家族群也因地域差異產生文化轉變，這些因地域分化出的

客家文化，從而兼具同質性（Homogeneity）與異質性（Heterogeneity）的文化特徵。

另一層面，臺灣客家在民主化及族群運動的浪潮中，逐漸形成越發穩固的族群認同；亦即客家人開始自我意識，亦被他者視為臺灣四個主要「族群」之一；臺灣客家人也開始運用「族群關係」的概念或理論來理解自身處境，或者爭取自身權益（王甫昌，2016）。朝向本土客家的認同化發展，實際上構成了臺灣館的敘事取向。或者說，臺灣客家由傳統到現代的發展階段，即是客家族群自我與在地認同的演變歷程。在臺灣館入口處主展區，以「適應臺灣」、「豐富臺灣」、「共享臺灣」三個主軸所構成，本身即具備時間序列及本土化維度的指涉。因此，打破傳統的客家刻板印象，轉而以多樣性、跨界性的展覽組成方式，來塑造臺灣館的氛圍，某種意義上即企圖透過多元紛呈的觀展感官經驗，去反映臺灣客家主體認同之在地差異化內涵。臺灣客家是獨一無二，亦是尊重多元並存、具備自我意識的族群。

在《客家基本法》第2條中，將誰是「客家人」定義為：「指具有客家血緣或客家淵源、且自我認同為客家者。」此種界定方式不僅具有彈性、強調主體認同，亦給予臺灣客家文化意象更具開放性的內涵。王甫昌（2018）亦曾論證當代客家人主要是透過族群身處「共同不利社會位置」之集體現代經驗，而非依靠早已變化的「共同文化特質」來建構族群認同。換言之，客家文化具有移民的特質，在扎根本土所不斷創造出新的符號及象徵中，眾聲交響的當代臺灣客家記憶和文化敘事亦將隨之增長。

如同前述，在世客博臺灣館之前，臺灣已具有由客家文化館舍等機構所形成之展示傳統，因此可將臺灣館的出現視為從之前的客家展示走入更大的公共空間的過程。在公共空間中進行組織化的展示，其記憶敘

事、認同焦點及其意義生產,將受到籌設理念、策展人、書寫論述、社區、政策等多方因素所影響,其中即可能蘊藏多元之客家記憶及認同形態(吳詩怡、張翰璧、蔡芬芳,2018)。一如 Crang(2003)在分析族群的形塑時,曾指出「想像的共同體」(imagined community)、「發明的傳統」(invented tradition)和「文化分化」(cultural differentiation)三者間關係密切,指出族群塑造和變遷本身實擁有積極意涵:對於該族群本身的發展,以及其他人能夠深刻認知和體驗該族群的轉變均有所助益。由此角度切入,臺灣館中之客家敘事和認同,確實可透過展示再現和召喚其多樣性與多聲交響(heteroglossia)特質。援引王嵩山(2011)所述,博物館乃是提供包容性公共空間(inclusive public space)的公領域,它提供觀眾與更深刻的社會關懷進行對話。在「類博物館」的臺灣館空間中,觀者與客家論述和文化再現間,確實也存在相互對話的潛能。

第二節　展示手法之類型分析

本節針對臺灣館之具體展示手法進行類型分析,包括該館之展覽分區與相應內涵、新舊展示手法的區別與結合,以及展示技術的選擇如何與不同層次之客家文化構成再現關係。在當代展示中,展覽不僅是物件的展示,更是文化意義的傳遞與再現。如同 McKenna-Cress 和 Kamien(2019)指出,展覽作為媒介,乃是通過空間中的多重管道將特定內容傳遞出去。應用本觀點至此,世客博臺灣館須以展覽作為媒介,不僅呈現客家文化作為臺灣多元文化的重要組成部分,更須表達出其獨特、複雜的歷史背景、社會結構與多樣性之文化內涵。

一、展覽分區及其內涵

　　臺灣館以「扎根與共榮：有客當靚（最美）」為主題，主展區之目標在成為瞭解臺灣客家文化的「百科全書」。各縣市展區中，則被設定為彼此獨立的風土誌，展示各地區因地制宜、各具特色的客家文化風貌（臺灣設計研究院，2023a）。由此可見，本展示嘗試兼容臺灣客家族群的歷史與現代性等層面，讓觀眾認識到臺灣客家族群的文化活力、創造力和永續性。因之，在展示手法上臺灣館確實顯得活潑、多樣。

　　展覽的分區設計是展示內容的重要組成部分，直接影響觀眾的理解與體驗。整體而言，為求呼應前述客家族群由遷徙而至在地化的特質，值得注意的是臺灣館之各展區，乃根據多元性的原則所構成，企圖營造出符合臺灣客家地理分布及文化特色的場景。其中，由空間佈局來看至少可歸納出3種基本樣態：（1）元素運用：運用客家文化的元素和風格，設計展覽場地的結構和裝飾。（2）主題強化：場景的設計仍顧及了觀眾的涉入感，即給予一系列主題的界定和提示，透過感官和論述強化觀眾的觀展體驗。（3）內容敘事：在展示中突出敘事性，即按照某種梳理過的臺灣客家文化內涵的邏輯順序來組織內容。簡言之，臺灣館的空間佈局，整合了具備客家文化特徵的元素、內容和敘事，在企圖形塑和強化觀者的涉入感的目標上，有效組成展場的結構性。

　　展場結構性的另一面向，則包括地理化的臺灣客家想像：即按照某種地理分布來描述、界定和區分臺灣客家族群的內部差異性。除主展區外，臺灣館之策展團隊將本次臺灣館的縣市展區，依循「客庄369幸福計畫」（臺三線、高屏六堆、花東臺九線）之路徑（客家委員會，2023），帶領民眾依序由雙北都會客家出發，經過臺三線之桃竹苗及臺中地區，再沿著東部臺九線的花蓮縣、臺東縣，再至南投、雲林、臺南

等縣市，最終站抵達南臺灣六堆地區的高雄市、屏東縣。某種程度上，上述之展示手法與空間佈局，均以此由地理分布形成之展場結構性為依歸。由此可見，展場結構性的本質是一系列臺灣客家文化同質和異質之內容敘事的組成，具有鮮明的時空交錯意象，展示手法和空間佈局則是再現相關內涵的技術選擇。此種內涵和技術的組合，在臺灣館中首先被用以傳達多元族群敘事，從而強化臺灣客家族群之認同和文化賦權。

　　元素和主題必須依靠有效之內容敘事，方能呈現其意義和價值。本文茲將臺灣館各展區之主題和基礎展示模式彙整如下表 6-1，從中可見本展的展區組成，企圖將歷史演變、地理分布與區域差異，匯融成一系列可感知的文本。較為突出的是，在各縣市展區之間，基本上均用較柔和的布幔隔開，突出在差異中具有共通性的族群意象。如表 6-1 中可發現，由多種靜態與動態展示手法形成的臺灣館，由於感官內容與文本多重，某個程度構成了廖世璋（2017：170-171）所界定之展覽「劇場化」，亦即透過展覽活動、視覺設計、空間設計、導覽設備、展區及主題分區等構成要素，令展示具備較高之表演性，如同劇場般充滿符號及象徵。

表 6-1　臺灣館各展區主題及其展示構成

編號	展區主題		策展單位	主要之展示構成模式
1	主展區 A（入口處）	適應臺灣	柏成設計	本展區以「天頂苳拱」為主意象，企圖涵蓋客家文化傳統及其現代演變，指涉客家族群在臺灣之本土化歷程。在手法上，以靜態展示手法為基礎，嘗試融合影像、裝置、物體、聲光等展覽技術。
2		豐富臺灣	柏成設計	本展區企圖呈現客家族群對臺灣的貢獻，以及在臺灣社會變遷過程中的關鍵角色。在手法上，以紙張堆疊的裝置藝術為主體，將文字、投影、圖文輸出等物件融入，但整體仍偏於靜態。

編號	展區主題		策展單位	主要之展示構成模式
3		共享臺灣	柏成設計	本展區以迴轉吧檯的量體為核心，彷彿在邀請觀者共同品味，當代客家族群在教育、文創、地方創生等領域的拓展。在手法上偏向於靜態呈現，並以光線元素統整展區氛圍。
4	主展區 B（出口處）		柏成設計	本展區嘗試以兒童遊戲的方式，指涉客語傳承和客家想像的議題。在手法上，以積木物件為核心，並以客家生活輸出圖像和客語機器人等元素為配搭。
5	都會客家	臺北市展區	黎歐創意	主題為「發聲・發生」，以長幅圖卷為核心，指涉客家鄉親遷徙、扎根北市的過程。在手法上，以裝置、物體、影像為主，結合文字、輸出和音頻等元素。
6		新北市展區	無有設計	主題為「客之繹術」，以臺鐵月臺意象為核心，指涉客家族群移居新北市的演變過程，以及客家與其他族群的互動。在手法上，以裝置、新媒體與數位互動媒介為主體，配合文字、圖文輸出等內容。
7	臺三線	桃園市展區	偶然設計	主題為「客家無限之詩」，企圖呈現本市之地理與水系，並以客家詩詞作為展出內容之連結點。在手法上，以大型投影及互動媒介為主體，結合物體、文字、圖像等元素。
8		新竹縣展區	偶然設計	以「信念匯聚之地」為主題，企圖以展區中心的塔型構建，指涉該縣客家文化和產業相互匯流、凝聚的意象。在手法上，以裝置藝術為中心，融合物體、圖文輸出、文件等內容。
9		新竹市展區	偶然設計	主題為「客家煉金術」，指涉該市產業發展與客家人群體間的連結。在手法上，以影音投影作品為核心，結合量體空間中之光影、聲音和文字等元素。
10		苗栗縣展區	雙象文創有限公司	主題為「山項・尋」，企圖呈現該縣位於山區與丘陵地帶所形成之客家特色產業，以及較突出之藝文與工藝成就。在手法上，以靜態展示為主，配合文字、實物、影像、互動媒介等元素。

編號	展區主題		策展單位	主要之展示構成模式
11		臺中市展區	樸實創意	以「沐山之客——沐浴山林豐饒生態的山城客家」為主題，呈現自然和宗教對客家聚落的深刻影響。在手法上，以裝置為核心，結合實物（水）、影像、圖文、文獻等元素。
12	獨立縣市	南投縣展區	七頂創意	以「客中有客・南投好客氣」為主題，述說客家精神與該縣地震重建（921大地震）、特色產業復興的關聯敘事。在手法上以裝置、物體、投影、數位互動媒介為主，以圖文、視覺展板、實物展示為輔。
13		雲林縣展區	樸實創意	主題為「覓覓詔安——百年文化釀造的神秘詔安風味」，展示雲林之詔安客文化，包括客家工藝、美食和特色產業等內涵。在手法上，以文物和物件、圖文的靜態呈現為主，融合影像、聲音等新媒體媒介。
14		臺南市展區	樸實創意	以「臺南四百・客與同行——府城四百年潛藏客家」為主題，企圖呈現該市隱藏的客家人身影。在手法上，以影像、裝置和聲音為核心，結合圖文、物件等靜態元素。
15	六堆	高雄市展區	嶺東科技大學、伊德設計	主題為「觸動未來客」，藉由1736、1992、2023三個時間點，描述六堆精神從過去到現代的面貌，既有傳承、亦有創新。在手法上，以裝置、影像、燈箱為核心，結合文字、物件、實物等內容。
16		屏東縣展區	朱志康空間規劃	主題為「聚域六堆之客」，企圖詩歌般地展示六堆客庄的歷史演變和產業轉型。在手法上，以稻浪氣球裝置為主體，結合影像、文字和光線等元素。
17	臺九線	花蓮縣展區	當若科技藝術	主題為「洄瀾縱谷好客」，內容描述客家先民播遷花蓮的歷程，令觀者彷彿目睹「二次移民」的場景。手法上，以立面、曲面大型螢幕為核心，再現花蓮的山水地景意象，結合圖文、影像等輔助元素。
18		臺東縣展區	綠地創意設計	主題為「客家・原鄉・新故鄉」，呈現客家與原住民之間文化交融的內涵及意象。手法上，以裝置、物體、新媒體為主，結合文字、圖像和影像等。

資料來源：微笑臺灣編輯室（2023）、臺灣設計研究院（2023a, 2023b）。

本研究製表

二、新、舊展示手法的結合

　　2023 年之世客博臺灣館除重視展覽空間分區外，亦重視結合新、舊展示手法。所謂「新展示手法」，泛指新概念、新技術、新模式在展覽中的應用，包括對博物館的實體物件展示詮釋更客觀、大量運用裝置藝術、多媒體應用、數位影像、電腦等，使得展示風貌發生演變。相對之，所謂「舊展示手法」，則主要指涉傳統的、物件為主的、靜態的展示模式（耿鳳英，2006）。鄭惠英（1993）亦曾論及，展示不應只是提供觀者知識性資料，也應考量觀眾的情緒及生理層面，設法引發觀眾的關注和共鳴。若由靜態／動態、單向／雙向、重視傳達知識／重視觀者經驗等面向切入，新、舊展示手法在呈現方式、技術應用和觀眾參與上，存在著明顯差異。然而，此二種展示手法的結合，在當代展示設計中有其必要。如同 McKenna-Cress 和 Kamien（2019）曾論及，好的展覽必須有效傳遞真實感，亦即使觀者透過觀看展品連結至背後之「真實故事」，從而引發體驗和情感。為達成此一核心目標，必須靈活運用如真實物件、空間場域、真實體驗、沉浸式環境，以及能引發更多真實情感的多樣化內容物（McKenna-Cress & Kamien, 2019: 152-155）。準此，為求達到此種良好狀況和目標，新、舊展示手法的結合將是更為適切的策略，裨益觀者獲得更深刻或多元之體驗。

　　根據上述表 6-1 之彙整，新、舊展示手法在臺灣館均獲得應用，顯然在策展與展覽設計上認可此一結合的效益。具體觀之，在「舊展示手法」的範疇，包括靜態展示、文物陳列、視覺呈現等方式交錯運用；在「新展示手法」上，則包括裝置藝術展示、多媒體展示、數位化呈現、實境重現、社群參與等 5 種主要模式。透過新、舊結合的展示手法，臺灣館給予觀者較為多樣性之觀展體驗。

（一）舊展示手法

隨著科技的進步和社會的變遷，展覽的形式和手法也在不斷演變。其中，舊展示手法仍發揮著不可或缺的作用。首先，它們較能夠有效引導觀眾的注意力，幫助觀眾聚焦於核心內容。其次，其呈現方式通常具有較高的實現性，得以應用在不同的展區空間中。隨著展覽形式的多樣化，舊展示手法的靈活應用，將有助於特定文化內容的傳播與交流。是故，在臺灣館展中舊展示手法仍頻繁與新展示手法相互整合，企圖創造出更易於理解且具吸引力的展覽體驗。以下，本文乃對主要的舊展示手法進行分析。

1. 靜態展示

傳統展示方式主要是靜態的、偏重單向敘述的，通常使用展板、展示櫃等固定展示器具，用以展示文物、圖片和文字資料等。進一步界定，靜態展示主要指不需觀眾互動的展覽形式，包括展架、展板、展櫃、展臺、物件、模型、複製品、人為裝飾物及其他展示物品。靜態展示在臺灣館中的應用，不僅能夠展示客家的傳統工藝、民俗文化和歷史背景，還能夠強調客家人的生活方式和價值觀。

2. 文物陳列

以文物、藝術品、工藝品等實物為主要展示對象，展示著客家文化的歷史特色和發展沿革。例如客家傳統藝術和工藝品如客家花布、剪紙和陶瓷等，均屬於文物陳列的範疇。此一展示手法不僅展示了客家人的創造力，也反映其生活方式和美學觀念。

3. 視覺呈現

主要依賴於平面和文字的展示方式，著重於文字解說和圖片展示，較少運用多媒體技術。此類展示手法主要呈現客家文化相關之圖文資

料，有助於觀眾瞭解客家族群的歷史發展脈絡。圖文並陳之視覺呈現，能夠較有效傳遞展覽訊息，包括展品介紹、文化背景和歷史典故等。同時，良好的圖文設計更能吸引觀眾的注視。

圖 6-1　新竹縣展區展示祭祀使用之器具（局部）
（本研究拍攝）

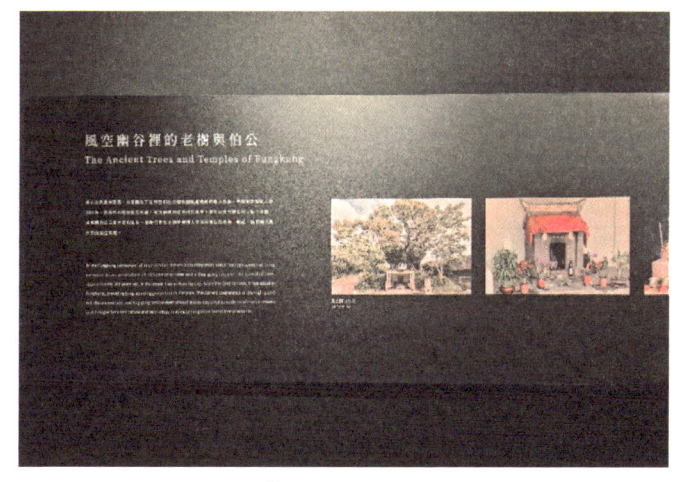

圖 6-2　新竹縣展區「風空幽谷裡的老樹與伯公」展板
（本研究拍攝）

（二）新展示手法

　　新展示手法的出現，特別是裝置藝術、多媒體、互動媒介、社交媒體等技術的應用，為當代展覽的策劃和呈現提供了更多元的可能性。裝置藝術手法是一種以空間為基礎的展示形式，通常涉及物件的組合與環境的創造。通過改變空間的佈局或使用有意義的物理材料，促使觀眾深入思考展覽內容與主題。多媒體藝術手法則結合了視覺、聽覺及其他感官元素，創造出一種較跨界的觀展體驗。其優點在於能夠打破傳統藝術形式的界限，從而提供更豐富的文化內容和價值表達。互動媒介手法則旨在運用數位化、虛擬現實及擴增實境等新興技術，創造展示物與觀眾間更直接的互動聯繫和即時反饋，讓觀眾的行為更直接影響內容的呈現。至於社交媒體手法則是基於網際網路的互動平台，允許觀眾創建、分享和交流觀展體驗。通過社交媒體平台，展覽方可以快速而有效地傳遞展覽訊息，同時促進觀眾與展覽之間的互動、交流，增強觀眾的參與感和關注程度。在臺灣館裡，新展示手法的大量運用扮演著突出角色。以下，乃針對臺灣館涉及之主要新展示手法進行闡述。

1. 裝置藝術展示

　　裝置藝術展示通常是指利用特定的空間進行藝術創作的展覽形式，它結合了多種藝術元素，創造一種沉浸式的觀賞經驗。這種展示不侷限於傳統的靜態物件，而是突破常規，依據展覽空間的特點和環境，設計具有互動性和體驗性的作品，將空間本身和觀眾的參與作為作品的一部分。例如，新竹市《質變發生的場所》裝置藝術作品，利用動態燈光和影像，結合空間中特定的聲響效果，創造出一個夢幻般的環境，引導觀眾進入客家歷史的想像世界。再如高雄市展區，亦以裝置藝術方式呈現，將物件、燈光、文字、聲音等相互結合。

2. 多媒體展示

利用現代科技，如影像、音響、互動裝置等，呈現客家文化的各個方面，使觀眾能夠以多種感官來感受文化。如桃園市展區的「互動陂塘區」，巧妙地結合當地著名的「千塘之城」特色，融合了文化與科技，創造了一個互動式展示空間（臺灣設計研究院，2023b）。這裡，訪客可以挑選他們喜愛的客家詩篇，並將其映射於周遭自然環境中，透過這種方式，不僅增強了參觀者的參與感和體驗感，也讓人們深入瞭解桃園豐富的水域與客家文化。此種互動性和沉浸式的展示手法，為展覽空間注入了生動的活力。

3. 數位化呈現

利用數位化技術，展示客家文化的內容，如網絡資料庫、數位文獻等，使展示更加便捷和豐富。如新北市展區的《共樂、共好客家》一作，通過人物影像敘述來傳達客家人的個人故事，採用數位方式展示並提供座椅，讓參觀者有如親身參與一場場故事分享會，增進觀眾對客家文化個人經歷的共鳴和理解。再如臺北市展區之作品《我的房間 WOMAN'S VOICE》，亦將物體裝置與數位化呈現相互結合，突出都會女性客家的主體意識（臺北市客家文化主題公園，2024）。

4. 實境重現

通過模擬客家傳統生活場景或建築，讓觀眾身臨其境地感受客家文化的真實性和生動性。例如臺東縣展區巧妙運用了大量的月桃葉和藤編材料，佈置綠色植物，營造出一個既展示原住民，也展示客家文化共生的寧靜景致。這種設計不僅體現了對自然材料的利用，也象徵著原住民與客家文化間的和諧共處，提供了一個沉浸式的體驗空間，讓參觀者能感受到不同文化間的相互尊重與融合。

5. 社群參與

利用社交媒體等平台，鼓勵觀眾參與展覽，分享觀點和感受，擴大展覽的影響力和參與度。例如苗栗縣展區《山頂‧尋》，除呈現本地陶藝、木雕、文學、戲曲等的客家人文事物外，亦將丘陵地形之意象納入展示設計中。同時，展覽期間配合本展行銷，參觀者於苗栗縣展區中打卡標註 Facebook「貓裏藝文」，或以 Instagram 貼文「苗栗玩透透」等，即可獲得文旅優待券，讓民眾持續探索苗栗（苗栗縣政府，2023）。

（三）展示技術選擇與客家文化呈現

Schein（1992）曾將組織文化構成的三要素，區分為：人工製品（artifacts）、信奉的價值（espoused value）、基本潛藏的假設（basic underlying assumption）。此一區分呈現階層化，最上層乃人造製品、中間層為信奉的價值，最底層是基本潛藏的假設。人造製品最易觀察，集體所信奉的價值則構成群體的特定精神面貌，基本潛藏的假設則持續演化為制度（如圖 6-3 所示）。據此，本文應用 Schein 的組織文化三要素理論，將客家族群文化的分層，概分為「器物」（物質文化）、「精神」（文化價值）及「制度」（社會組織）等層面，據以分析臺灣館如何透過展示技術的選擇和安排，呈現客家文化。在客家族群文化的展示中，選擇適合的技術將能更有效地傳遞其精髓。

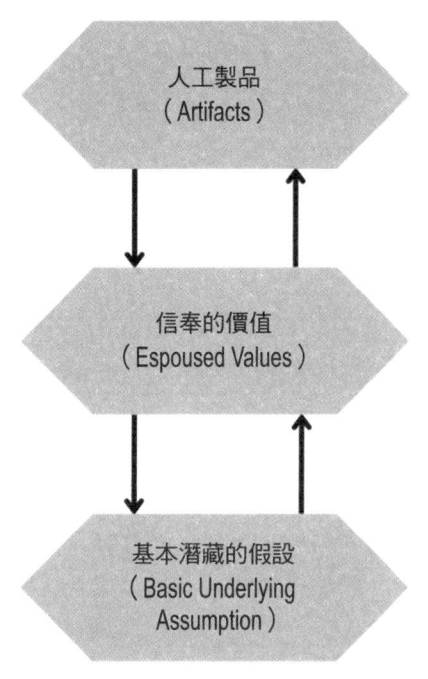

圖 6-3　Schein 之組織文化構成要素
（本研究繪製）

1. 器物（物質文化）

　　客家文化的器物層面，包括了各種傳統工藝品、生活用品以及建築物等。這些器物承載著客家人的歷史、生活方式和價值觀念。例如，客家人善於利用土地資源，發展出獨具特色的建築風格、生活用品及發展產業，展現了務實、節儉的生活態度。以下列舉部分於臺灣館展出之器物及內容，與其相應之展區位置（如表 6-2）。

表 6-2　有關臺灣客家器物之展示內容示意

編號	展區位置	內容說明
1	苗栗縣展區	苗栗縣展區之陶藝、木器等藝術展示,不僅顯現出苗栗縣對於器物製造與使用上的卓越技藝,也展現出對於藝術層次的要求。
2	雲林縣展區	雲林縣展區透過客家家宴的呈現方式,展現文化創意與在地食材的結合商品。
3	臺東縣展區	臺東縣展區整體以月桃編織的元素進行佈置,說明原住民與客家交融的文化風格。
4	新竹縣展區	新竹縣展區展示製茶器具及其衍伸產品,以連貫的方式呈現出茶產業於新竹縣的客家文化之重要性及脈絡。
5	主展區 A	主展區 A 以圓形茅屋設計,展現出客家族群早期的建築型態及以群為居的文化氛圍。

本研究製表

　　客家器物透過生活用品、建築和產業等,反映了客家人勤勞與節儉的生活哲學及其獨特風格。這些器物不僅具備實用性,更蘊含深厚的文化和歷史價值,成為理解客家文化的關鍵。隨著歷史的演變,這些物質文化也見證了客家社群如何在不同時期適應變遷,從而反映出客家文化的動態發展與時代精神的交織。

2. 精神（文化價值）

　　客家精神是指客家人在生活中所秉持的價值觀念、信仰和行為準則,是客家文化的核心。客家文化的精神包括了對家族、傳統和社區的尊重、忠誠以及勤勉、節儉的價值觀念。此外,客家人重視家庭和睦、互助合作,注重教育和孝道,尊重長輩,重視傳統文化的傳承和保護。整體而言,客家文化的精神貫穿於日常生活的各方面,體現了對人與自然、人與社會相互關係之重視。以下列舉部分於臺灣館中有關臺灣客家精神之展示內容,及其相應之展區位置（如表 6-3）。

表 6-3　有關臺灣客家精神之展示內容示意

編號	展區位置	內容說明
1	臺北市展區	臺北市展區之作品《買一把幸福》展示北漂客家人的生活狀態，及其堅韌不懈、重視家庭的內在精神。
2	苗栗縣展區	苗栗展區中呈現之客籍作家詹冰的作品，表現出客家族群重視人文傳承的精神。
3	臺北市展區	臺北展區中之作品《客家文本 IP 採集》，透過表述客語如何被轉譯為繪本、動畫、音樂、影像媒介的內容，呈現客家文化歷久彌新的生命力和價值。
4	南投縣展區	南投展區中展示客家農民於 921 地震災後發現的，唯一存活的咖啡幼苗，並以此為契機，發展當地咖啡產業的故事。此部分展現了客家人面對逆境時堅韌不拔的精神，如何透過不懈的努力，將一顆小小的幼苗培育成茁壯的產業，反映出客家文化中的硬頸精神。

本研究製表

　　客家精神透過勤奮、節儉、勇敢、團結和孝順等美德，使客家文化的傳統內涵獲得體現和延續。這些核心價值觀不僅塑造了客家人的日常生活和社會互動，也成為了客家社區內部凝聚力和對外展示文化特色的重要基石。這種精神傳承為客家人在面對挑戰時提供了動力和指引，並促進了文化的持續發展與創新。

3. 制度（社會組織）

　　客家文化的制度體現在社會組織、家族規範和價值體系中。客家社會常常以家族為單位，形成了穩固的家族網絡，重視家族的團結和共同利益，用以維護社會秩序和家族的榮譽。此外，客家社會也重視共同體意識和集體行動，通過互助組織和社區組織等制度，促進社會進步並維護自身權利。簡言之，客家文化的制度層，在傳統部分體現於鄉里組織和家族網絡中。在現代部分，則發展成為共同體意識與集體社會行動，形成了臺灣客家之平權機構和運動，以及劉堉珊（2018）所稱之「族群

身分制度化」過程。以下乃列舉部分於臺灣館中有關臺灣客家社會組織與平權運動之內容，及其相應的展區位置（如表 6-4）。

表 6-4　有關臺灣客家制度與平權運動之展示內容示意

編號	展區位置	內容說明
1	臺北市展區	臺北市展區之《同鄉會》，說明 1950 年代後遷徙至都會區之客家人，如何與來自相同故鄉的客家人組成同鄉會，互相照顧、彼此扶持。
2	主展區 A	「連結世代的客家建築」之靜態展示，透過文字說明在各地客家人常以族群、家族為中心，發展成緊密之集群村落。
3	臺中市展區	臺中市展區《沐山之客》以大茅埔聚落為核心，表述在大甲溪茅埔地區，客家先民以龍神信仰為中心，建立了一套完整的生態系統。以廟宇與水圳為核心組成部分，逐步形成兼具農業、宗教、防禦等功能之客家傳統聚落。
5	主展區 A	「還我母語運動」之展出內容，不僅展現了客家人對當時社會狀況的不滿，更彰顯其團結一致、抵抗不公的決心。這場運動凸顯了客家社群對保護語言遺產和確立文化身分的堅定追求，從而演變為客家族群權利不斷發展的當代狀況。

本研究製表

臺灣的客家族群擁有悠久的歷史和獨特的文化，然而，在現代社會中亦面臨著多重挑戰，包括文化認同的流失等等。客家運動的興起不僅是對這些挑戰的回應，也是對客家傳統價值的重新認識與肯定。由族群及文化認同的重建出發，客家族群不僅保存了自身的文化遺產，還增強了自身族群的凝聚力。根基於傳統家族網絡，臺灣客家族群運動走向社會、追求進步性，不僅落實為對自身文化的保護與重建，更關切族群平權和文化多樣性的促進。

第三節　展示手法之整合詮釋

　　臺灣的客家文化不僅豐富多元，還深植於本土的社會與歷史中。客家人通過其獨特的文化呈現，展現了一種獨到的文化韌性和創新精神。這種文化的多樣性和創造力不斷豐富著臺灣的文化景觀，使其成為臺灣最具活力的文化交匯點之一。由此進行詮釋，我們可透過兩大部分來評價臺灣館展示手法的效益：其一，本展作為整體，對臺灣客家經驗相關展示方式的創新嘗試是否發揮作用？其二，則是展示手法與臺灣客家文化多樣性敘事間的辯證關係是否合宜？

一、展示效益的分析與評估

　　採用某種展示手法與否，必然要考慮到其成本與效益。那麼如何評估採用某一個展示手法的效益呢？由於這是客家族群的博覽會，因此就必須要用展覽的源起與目標來評估，更根本的就是「客家的主體性」，否則就是將手段變成了目的的不當作為。

（一）展示手法與客家主體性間的平衡

　　1980 年代起，各種關於客家特質的展現與論述（如透過食、衣、禮儀節慶等物質器具與生活特色的展示與詮釋），已在許多公共場域中出現（劉堉珊、張維安，2015）。在臺灣透過地方文化館等政策，使包括客家族群在內之多元文化均得以透過展示與保存機制，展現在眾人眼前，從實現多層次文化治理的角度而言，此趨勢是一令人肯定的現象（林玟伶，2013）。然而在展示方式與如何適切表述多元族群文化內容兩者間，仍須進行有效平衡。為面對此一問題，包容更大的詮釋空間，可

發現臺灣館在表述臺灣客家族群之歷史、現狀、與發展上，普遍採用新、舊展示手法整合的呈現方式。如花蓮縣展區《洄瀾縱谷好客》，將文字敘述、圖文設計與影音媒介、數位化呈現等結合，企圖透過沈浸式環場投影，讓觀者體驗客家族群移民花東的過程。而在臺南市展區《臺南400・客與同行──府城四百年潛藏客》則以動態影像為主軸，結合歷史文本和文獻考證，企圖呈現該地區百工百業中之「隱客」身影。

　　由臺灣館的展示經驗歸納，我們應當優先認識到，「族群性」不應被過度標準化，從而減損文化本身的豐富性與價值。展示手法和對客家文化深度呈現應被並重。尤其應以後者為根本，方能凸顯臺灣客家族群的主體性。好的展示手法應該能夠清晰地傳達訊息，吸引觀眾的注意力；有一清晰的敘事結構，與觀眾進行互動；具有創新性和獨特性，最終讓臺灣客家的主體意象走入觀者心中，增強觀眾的參與感和情感共鳴。易言之，展示手法的組織和規劃扮演著重要角色，但其過度使用可能會導致展示內容的本質被掩蓋，使觀者僅見展示而未充分掌握訊息。由此衡量，臺灣館之部分展區確實在追求展示手法的創新之際，使其欲傳達的核心訊息反而變得模糊。

（二）展示形成之客家文化指涉

　　透過世客博臺灣館，某種程度上達到了客家經驗展示創新的目標。而在文化內容與展覽效果間的平衡上，本次展覽也基本觸及了下列指涉。

1. 文化融合與多元性

　　在臺灣社會中，客家文化與其他族群的文化互相影響、交流，共同促進了臺灣多元文化的發展。如同因應不同地方特色而生的客家族群，

有著當地的風土民情。在展覽中充分體現出客家族群與他者之間的融合，於臺九線——花蓮、臺東展區中的「二次移民」主題，深刻呈現了文化融合與多元性的風貌，透過講述客家先民如何調適與發展，結合當地文化元素與外來文化，促使新的文化形態誕生。此敘事強調了客家社群在這些地區如何積極融入並創新，展現了文化交流與創新的動態過程。

圖 6-4　以曲線螢幕呈現花蓮客家移民曾經的山水地景，令參觀者猶如親臨遷徙場景及時光之旅中。

（本研究拍攝）

2. 傳統價值觀念的傳達

臺灣客家重視家族觀念、勤儉節約、孝道傳統等價值觀念，對社會生活和人倫關係有著深遠的影響。這些傳統價值觀念在現代社會仍然具

有重要的意義，體現了臺灣客家人的精神品格和文化底蘊。而臺灣館的展覽貫穿了客家傳統價值觀的主題，不論是在各個展區的展示物、精神象徵或是制度安排上，均試圖清晰呈現客家文化的價值體現。此一呈現方式，讓參觀者較能從多個角度深入理解客家的傳統與現代生活之間的連結。

3. 文化創新與發展

臺灣客家文化不僅保持著傳統的特色，還不斷進行著創新和發展。在現代社會，客家文化與科技、藝術等領域，進行著多方面的交流與融合，推動了客家文化的現代化和國際化。如同展示中，大臺北地區客家人早已經脫離了原本在鄉村的傳統，因著經濟發展進入資本主義體系的社會生活圈，融合客家精神並展現了其有別於鄉村地區的特質，具有引領潮流的能力。他們以客家精神為基石，啟發了一系列的創新與變革，打造出具有深厚文化底蘊的「客家都會生活」。例如臺北市展區以臺北地標建築 101 為意象，以客家文字敘述融合其中，敘述客家在臺北的生活大小事。另以投影插畫的方式呈現，北漂打拼的客家族群，以自己的方式融入了現代都會生活，同時保留著對傳統文化的尊重和熱愛。

4. 族群認同與社會融合

客家人在臺灣社會中具有重要的地位和影響力，積極參與社會建設和文化活動，為臺灣的發展和進步做出了重要貢獻。同時，客家文化也是臺灣社會多元文化的重要組成部分，促進了不同族群之間的和諧與融合。在展覽中，透過身分認同的問題和名人的分享，不斷激勵參觀者在參與過程中，思考自己對客家文化的看法。如展場入口處設置之系列氣球裝置，上面用文字提出了「誰是客家人？」、「臺灣有多少客家人？」等問題，引發參觀者對這些問題的初步好奇與關注。

二、客家族群展示之創新實踐及其反思

　　如前所述，臺灣館既有臺灣客家文化展示的歷史脈絡，但除了繼承之外，亦須展現創新之處。目前，可以發現臺灣館在表述歷史、現狀、發展與進步性上，均脫離了既有相關展示偏重之靜態展示取徑，改以跨媒材的整合化呈現方式，將文字、平面、實物、立體、影像、聲音、數位、虛擬實境、觀眾參與等媒介，有意識的納入展場當中。透過跨媒材的展示方法，融合更嚴謹的知識內容，再現臺灣客家經驗的歷史及社會存在，並非難以達成之任務。

　　跨媒材的展示方式，應可視為臺灣客家經驗整合化展示的主流創新方向，且透過臺灣館獲得確認。進一步說，臺灣館在展示方法的創新探索上，有意識的採用「跨媒介＋文化論述」相互結合的展覽模式。然而，本展在重視運用或開拓展示手法之際，亦應更加重與客家族群論述間的深入結合。重視族群展示的特殊性，有意識地避免以展示取代內容。對此，本文建議或可至少採取以下措施對應之：（1）加強內容及主題的界說：在展覽中加入詳細、生動的解說，除介紹客家文化的背景、歷史和價值觀外，亦應對策劃主題有更清晰的闡明。（2）增加互動性：透過互動元素和環節的設計，包括觀者與媒介、觀者與文本，觀者與導覽者之互動等，讓觀者在交流啟迪中發現多元觀點。同時，導覽者的專業訓練亦應予以強化，從而能更好的扮演橋樑角色。（3）強調當代性及衝突面：在展覽中強調客家文化的現代性和發展，讓觀眾認識到客家文化的生命力及當下面臨的危機和衝突。

小結

　　臺灣館作為展示臺灣客家文化的盛會，確實透過較創新的展示手法，吸引更多的觀眾，讓他們擁有深入瞭解臺灣客家文化的機會。例如，臺灣館中多處利用實境建構等技術，觀眾可以較身臨其境地體驗客家聚落及其生活樣貌。其次，臺灣館不僅僅是一個展示臺灣客家文化的平台，同時也是一個促進文化交流和理解的機會。透過運用傳統與當代之展示手法，讓觀眾更全面瞭解臺灣客家文化的多樣性和獨特性。這種文化交流不僅能夠豐富觀眾的視野，同時也能夠促進不同文化之間的尊重和包容。

　　然而，我們也需要進行反省。在展示手法的選擇和設計中，作為族群類的大型策展，應該注重手法和內容的均衡。展示手法應該既能夠吸引觀眾，亦應尊重客家文化的特性和價值觀。策劃者應該避免過度感官化的展示手法，而是注重深入地挖掘客家文化的內涵和精髓。如臺灣館中，多處確實存在以裝置藝術或展示設計等方式，用以「填滿」展場空間的現象。此種作法，恐會造成內容退縮，從而令觀者錯置焦點。此外，劇場化的展覽空間，可能充滿過多符號和象徵物，反而容易造成觀者在認知上的「迷蹤」。而在整體空間分布上，應可於結尾設置「歸納」展覽觀看體驗的特定展區，幫助觀者掌握參觀內容，同時衍生更多層次的心得與想像。在臺灣館之入口處，亦較缺乏對策展計畫和核心內涵、取徑、理念的整體說明，從而令觀者無法在展覽起點便獲得較清晰的認識框架。

　　然而，世客博臺灣館展在客家族群策展上，確實邁出了關鍵的一步。後續應當在此基礎上，持續探索如何透過展示手法和策展技藝，更真切再現臺灣客家族群的主體性。以此為關鍵原則，持續拓展展示手法

與內容敘事清晰度、觀眾吸引力、結構完整度、互動性和創新性等範疇的關聯，相信將能有助於開拓出最適合之展覽方式，來呈現族群文化內容、促進文化平權、再現臺灣客家。

第三篇
世界館的定位、策展與世界客家意象建構的分析與檢討

蔡芬芳、林開忠、利亮時

世界客家博覽會雖號稱為「世界博覽會」，但其運作卻與行之有年的世界博覽會有所不同。19 世紀末到 20 世紀初出現在世界各地，由歐洲或日本殖民帝國所辦理的「博覽會」之一大特色是用以展示其殖民統治下的被殖民人群，尤其是殖民地的原住民，因而構成所謂「人類動物園」（human zoo）的惡名（Sánchez-Gómez, 2013），彰顯殖民帝國的強大與優越（吉見俊哉，2015）。經過時間的洗鍊，這類殖民博覽會廣受批判與討論。1928 年總共 31 個國家終於在法國巴黎簽署「國際展覽會公約」，並成立規範與管理世界博覽會活動，總部設於巴黎的專門國際組織「國際展覽局」（Bureau International des Expositions）。此公約明訂博覽會為「不論主題為何，主要意義在提供一個對公共大眾有教育價值的展覽場所，其內容可以包含人類之生活或歷史中人類致力於各領域的成果，或呈現人類未來展望等方面題材」（胡雪芳，2006）。自此，世界博覽會大多以明確展示主題呈現，其展示內容不再是殖民與被殖民的權力差異，取而代之的是富含教育意義，深入探索人類未來發展面向的展覽為主。在洗刷掉殖民帝國主義色彩後，世界博覽會變成是根據展示主題，邀請各國參與展出的方式來構成，這也是當今博覽會的主要特色。但於 2023 年舉行的世界客家博覽會，顧名思義是一場以客家作為一個族群的世界博覽會，實際的操作上並非以邀請世界各國的客家人參與展出，而是由臺灣客委會構思，官方出資，客家研究學者、政治與社會賢達擔任諮詢者，以及透過臺灣國內的展演產業來完成。所有的展出都在臺灣，由不同的臺灣團隊針對世界客家博覽會的設計、策展和展示內容進行規劃、諮詢和建置完成的。

在某種意義上，世客博具有世界博覽會的部分特徵，譬如它的功能具有教育意義，以及它展出的空間場館並非永久，其展覽具有時效性。在內容上，以本篇的研究主題世界館來說，其意圖展示世界其他地區／

國家的客家，符合世界博覽會的規模。世客博的出現，一方面可說是臺灣客家運動與客家知識建構的結果，另一方面則是臺灣在政策推動與資源挹注下，自許為全球客家文化的樞紐，由臺灣單方面策劃，其中世界館可謂體現從臺灣觀點出發、具有全球意義的客家族群展示。

正是由於世界館的展示對象包括了世界各地不同的客家人，在移動與定居各地之後的不同發展，因此展示的主軸設定為「在地與多元」。為了分析世界館的定位、展示內容及其世界客家意象，本研究欲透過以下議題進行探究：首先，針對世界館的內容是否真實與正確地表達了其主題：「在地與多元」，進行分析。其次，探討世界館所隱含的臺灣作為客家文化中心的意義；最後，則是以世界館內的各種展覽元素作為文本進行內容分析，以瞭解世界館所構建的世界客家意象如何？彼此之間的異同如何？強調或忽略了哪些元素？除了前述三個問題之外，我們亦需要檢視其展示手法，是否能夠呼應主題？在探討全球客家意象之前，本研究先以臺灣的海外客家研究或是海外的客家研究中的研究主題與內容瞭解研究的關懷與傳達的意象，以此作為透析展示世界客家意象的對話基礎，檢視展示是否符合主題「在地與多元」？再則，研究與展示中的客家意象是否能夠彼此呼應？

鑒於上述議題，本篇以世界館作為分析對象，檢視其定位、策展內容與世界客家意象建構。在第七章〈世界館展覽定位及世界客家的意涵〉中，先整理臺灣的海外客家研究以及國際學者的客家研究中的客家意象，以此作為檢視世界館中的世界客家意象為何的基礎，展示如何呈現「在地與多元」。最後則是探究研究與展示之間是否能夠互相接合抑或是有鴻溝？第八章則依照展區「序曲」、「世界客家」、「點亮世界」、「攜手前行」進行展示內容分析。第九章聚焦於展示手法與針對展示的優劣進行分析，最後提出建議。

第七章　世界館展覽定位及世界客家的意涵

　　在世客博世界客家館的展覽入口，可以看到「世界客家」[1]的主視覺「運用三角型及方型組合成『家』的意象，呼應客家文化在世界各地組織家庭、落地生根；並運用『家』作為基本圖形，不斷向外擴張及變化，延伸組合出不同的圖像，呼應客家文化在世界各地根生同源的意象！」以主視覺為展示內容的主軸，揭示客家移民如何在各地開枝散葉的歷史與在地化過程，呼應主題「在地與多元」。

　　然而，展示內容是否能夠呼應主題，則需要進一步檢視。如前所述，世客博的出現，客家研究學界在其中扮演重要角色，在本書第一篇也提到，世客博展示的客家文化論述、策展論述與展示架構皆由客家研究學者定調，因此筆者認為，若要析究展示與主題之關聯，首先需要盤點臺灣的海外客家研究以及國際學者的客家研究中的客家意象，以此作為檢視世界館中的世界客家意象為何的基礎。以此為考量的出發點在於世界館的展示是由臺灣學者專家團隊所策劃的，不可避免地帶有臺灣觀點，同時既有的研究亦是世界館展示內容的基礎，因此先從臺灣的海外

---

[1] 世客博中以「世界客家」指稱，因此本研究在行文中沿用此概念，然而，值得注意的是尚有其他類似稱呼，如「海外客家」、「全球客家」。前者以臺灣為出發點，因此在行文中，臺灣以外的客家研究，或相對於臺灣客家研究時，則以「海外客家」稱之；後者亦指世界各地客家，與「世界客家」意涵雷同，因此在本文中視為類似概念，交替使用。

客家研究著手。然而，不可忽略地，尚有非臺灣學者所進行的海外客家研究，也需要一併檢視，以獲致海外客家研究中客家意象一個較為完整的樣貌。其次，展示中的客家意象又是如何？如何呈現「在地與多元」，抑或是達到其主題，則需要與學術論述互相對話，方能釐清展示主軸與內容之間的關係。

第一節　客家研究中之全球客家意象

在討論臺灣客家研究中的海外客家研究之前，我們需要清楚認知到除了研究是構成此次世界館展示的重要基礎之外，不可忽略研究之所以能夠成形且發揮其影響力的背後實為臺灣的學術機構（客家學院、系所與研究中心）的設立、學術社群針對海外客家研究所進行的跨國合作、公部門與民間社團組織之間的網絡連結，這些皆對於臺灣所欲推動與建構的「世界客家」有所影響。

在展示中，與其他區域相較之下，東南亞客家資料最為詳盡，這是因為臺灣的海外客家研究中，以東南亞客家研究最多，尤其在臺灣客家研究知識體系建構之後，臺灣學者所進行的東南亞客家研究為海外客家研究累積了不少量能。更精確地說，東南亞客家研究構築了由臺灣客家研究者系統性進行的全球客家研究中的第一張也是範圍最廣的拼圖。如此圖像的出現，有其背後的學術社群與客家組織網絡間的運作，當然更重要的是，臺灣社會的客家運動及其政治制度是促成今日臺灣客家學術研究發展的關鍵要素。劉堉珊（2021）在〈臺灣客家研究中的東南亞視

野〉[2] 梳理了臺灣東南亞客家研究發展始末，她提出雖然臺灣自 1990 年代開始出現的東南亞研究與教學機構為臺灣東南亞客家研究提供萌芽的空間，

> 「但真正讓『東南亞客家研究』形成一個獨特研究範疇的關鍵力量，還是來自臺灣客家研究自身的發展，即，研究者有意識地將『客家』視為具有身分區辨意義（不論是從語言、祖籍地或是其他的文化特性）的論述與觀看角度。」（劉堉珊，2021：8）

劉堉珊（2021：9-10）認為「研討會」是瞭解臺灣東南亞客家研究的起點，因為研討會是研究議題開始以及醞釀的場域，而且學者可以藉此互相交流，同時也是不少研究計畫催生的場合。尤其是透過 90 年代末期的國際研討會，臺灣客家研究學者在臺灣客家運動與客家族群意識的影響下，以一種「發現」、「發掘」（海外）客家存在的使命感，看到東南亞客家的存在，且在研究方法與視角上皆具獨特性（劉堉珊，2021：11）。

此外，客委會從 2002 年開始舉辦兼具學術研討會與公部門公共政策發展性質的「全球客家文化會議」、臺灣公部門與民間社團組織積極以「全球」客家視野建立網絡相互交流、臺灣客家研究學者以「族群」的角度切入，學術機構的跨國合作之學術研究計畫的執行，這些皆促成了臺灣「東南亞客家研究」的發展（劉堉珊，2021：12-13）。

---

2 該篇文章原刊登於《民俗曲藝》（194：155-207），後收錄於張翰璧、蕭新煌主編（2021），《臺灣的海外客家研究》，頁 7-42，本研究在此引用 2021 年的資料。

劉堉珊（2021）的研究為臺灣東南亞客家研究的出現與開展勾勒出清晰的圖像，而臺灣客家學界近年來出版的專書更是提供相關研究方向的梗概，讓我們得以掌握東南亞客家研究關懷的區域範圍與議題。相關專書合輯分別是由張翰璧、蕭新煌主編（2021）的《臺灣的海外客家研究》、蕭新煌、張維安、張翰璧主編（2021）《海外客家研究的回顧與比較》。除了前述由臺灣客家研究學者主編的著作之外，值得注意的是，由臺灣客家研究學者張維安與日本學者河合洋尚所合編的《客家族群與全球現象——華僑華人在「南側地域」的離散與現況》（2020）則在研究範圍上從前述兩本主要聚焦的東南亞擴展到世界上其他客家人比例較高但目前較少研究的地區。

張翰璧、蕭新煌主編（2021）的《臺灣的海外客家研究》（表 7-1）是由臺灣、新加坡與馬來西亞學者發表在臺灣的學術刊物上有關東南亞客家的研究，研究的國家與區域以東南亞為主，包括新加坡、馬來西亞、印尼、泰國、印度與香港。在議題方面則包括檢視臺灣學界中東南亞客家研究的發展，研究發現相關主題多為族群與認同、宗教信仰、社群、人物，同時相當值得注意的是，東南亞學者與臺灣學者研究取徑與議題上的差異，前者偏好從歷史淵源切入，屬於「自在」客家，而後者則側重認同探究，可謂「自為」客家（劉堉珊，2021）。該書中收錄與認同有關的議題包括探究東南亞具有分層性質的客家認同以及外在結構限制，以及從馬來西亞客家青年探究跨國客家意識、泰國客家認同與內部差異。此外，談客家認同的角度可由國家脈絡（南洋客屬總會與新加坡）切入，抑或如從地方性（馬來西亞柔佛）理解。除了認同之外，對於客家或客屬的想像形成過程亦是值得注意的（香港）。從該書收錄的文章研究主題可歸納出欲瞭解東南亞客家的發展，無法忽略殖民統治的歷史、客家與國家的關係、當地的人群互動或是族群關係、與原鄉祖籍

地的連結、會社組織、幫權政治、領袖人物、跨國網絡,以及宗教信仰（華人民間信仰、基督教與伊斯蘭）與認同之間的關係。這本書的最後一篇則為針對《東南亞客家社團組織的網絡》進行的書評,意味著東南亞客家社團或是會館組織在海外客家研究中具有重要意義。

表 7-1 《臺灣的海外客家研究》研究區域與主題

作者	篇名	主題
劉堉珊	〈臺灣客家研究中的東南亞視野〉	回顧臺灣學界中東南亞客家研究的發展,主題多為族群與認同、宗教信仰、社群、人物。
蕭新煌、林開忠	〈The Formation and Limitation of Hakka Identity in Southeast Asia〉（東南亞客家認同的形成與侷限）	東南亞客家認同。
劉宏、張慧梅	〈原生性認同、祖籍地聯繫與跨國網絡的建構：二戰後新馬客家人與潮州人社群之比較研究〉	新馬客家與潮州人社群建立跨國網絡的差異。
林開忠、蕭新煌	〈Is There a Transnational Hakka Identity?: Examining Hakka Youth Ethnic Consciousness in Malaysia〉（跨國客家族群認同是否存在？檢視馬來西亞客家青年的族群意識）	馬來西亞客家青年的族群意識。
莊仁傑	〈國家與客家：新加坡與南洋客屬總會為例〉	從國家脈絡瞭解新加坡南洋客屬總會與新加坡客家認同。
安煥然	〈馬來西亞柔佛客家人的移殖及其族群認同探析〉	馬來西亞柔佛客家人的認同與原鄉祖籍地有關聯。
簡瑛欣	〈權威、中介與跨域：論星馬華人民間信仰的祖廟想像〉	星馬民間廟宇發展跨國信仰網絡,回到原鄉重構祖廟意識的想像。
張翰璧、張維安、利亮時	〈神的信仰、人的關係與社會的組織：檳城海珠嶼大伯公及其祭祀組織〉	從海珠嶼大伯公信仰探討族群互動、殖民國家統治基礎的轉變與當代樣貌。

作者	篇名	主題
黃賢強	〈國家、族群與客家紳商：以新馬兩地新式學校的創建為中心〉	從新馬學堂分析客家人與新馬華文教育與國家、族群的關係。
林開忠	〈砂拉越新堯灣周邊客籍華人與達雅族的異族通婚家庭〉	砂拉越新堯灣客家人與達雅族的通婚。
張曉威	〈甲必丹葉觀盛時代的吉隆坡客家幫權政治發展（1889-1902）〉	吉隆坡客家幫權政治的發展。
張維安、張容嘉	〈客家人的大伯公：蘭芳公司的羅芳伯及其事業〉	羅芳伯與蘭芳公司。
王俐容	〈泰國客家社會的形成與多樣性〉	泰國客家人的客家認同與內部差異。
潘美玲	〈印度加爾各答的客家移民〉	印度塔霸客家人從移民轉變為當地少數族群的過程。
蔡芬芳	〈From "Chinese Among the Chinese" to "Tong Ngin Who Convert to Islam": A Study of Hakka Muslims in Singkawang, West Kalimantan, Indonesia〉（從「華人中的華人」到「改信伊斯蘭教的『唐人』」：印尼西加里曼丹山口洋客家穆斯林之探究）	印尼西加里曼丹山口洋客家穆斯林「改宗」前後的認同變化。
陳麗華	〈香港客家想像機制的建立：1850-1950年代的香港基督教巴色會〉	香港客家與基督教巴色會與崇正總會之關係。
張容嘉	〈香港崇正總會與世界客屬想像〉	香港客屬總會與香港客家想像認同的形成。
黃信洋	〈評蕭新煌、張翰璧、張維安等編，2020，《東南亞客家社團組織的網絡》〉	評論專書內容。

本研究製表

　　與《臺灣的海外客家研究》同年出版的《海外客家研究的回顧與比較》（表7-2）則是由臺灣的客家研究年輕學者（助理教授、博士後與博士生）針對由國際或在地學者所進行或是累積之海外的客家研究進行

回顧與評述。在研究國家與區域上，較前一本書多了越南與法屬玻里尼西亞，而佔多數的馬來西亞，也從前一本書的西馬擴展到東馬——沙巴與砂拉越。在這些海外的客家研究中，首先發現學者大多先看到「華人」，後來從研究中看到「客家」概念，但有些學者是從一開始就明確以客家作為研究對象。在該書導論提到，對於如此現象，我們必須體認到「客家」與「華人」概念的「理念型」，依地區而不同，有的可能是包含性或等同性，因為某些地區的華人就是客家華人，而部分研究的對象雖是客家華人，然目的在於探究華人性，並非客家性。因此，海外客家華人的研究出現的脈絡經常是華人及其與周邊相關族群關係之中（蕭新煌、張維安、張翰璧，2021：17）。

各地「客家」意義不同，因此該書編者指出，「『客家』的概念必須回到不同社會的脈絡來瞭解，也需要通過比較分析的方式來認識。跨域視野的全球客家比較研究，向客家本質論者提出了嚴肅的挑戰。」（蕭新煌、張維安、張翰璧，2021：18）該書特別強調，不同區域的「客家」各有其指涉對象，如越南西堤客家幫並非全然皆由客家人組成，牙買加的華人絕大多數就是客家人，而大溪地華人雖有廣府人與客家人，但以當地通行語作為判斷依據，發現大溪地「華人」與「客家」可以畫上等號（蕭新煌、張維安、張翰璧，2021：18）。由客家與華人彼此之間的關係可以瞭解到世界客家之中，有些地方的客家人是學者認定的華人，他們通過客家研究來發現華人性（蕭新煌、張維安、張翰璧，2021：18）。有些地方則需要區辨客家與華人，例如印度塔壩（Tangra）客家便是在與當地社群隔離的情況下，反而保留了相當的客家認同（吳錦棋，2021：367）。該書編者認為，「海外客家研究的不同地點，對於『客家』的定義均有其獨特性，放在全球的比較架構中，方可進行『共通性』、『獨特性』的比較，跨區域的獨特客家特質之間的對話，當有助

於進一步思索何謂『客家』。」(蕭新煌、張維安、張翰璧，2021：18)

該書的研究主題，可說是上一本書中的臺灣學者進行海外客家研究的基礎，因此在議題上有雷同之處。首先與認同有關的是香港客家人與基督教認同、客家族群性格、星馬華人方言群認同、西馬北部吉蘭丹布賴客家人身分與認同、砂拉越華人認同轉變。除了認同之外，族群互動、關係與族內關係是瞭解客家華人的認同的關鍵切入視角。此外，其他議題尚包含宗教信仰、經濟與社會階級、跨國移動、親屬、家庭與企業關係、家族經濟模式與宗族與宗親組織。

表 7-2 《海外客家研究的回顧與比較》研究區域與主題

作者	篇名	主題
黃信洋	〈Nicole Constable 客家研究的回顧與再思〉	香港族群與宗教認同、客家族群性格。
張容嘉	〈海外華人研究與東南亞客家研究的對話與反思：以顏清湟著作為例〉	新馬華人史研究，透過客家與華人亞群研究，發現東南亞客家族群的社會文化特徵：客家會館的重要性。跨域跨時華人比較研究，以華人「在地化過程」和「華（客）人族內外族群關係」最具意義。從華人看客家。
羅曉嵐	〈麥留芳早期星馬華人方言群認同之研究〉	星馬華人方言群認同。在華人中看到客家。
楊忠龍	〈回望馬來西亞客家聚落研究：柯雪潤的布賴經驗及其影響〉	西馬北部吉蘭丹布賴客家人身分與認同。從一開始就看到客家。
陳琮淵	〈砂拉越客家研究的發展與特色：以房漢佳、田英成為例〉	客家社會變遷、從華人方言群的社會結構與幫派主義關注華人認同轉變與方言群彼此關係。
蕭宇佳	〈婆羅洲移民第三代筆下的砂拉越客家：以周丹尼著作為例〉	關注族群互動、族群關係與身分認同。

作者	篇名	主題
劉瑞超	〈學院與民間視角下的沙巴客家：黃子堅與張德來的本土書寫〉	沙巴客家社群的研究、客家基督徒。
劉堉珊	〈未被書寫的歷史：Mary Somers Heidhues 歷史民族誌對當代印尼客家研究的啟發〉	印尼西加里曼丹華人社群，並不具清晰的客家關懷。
任婕	〈G. William Skinner 的華人研究及其論點對客家研究的影響〉	泰國曼谷華人社群，從「語系集團」認識客家，並未針對客家進行研究。
張書銘	〈找尋越南客家：兼評阮玉詩的客家研究〉	阮玉詩研究客家族群宗教信仰。
吳錦棋	〈Ellen Oxfeld 的印度客家移民研究〉	加爾各答客家社群，研究對象設定為「海外華人」。客家人的經濟與社會階級、跨國移動、家庭與企業關係。
姜貞吟	〈客家親屬、宗族與宗親組織的形成：以 Anne-Christine Trémon 法屬玻里尼西亞研究為中心的討論〉	Anne-Christine Trémon 研究太平洋島嶼玻里尼西亞客家華人家庭、親屬、家族經濟模式、宗族與宗親組織。

本研究製表

除了前述兩本由臺灣學者主編的合輯之外，尚有張維安與日本學者河合洋尚所合編的《客家族群與全球現象——華僑華人在「南側地域」的離散與現況》(2020)（表 7-3）則將海外客家研究視角帶向較少關注的環印度洋、大洋洲、美洲。該書中特別強調，「南側地域」的客家人比例相當高，甚至比東南亞更高，但在過去既有研究中鮮少被注意，但也正是如此，該書許多章節會先介紹移民的歷史與過程，主要內容則由研究者的初步研究與田野調查結果構成，以較全面性的角度瞭解當地客家人，包括社團組織、宗族祠堂、學校教育、宗教信仰與儀式、經濟產業、語言使用、飲食等。有些則是較聚焦某個議題，如毛里求斯、加拿

大的社團組織、巴拿馬客家移民及文化發展狀況。此外，有些談到移民的跨國現象，如印度與北美、越南與澳大利亞、新喀里多尼亞和大溪地、牙買加與加拿大。這本著作與前述《海外客家研究的回顧與比較》的研究對象指稱一樣多為「華人」。如此現象再次地提醒我們海外客家研究中的「客家」與「華人」的關係，更重要的是，我們也因此而注意到「客家」的多義與多樣。

該書中的最後有兩篇值得注意的是由臺灣客家文化發展中心之臺灣客家文化館人員所撰寫，內容分別是介紹與分析臺灣客家文化館的海外客家研究展示與提出未來展望，以及為日本與臺灣客家展示提出構思。尤其是前者內容與本次世界館展示息息相關，其中談到的研究與展示並且加上本研究的補充，包括日本客家研究（2014）、中南美洲客家研究計畫（2016）、全球客家基礎資料建置計畫（2016）、北美洲客家研究（2017）、非洲客家研究計畫（2017）、海外客家展示前置研究規劃暨展覽腳本案（2021）。展示方面則有「全球館──勇闖他鄉──星馬客家」（2012）、「全球館──客居印泰──印尼、泰國客家特展」（2014）、「錫金歲月──客家馬來西亞錫礦展」（2018）、「川流不息──臺灣客家與日本國際展」（2020 年 8 月 12 日至 2022 年 4 月 30 日）、「客居南洋新加坡特展」（2021 年 3 月 1 日至 2022 年 6 月 30 日）、「客家與基督教相遇特展」（2021）。從上述已有的展示觀之，不難理解在世界館的展示中東南亞資料為何居多。當然，這些展示的基礎來自於臺灣學者所開始與推動的東南亞客家研究（劉堉珊，2021：8）。

表 7-3 《客家族群與全球現象——華僑華人在「南側地域」的離散與現況》研究區域與主題

作者	篇名	主題
潘美玲	〈印度加爾各答華人與客家研究議題評析〉	該篇文章回顧印度客家華人的研究之後，提出客家婦女議題以及後續研究議題與展望，包括加爾各答城市族裔地景、再移民、跨國族群經濟比較。
夏遠鳴	〈從僑居團體到國民團體——毛里求斯華人社團的變遷〉	社團組織的變化。
林文映、李劍諸	〈留尼旺客家的觀察記事〉	移民過程、宗族祠堂、同鄉會館與華文學校、關帝廟。
羅可群	〈澳大利亞的客家移民〉	移民歷史、客家社團、文化傳承。
芹澤知廣	〈從儂族華人的宗教設施看越南及其與澳洲之間關係〉	越南南部的儂族華人對華人宗教設施的捐款、社交網絡，以及從儂族華人的宗教設施看越南與澳大利亞的關係。
姜貞吟	〈法屬玻里尼西亞客家族群邊界與認同在地化〉	移民過程與認同轉變。
童元昭	〈在大溪地客家與唐人之間——由 Mandarin（華語）談起〉	從語言使用及語言變化討論認同。
張維安	〈大洋洲新喀里多尼亞客家觀察報告〉	新喀里多尼亞和大溪地華人之間的關係、從事行業、客家語言的使用、客家菜、當地客家文化信仰、族譜。
張容嘉、張翰璧	〈巴拿馬客家移民與文化發展〉	巴拿馬客家社會分析，包括族群認同與文化內涵、族群關係、客家語言使用、祖先崇拜以及族群意象。
柴田佳子	〈牙買加華人的語言與掛山儀式中的客家意識——跨越、（非）繼承、學習、創造〉	從客家話及華語的語言使用、學習以及掛山儀式討論牙買加華人的客家意識。
黃靭、黃柯霎娜、張福和	〈加拿大西海岸華人移民組織與身分認同——以溫哥華客屬崇正會和江夏黃氏宗親會為例〉	溫哥華客家宗親社團的功能。

作者	篇名	主題
河合洋尚	〈祕魯客家的初步報告〉	祕魯客家人的原鄉以及在當地的會館組織與宗教信仰。
賴郁晴、邱秀英、徐國峰	〈從海外客家研究談臺灣客家文化館的展示運用〉	介紹與分析臺灣客家文化館的海外客家研究展示與提出未來展望。
何金樑、洪登欽、徐芳智	〈日本與臺灣客家巡迴展構思〉	從日本對臺灣客家的影響、日本對臺灣客家的調查研究、日本客家社團構思日本與臺灣客家巡迴展。

本研究製表

第二節　族群展示中的世界客家意象：何以「在地與多元」？

　　客家人口自 1850 年代以後大量外移到世界各地，族群認同和集體的族群性，都與全球、區域、個別移入國的歷史息息相關，並受到移入國政治、經濟與社會互動的影響。既然是受到不同條件所形成，因此其具有動態性質，其中不只牽涉到近代國家形成，全球資本主義擴張下的殖民統治，也將客家族群捲入全球移動過程。

　　在此過程中，客家族群一開始作為客裔、然後成為客家人，再過幾代轉而成為當地人，也就是所謂的在地化，海外客家形成一個橫跨各個區域的族群整體。為了展現「客家性」多元性發展，勾勒出客家的整體圖像。

　　2023 年「世界客家博覽會」在桃園舉辦，以「Travel to Tomorrow」天光日個客家為主軸，展現客家人遷徙至世界各地，發展出融合客家與當地文化的多元面貌，期以結合桃園智慧城市特色，透過新科技與未來對話，從地方到世界、傳統到創新，打造臺灣成為世界客家文化交流新

平台。

　　世界客家博覽會在其展覽宗旨與目標[3]中明確指出客家人在19世紀中葉大規模向外遷移受到宏觀尺度的全球資本主義的影響，區域與所移入的國家之歷史發展亦對於客家人的移動產生作用。客家移民散佈全球之後，其發展以及在地社會位置、處境與在地周遭人群關係皆和移入國的政治、經濟與社會互動息息有關，此謂「在地」展現，而各地客家的發展則構成了全球整體客家「多元」樣貌。然而，「在地與多元」如何展示，透過哪些內容與議題呈現出全球客家的在地化過程與多元文化？

　　由於在上一節的海外客家研究專書內容主要是以國家或是地區為研究單位，而世界客家館中規模最大的「世界的客家」亦是如此分類，因此本節將以「世界的客家」作為分析對象，試圖從展示內容與議題勾勒出展示主軸「在地與多元」之輪廓。以下將依照8大區域、20個國家或地區的區分方式列出（表7-4）。

3　資料來源：「2023世界客家博覽會HAKKA EXPO」，https://www.hakkaexpo2023.tw/aboutHakkaExpo#02。讀取日期：2024年5月18日。

表 7-4　各國展示標題、內容與議題

一、東南亞：馬來西亞、印尼、新加坡、泰國、越南		
標題	展示內容	展示議題
馬來西亞：錫耀歲月	不一樣，客家（電視《客家人有名堂》EP53 馬來西亞）。 錫耀客家：產業、客家內部戰爭、英國殖民。 檳城客商，領袖群倫：領袖、海珠嶼大伯公。 砂拉越客家華工起義：劉善邦 VS 英國。 天國遺民出中國：巴色教會、沙巴。	錫礦開採 移民歷史與過程 人物 宗教信仰
新加坡：印太交會之島，客家華人新家國	印太交會之島：地理位置說明、樞紐。 異地求生，拉幫設館：會館、生計產業。 客屬社團與族群政治：南洋客屬總會。 德光島：客家聚落遺跡：德光島上有馬來人建立的彭亨村、華人移民有客家與潮州、廟宇、都會化、現為新兵訓練基地。	會館組織 生計 客家聚落遺跡
印尼：海外最大客家家園	海外最大客家家園：文字說明印尼地理位置、面積、島嶼與人口。 客居他鄉，淘金採錫：邦加島。 黃金傳奇蘭芳公司：一頁客家礦工海外自治的傳奇故事。 成為印度尼西亞人：1929 年，土生客家華人林群賢在泗水創辦印尼文《新直報》以及印尼華人與印尼關係。 山口洋，印尼阿婆家：蔡翠媚、山口洋與臺灣的連結、元宵節遊行。 印尼客家博物館：社團組織、客家博物館。	海外客家人最多 生計產業：移民採礦（金與錫） 人物 成為印尼公民 山口洋婚姻移民與臺灣 印尼客家發展

標題	展示內容	展示議題
泰國：泰華一家	貿易開放，迎來移民：移民過程。 泰國第二大商業銀行：梅縣人伍淼源一家四代。 以客為尊，經營有道：泰國客家總會始末、廟宇、學校。 泰南邊境，馬共基地：客家人從馬來西亞移入、馬共、泰馬合作。	泰國介紹 移民過程 銀行 會館 泰馬共黨
越南：倕在越南	劉永福助越抗法：歷史。 全村打大幡：同奈、宗教。 華人文化傳承聯盟：同奈「千華歌舞團」，和以龍獅團展演為主的「洪蔡堂龍獅團」。	歷史 宗教儀式 華人文化傳承

二、東亞：港、日

標題	展示內容	展示議題
香港：客家光影	客家光影，時代櫥窗：客家人移民到香港過程、新界客家、婦女服飾等。 天主教與陳家村：1866陳家聚落村民們受洗成為天主教教友村、教堂、學校、生計、現況。 巴色教會「發現」客家：客英大辭典。 新界客家聚落與文化遺產：歷史、歌曲、客家菜、女性服飾。	移民過程 宗教 聚落與文化遺產
日本：異國客家臺灣味	異國客家：甲午戰爭，臺灣割讓給日本，更多客家人從臺灣移民而去、客家移民具都會性格。 散居式移民：1895至1945年間，知識份子、沖繩也有農業移民、散居。 日本的客家社團：1919丘念台、戰後客家社團、1956東京崇正公會、1969日本崇正總會。 日本的臺灣客家之光：余家麟、余貴美子、謝珠榮。	臺灣移民 都會性格 不同階層、散居 客家社團 著名人物

三、南亞：印度

標題	展示內容	展示議題
印度：孤島客家	孤島客家：華人與印度政府之關係、以梅縣為主、未受印度語影響。 塘園伯公：1782 楊大釗、印度客家社群的重要精神象徵、人們並尊稱楊大釗為「塘園伯公」、開拓者變成神。 牛皮商機：牛皮加工業與客家人。 客家炒麵：客家與印度的混合。 多元信仰的客家：天主教、佛光山、廟宇、阿釗埔福德祠、培梅中學、梅光學校、關聖帝君、忠義堂、弘德醒獅團。 衝突下的客家記憶：中印衝突下的華人處境與地位。	歷史 宗教信仰 生計產業 飲食 在地關係與社會處境

四、非洲：模里西斯

標題	展示內容	展示議題
模里西斯：菁英輩出	從移工到企業經營：昔今變化，早期移民多為糖廠勞工或以經營雜貨為生，在熟悉當地社會文化及產業之後，乃轉向多元經營，分布在金融業、紡織業、建築業和物流業等。 遠近馳名的 ABC 銀行：從零售商到銀行。 說客語的銀行總裁：李基昌。 紡織大亨：胡水秀。 在非洲辦報：中華日報。 中華中學。 凝聚中山樓：當地客家聚會場所。 侯明明僑務委員。 曾繁星書寫客家史詩。 大家的客家餐廳。	從移工到企業經營：銀行、紡織 有成就的客家人 辦報 興學 組織 文學創作 經營餐廳

五、北美洲：美國		
標題	展示內容	展示議題
美國：獨一無二的美國加州客家庄	金礦開採與鐵路修建：移民歷史、臺灣移民。 國家史蹟客家庄：樂居鎮。 舊金山六山客家墓園。	移民歷史 聚落 墓園

六、加勒比海：古巴、牙買加、千里達－托巴哥		
標題	展示內容	展示議題
古巴：客家人參與兩次革命運動	豬仔的遭遇：移民歷史與悲慘過程。 拉丁美洲最古老的中國城：與當地女性通婚、和其他華人建中國城。 客家人參與古巴兩次革命運動：與在地關係、生活沒落。	移民歷史 聚落 客家人與當地關係
牙買加：客家人製作及推廣世界知名流行雷鬼音樂	唐鋪與總督：移民歷史、契約期滿後，客家人以經營雜貨店或餐館等為業，如「唐鋪」、與當地女性結婚。 雷鬼音樂的關鍵：客家人陳藍秋。 以詩集紀念：移民後代書寫。	歷史 生計 通婚 音樂 文學：移民後代書寫
千里達－托巴哥：產生一位客家總督	客家外交才子陳友仁。 客家總督何才：陳友仁與孫文關係、1962年，千里達獨立建國，客家土生第二代何才被英國委任為獨立後首任總督，為英國殖民地中第一位非白人總督。	人物：客家外交才子陳友仁、客家總督何才

七、南美洲：蓋亞那、蘇利南、秘魯、巴西、阿根廷		
標題	展示內容	展示議題
蓋亞那：客家契約工後裔成為總統	首任總統是客家人：英國與蓋亞那、客家人移民過程、1966年蓋亞那獨立建國後，鍾亞瑟被推為首任總統。	客家人從移工到開店到成為總統
蘇利南：出了一位客家總統和總理	客家人原鄉。 成立社團。 興學。 養老機構。 媒體。 陳亞先先後擔任總理與總統。	客家人原鄉來源 在地生活：社團、學校、養老機構、媒體 人物

標題	展示內容	展示議題
秘魯：從礦工到餐廳老闆	從移工到店舖老闆：1856-1873年契約期滿之後客家人或離開種植園，赴亞馬遜流域地區自行從事種植業，或在秘魯城市內經營餐館及雜貨店。 同陞會館。 來「chifa」吃炒飯：秘魯人就以西班牙語「chifa」稱作中餐館。	從移工到店舖老闆組織 移民對當地的飲食影響
巴西：來自臺灣的新臺客	茶農轉零售：1960年代，臺灣客家人開始移入巴西。其經營包括角仔店、雜貨店、餐館及提包業等。 角仔流行巴西：賣角仔。 這是早期移民巴西的第一代臺灣新臺客的生活記事。 一只「提包」走天下：新臺客初來巴西，多先以「提包業」維生。 客家親：客家鄉親在巴西發展。	生計 對當地飲食的影響 移民在當地的發展
阿根廷：來自臺灣美濃的新臺客	從美濃到阿根廷：美濃客家鄉親移民過程、因經濟危機再次移民到北美或回臺、在當地的生計活動。 展成紙業有限公司。	移民過程 生計
八、大洋洲：夏威夷、大溪地			

標題	展示內容	展示議題
大溪地：客家人推動海洋觀光與珍珠養殖教育	客家人移入大溪地：移民過程、在信仰與墓葬上服務所有在地華人的信義堂（Si Ni Tong），它的羅馬拼音也是採客語發音。客家人透過與ma'o'hi（毛利）人通婚及多元的互動，如圍桌打麻將等活動，與在地族群拉近關係。 客家人的黑珍珠。 拜關公、唱聖歌：信仰、與在地結合。	移民歷史 與在地關係 生計 宗教信仰
夏威夷：自由契約下的客家人	自由契約下的客家人：移民過程。 美國最古老的中國城：古今輝、檀香山。	移民歷史 聚落社群

本研究製表

綜合上述 8 大區域、20 國或地區的展示，在區域上以東南亞最多，包含 5 國——馬來西亞、印尼、泰國、新加坡、越南；東亞：港、日；南亞：印度。亞洲總共包含 8 國或地區，就內容的展示上，與其他區域相比，亞洲內容較為豐富。其次，數量居次者為南美洲國家——蓋亞那、蘇利南、秘魯、巴西、阿根廷，然而資料已逐漸稀薄。第三則為加勒比海的古巴、牙買加、千里達－托巴哥。在數量上位居第四者為大洋洲之夏威夷、大溪地。最後皆只有一個國家展示的則為北美洲的美國與非洲的模里西斯。就議題而言，基本上歸納出包括移民史、生計／經濟／產業／企業、政治／政治組織、社會組織、宗教、人物、建築／學校、通婚、文學／報章／影音／藝術、飲食。此一部分的詳細探討請參見本書第八章內容分析中的「從融合到獨特」。然而，值得注意的是，不論是區域或是議題皆可以呼應前一節提到的既有客家研究的成果，此外，亦如第一篇第三章〈族群博物館與族群博覽會〉所提到的，世客博之所以出現與臺灣已有的客家博物館展示所累積下來的量能息息相關，亦即臺灣客家已有族群展示的基礎。

　　參照臺灣已有的 27 間客家文物館的展示內容分析，發現展示內容所呈現出的客家文化記憶包括歷史、地理環境、性格、語言、飲食、服飾、婦女、建築、信仰、習俗、音樂、產業與其他（張翰璧、吳詩怡、蔡芬芳，2018：84）。因此，若在與臺灣的客家文物館展示內容比較之下，發現以下是世客博世界館展示中的突出之處：

1. 人物：由於客家移民到各地，初到之際，領袖人物的出現，有助於在當地國獲取資源以利生計，並且凝聚鄉親力量，例如羅芳伯、張弼士等。抑或是融入當地國家，成為現代國家領袖，例如鍾亞瑟、陳亞先。其他當代的著名人物則包括在當地知名企業家、銀行家、僑界領

袖、音樂人。人物的展出意味著客家移民在當地展有一席之地，並且融入主流社會、階級向上提升。此外，身為重要的政治人物更是展現客家從移民轉變為該國公民的深刻意義。

2. 在地關係：前述人物的展示揭示了客家移民與移入國的關係，然而，人物的出現與在地政治、經濟與社會環境有關。除了手上握有權力與資源的重要人物嶄露頭角之外，不可忽略的是更多的平民百姓會因為在地環境而受到壓迫，例如東南亞各國在二戰之後深怕共黨勢力深入，而打壓華人或是抑制其文化發展，或是印度華人因為中印衝突而成為受害者。當然，也有其他人與該國人民並肩奮鬥，例如在古巴參與革命。在地關係也展現在生計產業、居住形式（聚居或是散居）。

3. 會館、社團與宗教組織：19世紀中葉大規模向外移動的移民，在異鄉透過會館組織尋求安身之道，會館與社團發揮其社會功能，除了照顧移民的生活之外，亦負有文化傳承、凝聚客家鄉親的任務。與會館發揮同樣安頓身心的效果莫過於宗教信仰，不論是一般傳統民間信仰，或是基督教、天主教，對於移民皆有重要影響及其意義。需要注意的是，移民信仰的形成不一，有的是由原鄉帶入與其他華人共享（關公）、有的是祭拜開拓者，將人轉為神的展現（如海珠嶼大伯公廟、印度塘園伯公）、有的則與遷移過程有關（如沙巴基督教）。

4. 文化發展、藝文活動與文化記憶：移民體認到教育對於文化保存、發展、推廣有其貢獻，因此興學辦校，例如新加坡應新學校、模里西斯中華中學。當移民在移入國已有數個世代之後，對於自身客家文化的保存，開始有意識地進行，但如此發展會依照移民的時間、移出地區與移入國的環境有所差異。例如1960年代之後移至巴西的臺灣客家移民，透過組織、出版刊物《巴西客家親》、館舍興建維繫與促進客家文化發展，而在19世紀中葉大規模移民的印尼客家人則是在後蘇

哈托時期因改變華人政策，印尼客家社團也因為與臺灣接觸而更加刺激其客家意識的出現。此外，移民的後代透過藝文創作紀錄先祖的移民生活，例如漢娜・駱（Hannah Lowe）詩集《暴風日》。其他的文化發展不一定與客家有關，而是從整體華人角度出發，例如印尼文《新直報》、模里西斯所辦的《中華日報》。或是對於當地藝文發展有重要影響，例如推動牙買加雷鬼音樂的陳藍迪。

5. 與臺灣關係：在展示中的幾個國家以臺灣移出的移民為主，例如日本、巴西、阿根廷。移出時間不同，職業發展或從事的經濟活動亦有差異。如日本早在1895年開始有客家人前往日本，而巴西與阿根廷則為1960年代之後。到日本的移民職業上亦有區分，前往沖繩島的移民以農業為主，其他地區則多為教授、醫生，今日大多為專業人士。巴西移民從農轉商，阿根廷移民從一開始則為從商，值得注意的是，阿根廷移民多為美濃鄉親，有其移出地區的特殊性。與臺灣的關係不單單是由臺灣移出的客家移民構成，臺灣印尼的客家跨國通婚也串起了彼此關係。

第三節　研究與展示之對話？

> 假定客家性是一族群基質（ethnic matrix），跨區域與跨領域的比較研究，有助於理解客家性的特質，說明全球客家同基異型的社會脈絡，並整理出客家性的「純粹型」（pure type），以便處理客家類型複雜化的時空特質。（蕭新煌、張維安、張翰璧，2021：42）

從世界客家的展示中，由8區域20國或地區所囊括的展示內容，

可以看見展示的企圖，希冀提供觀者瞭解世界客家移向世界上不同地區之後的在地化過程與多元面貌，最終目標在於勾勒出清晰之客家全球圖像。如上述引言所揭示的意義，透過跨區域的比較，能夠找出屬於客家的「純粹型」，更重要的是從複雜的時空特質瞭解客家，從移出的時間、移出的原鄉、移出時的階級、移入國的政權性質、政治制度、經濟活動、社會環境與周邊互動人群關係皆會影響各地客家人在當地的境況。以客家的「純粹型」作為基礎，隨著移民在當地社會結構條件影響與自身具有的能動性之間的自我發展，在此過程中，客家性或增或減，與在地文化有所結合而產生新客家性。

因此，在上一節中，世界客家展示最值得注意之處在於移民的國際政治經濟脈絡、移民歷史與過程，還有移民在民族國家架構下與當地族群的關係。與此相關的是，移民在移入之初，需要奮鬥以在異鄉安身立命，因此特定人物有其重要性，會館組織提供許多功能，會館則連帶地設立學校、興建廟宇，再加上移民也因為在當地社會的發展而產生階級提升的現象，文化記憶則是移民的後代對於自己生命歷程反思的成果呈現。此外，有些國家的客家人為臺灣移民，因此在展示內容中會凸顯客家移民與臺灣的關係，或是臺灣印尼客家通婚而讓印尼與臺灣產生連結。

若就展示的國家或地區來說，基本上是既有海外客家研究的範圍（參閱表 7-1、7-2、7-3），除了留尼旺、澳大利亞、法屬玻里尼西亞、新喀里多尼亞、巴拿馬與加拿大之外，其餘的國家或地區皆包括在內。就議題上來說，大致上少有重疊，包含移民史、生計／經濟／產業／企業、政治／政治組織、社會組織、宗教、人物、建築／學校、通婚、文學／報章／影音／藝術、飲食。然而，展示與研究之間仍有無法跨越的鴻溝。分述如下：

一、「自在」客家與「自為」客家

前述提及，劉堉珊（2021）區分東南亞學者與臺灣東南亞客家研究的最主要的區分在於前者多以歷史淵源作為瞭解客家的視角，屬「自在」客家，而後者則關注認同研究，則為「自為」客家。雖然她以東南亞客家研究作為切入點，再加上不論在研究上或是展示上，東南亞客家確實所占篇幅最多，因此劉堉珊對於東南亞客家的觀察可適用在其他的客家地區上。再加上，在臺灣因為有客家社會運動，政府制定族群政策，給予客家族群制度性的回應，因此臺灣的客家族群與東南亞或是世界上其他地區的客家最大差異之處在於臺灣客家人不再只有「素樸的文化認同」，而具有「制度性的政治認同」[4]。此外，東南亞地區與世界上其他地區的客家人大多隱身於「華人」之內，這與臺灣有意識地以「客家」現身相當不同。然而，在展示中無法揭示「自在」客家與「自為」客家之差異，連帶地，鮮少提及在地客家人的認同轉變，但這卻是海外客家研究展示極力達到的研究目的。

從有些展示內容，似乎可以嗅到「客家認同」的氣息，然而展示無從真正探究「認同」的形成與轉變。展示中的文字僅能看到已經出現的「結果」，例如在印尼的「印尼客家博物館」展示中「2014 年，由『印華百家姓協會』和『印尼客屬聯誼總會』合作規劃興建的『印尼客家博物館』成立，位於印尼華人文化公園，以傳承客家文化為己任」、越南「華人文化傳承聯盟」中之「以同奈省為基地成立的『華人文化傳承聯盟』，旨在培育年輕一代『傳承』的概念，成員大多為華文中心的師生，亦為同奈客家」、日本「日本的臺灣客家之光」之「謝珠榮在日本以『創意客家文化，異國播種』的理念從事表演創作」、印度「孤島

---

[4]「素樸的文化認同」與「制度性的政治認同」概念由許維德（2013）提出。

客家」之「印度客家的家庭社群和早期僑校教學，均以中國大陸廣東梅縣客家語為主，未受其他印度語言的影響，保留客家語言的傳承」、模里西斯「中華中學」之「並以『中中校友暨青年會』向僑務委員會備案，亦在該國登記為合法社團，致力於『發揚客家精神，保存客家傳統文化』」、「書寫客家史詩」之「曾繁興精通客語和法語，更具備藝術文化專長，獲政府延攬擔任藝術文化部長。時常關注客家事務，撰有《客家史詩》與《客家人的由來和傳記》等書，對於客家文化的推廣不遺餘力」。從前述的文字，可以看到成立協會組織、博物館、從事創作、語言傳承等似乎就是對客家的認同，但是卻無法瞭解其過程為何，尤其認同的出現是與他人互動之下而形成，展示中與客家人相對的「他人」——周遭族群隱而不見。

二、客家華人與周邊族群關係

客家華人與周遭族群的互動關係亦是多數海外客家研究中關切的主題，但在展示中，多以歷史中所遭受的殖民政權、國家的迫害呈現客家華人的在地處境，例如東南亞國家與印度的客家華人遭受迫害或是文化遭受打壓。除了歷史上的國際情勢、政治因素之外，族群通婚亦能展現客家華人與當地族群關係的面向，例如牙買加、大溪地、古巴客家人與當地人通婚。此外，生計產業、經濟活動應該也是瞭解族群關係的切入點之一，但在這部分的介紹上，大多點出從事的產業活動為何，並突出當地客家人生意成功，例如大溪地的黑珍珠、模里西斯紡織業等，但未見在其中的族群關係，例如在產業中的僱傭關係。由於客家移民在移入國內的族群關係受到在地歷史、政治、經濟、社會與文化的影響，從而形塑該國客家移民的獨特性，這也是本次展覽中的重點之一「從融合到

「獨特」所欲強調之處，然而是否獨特，而獨特之處為何？下一章將針對這個部分進行分析。

在研究中，族群關係與人群互動亦包括族群內部關係，但在展示中僅零星見到在馬來西亞展示內容提到客家內部因爭取資源而有衝突，如「錫耀客家」之展示內容提到的，「1860-1874年間，海山公司和義興公司，為搶奪錫礦、水源和地盤，捲入霹靂州政爭而爆發戰爭，義興黨人之客家人主要為惠州人；海山黨人之客家人則多來自增城。」或是泰國「以客為尊，經營有道」之「1885年，集賢館分裂為群英和明順兩個集團，鬥爭激烈」。

三、比較的視野

由於海外客家可說是具有多源與多元的特質，因為到不同地區的客家人原鄉不一，例如到蘇利南的客家人來自廣東惠陽、寶安及東莞，美國舊金山墓園中可見到客家先民的祖籍地為寶安縣、梅縣、惠州縣、五華縣。但如此多源的背景，未見於展示之中。因為在原鄉已經有差異，例如語言使用、宗教信仰、飲食習慣與料理特色、衣著服飾、家屋建築等，而且所到移入國亦因為該國在國際政經階序位置、歷史、政治、經濟、社會以及與當地族群關係等因素，而開展出不同的生活與文化。原鄉（複數）和移住地（複數）的互動，共同構造出全球各地客家社群的特色。也就是說，客家原鄉到客家的移居地的關係是：從多個原鄉到多個移居地，這個概念跟一個原鄉到多個移居地的思考不同（張維安等，2021：2）[5]。

---

5 客家委員會客家文化發展中心，「海外客家展示前置研究規劃暨展覽腳本案」委託專業服務案結案報告，2021：1-2。

因此，海外客家展示應能體現客家的多樣性——多源與多元。更甚者，正由於客家多樣性的特質，我們更需要以宏觀的全球比較視野切入，方能從共通與獨特之中呈現何謂「客家」（蕭新煌、張維安、張翰璧，2021：18）。相較於研究中強調的比較視角，展示卻是以「地理區塊」的方式展現各國客家的歷史與現狀，此展示方式不僅切割了區域之間的關聯性，也忽略了客家移民在全球網絡中的動態關係。

小結

由於世界館的展示是由臺灣出發的單方面角度進行策展，尤其是第二展區「世界客家」以及第三展區「點亮世界」的展示內容以東南亞客家居多，可以顯現在臺灣特別自 2001 年客委會成立之後，客家學術機構的設立，臺灣客家學術社群在客委會或國科會研究計畫的支持下，與東南亞客家相關議題是在進行海外客家研究，或是跨國合作研究的主軸與場域。

然而，海外客家研究背後堅實的基礎來自於臺灣客家知識體系的建構，而此知識體系的出現與臺灣客家運動與客家政策緊密相關，因此進行海外客家研究的臺灣客家研究學者所關懷的議題、研究取徑、觀點與研究方法有別於東南亞當地學者。如在第三展區中以蕭新煌教授提出「全球客家研究新典範在臺灣」所揭示的典範轉移現象，即可說明臺灣客家研究的特色。

從 1988 年臺灣客家族群推動「還我母語運動」，促進臺灣客家學術社群對於客家研究的積極關注與推動。2001 年行政院成立客委

會，在歷經 20 多年之後，根據蕭新煌教授的見解，客家知識體系的建構迄今，至少呈現四種典範的轉移現象：

一、從「客家在臺灣」的源流典範，移轉到「臺灣的客家」的在地化典範。

二、從地方主義研究視角，移轉到族群互動視角的「具社會科學本質的族群研究典範」。

三、從「客家在臺灣」的墾殖史典範，移轉到「臺灣客家」的「族群政治典範」。

四、從臺灣客家與原鄉的比較，移轉到臺灣客家與全球各個他鄉的「全球比較典範」。

由上觀之，臺灣客家研究的發展已經走向在地化發展、以社會科學觀點進行族群關係研究、從客家人為臺灣構成人群之一轉變為客家作為一個族群，並走向制度化的發展，最後則是將比較的視角擴展到世界各地，且進行比較。即言之，如同在前一小節所分析，展示內容確實無法實踐「全球客家研究新典範在臺灣」所展現的意義。雖然從世界館最後的展區「攜手前行」可以窺見臺灣欲作為世界客家文化樞紐的企圖——從向海外傳播音樂、文學、影音作品（海外聽客音）以及介紹客委會的使命，欲結合全球客家網絡與海外客家社團的能量，希冀對全球客家甚至是全人類做出貢獻。但是假若無法真正從展示內容凸顯臺灣客家研究所促成的全球客家研究新典範，國家或是客委會所欲將臺灣打造為世界客家文化節點的目標或是企圖恐怕無法真正落實。

第八章　世界館展示內容分析

　　世界客家博覽會是臺灣首次,同時亦是世界第一次以客家族群為主體的博覽會,博覽會分成兩個展館,一是臺灣館,另一為世界館。本文針對世界館所展示的世界客家文案進行內容分析,同時也以展評的角度出發,以瞭解所欲建構的世界客家意象為何,以及透過世界館展示的實際世界客家意象如何的應然與實然之問題。

　　世界館的策展核心概念是「光的大劇場」,是意圖透過光線來營造出一種身處劇場的方式,讓觀展者體驗「客家人在世界各地的文化發展與生命故事」的感覺。世界館的主題為「在地與多元」,並以三部曲來達成這個展示主題,該三部曲分別是:呈現出客家人從原鄉「航向世界新的地方、新的事物」(離鄉)、遭遇「當地族群的輿論與回應、客家族群對自我的探索」(融合),與展現出世界「各地獨有的特色、在各行各業發光發熱」(獨特)。三部曲則是透過「序曲」、「世界客家」、「點亮世界」與「攜手前行」四個展區來「講述客家人離鄉到世界各地,融合在地並發展其獨特文化」[1]。策展主題的「在地」指的是客家人從原鄉離開到世界各地,遭遇當地不同族群與環境而產生在地化的過程;而「多元」則意指客家人在各地在地化而產生獨特的客家性,因此展現出多元的世界客家面貌。底下,本文將針對展區的展示內容——來分析其展示

---

[1] 引自世界館入口前的展覽介紹。

主旨與內容的對應,最後並指陳它們跟策展主題的關係。

第一節　序曲:模糊的歷史主軸與被壓抑的客家聲音

　　在第一展區「序曲」中,策展團隊以嵌在入口處天花板上半球形投以太陽升起的天亮時分為主軸,配合模糊的人頭鑽動與戰爭的煙硝等動畫展演,構置出一幅策展團隊所理解的世客博「天光日」(客語的「明天」即航向未來)主標題的象徵,以表述「因西方殖民主義的擴張,迫於生活的無奈或自我的抉擇,從原鄉走出,跋涉千山萬水,行至世界各地,從此異鄉成為故鄉」。因此,客家人的離鄉乃是「人類世界大遷徙中重要的一環,卻未曾被寫入歷史」[2]。

圖 8-1　世界館入口半球形投影
(本研究拍攝)

2　第一展區入口處的「走向世界」的文案敘述。

隨即進入第二展區，在第一跟第二展區間沒有過渡的空間，雖然第一展區「序曲」其實應該也包含投射在第二展區牆壁上的「客家移動路徑」、「客家世界人口」以及「客家航向世界」三個概括世界客家圖像的部分。從客家移動路徑可以大致瞭解從 17 世紀中的渡海來臺開始，到 18 至 19 世紀，或因中國原鄉動亂的推力又或由於西方殖民帝國的吸力以及世界政治經濟局勢的影響下，一波波客家移民輻射狀的往世界各地流動。配合前述半球形模糊的投影，在「客家移動路徑」的世界地圖上可以更清晰看到客家人移動的軌跡，只是這個客家移動軌跡仍是簡化的客家移民敘事，它似乎暗示著這些不同時期的客家移民來源、動機都一樣，但事實上不同時期的客家移民在性質上可能有很大的差別，甚至於從原鄉移動出來的客家人本來就很多元／源；又或者客家人的移動不只是歷史結構因素（西方殖民主義）造成的結果，還有很多如移民網絡關係等複雜緣由，這些都無法在簡化的移民軌跡中呈現。

「客家世界人口」則是引用客發中心保存的「2023 年世界客家博覽會──總統府特展資料」為主，該資料將客家世界人口依人口數分為 6 大區域。綜觀這 6 個客家人口區，本次世界館所涵蓋的區域及國家主要分布於前 5 大區域，尤其是人口數介於 1,001-10,000 和 10,001-100,000 人的兩個區域就佔了被挑選的總體國家的一半（10 國），唯一欠缺的是北美以及夏威夷。如下表：

表 8-1　世界館展覽國別與客家人口分布之關聯

客家人口	1-1,000	1,001-10,000	10,001-100,000	100,001-1,000,000	1,000,001-10,000,000
展覽國別	阿根廷	古巴 蓋亞那 千里達－托巴哥 蘇利南 巴西	日本 印度 牙買加 模里西斯 大溪地	泰國 越南 新加坡 祕魯	香港 馬來西亞 印尼

本研究製表

最後也是屬於第一展區的「客家航向世界」主要是以翻拍的照片及投影的方式，介紹各種當時客家人離鄉時可能使用的船隻，並透過光影和海浪聲音，創造所謂的「劇場感」。所投影或翻拍的船隻照片，可以區分成兩類：一類是 20 世紀前移民所使用的各種船隻如同安船、廣東船、趕繒船等，搭乘這些船隻前往世界各地的主要是所謂的「老華客」；另一類則是 20 世紀後西方或日本的遠洋蒸汽輪船如太平洋郵政輪船、日本巴西丸號等，搭乘這些輪船的大多為晚期從臺灣移民出去的客家人，也稱為「新台客」。

綜觀第一展區，策展團隊所欲表達的是客家人的「離鄉」，雖然在不同地方都指出了西方殖民這個歷史結構因素的重要性，但似乎都只有點狀而沒有形成一面串聯整體的脈絡以作為貫穿展示的主軸，因此，即便牆面上投射了各種船隻圖片或翻拍的照片，或是試圖透過光影與海浪聲建構劇場感，但似乎與第一展區所欲呈現的「因西方殖民主義的擴張，迫於生活的無奈或自我的抉擇」而移民的場景有相當的落差。如此的「內容」vs.「硬體」的認知落差，主要在於經手世界館承包商的無能協調的結果，使得展示內容往往跟呈現出來的意象無法匹配的問題[3]。另外，「客家移動軌跡」、「客家世界人口」和「客家航向世界」似乎都只靜態、簡化描述客家移動的最終結果，而無法更動態地呈現造就客家移動的歷史結構因素，換句話說，展示的技巧模糊化了一再被強調的「西方殖民」之歷史結構因素。最後，本展區原本意圖呈現西方殖民主義歷史結構因素下所促成的客家大遷徙，但環繞在這些移動過程的悲嘆、哀歌、無奈與堅毅，實難以從大船和海浪的聲音等劇場感所能呈現。簡言之，原本意圖讓「未曾被寫入歷史」的客家移民譜上新曲，卻

---

[3] 相關的討論，請參考本書第二章。

相反地更壓抑了客家移民在歷史上的發聲。不過，作為展示客家離開家鄉，在地化的起始階段，這個展區有達到客家從原鄉出發，在世界各地四散遷徙的表面意象。

第二節　世界客家：意象建構與展示的落差

第二展區正式進入「世界客家」的展示，也是世界館中空間佔據最多以及文案最多的地方。這裡共分為東南亞、東亞、南亞、加勒比海、中南美洲、北美洲、大洋洲以及非洲 8 個區域，每個區域各有一到五個國家不等，總共展示了 20 個國家的客家。在展區的「導言」中寫道：

> 不一樣，客家
> 客家文化，在歷史的長河裡，以有形（作物、器物、書籍）與無形（思想、語言、習慣）的形式航向世界各地。與不同的族群融合，經歷不同政權的統治，形塑出各地獨有的價值與文化，描繪出不一樣的客家未來。

從「導言」出發，說明這個展區所欲表述的世界客家意象主要聚焦在對客家的有形與無形文化，在客家人移動後，跟在地族群互動交流而融合形成各自獨有的價值與文化面貌，並引領各地客家邁向未來。在這樣的過程中，策展團隊應關注於有形與無形的客家文化，以及這些文化在移民流動後跟在地的融合而產出獨特的價值與文化樣貌，作為世界館展示世界客家族群的意象，並呼應世界館三部曲中的後兩部：「融合」與「獨特」。以下以各地區國家的展示文案進行細緻的內容分析，以瞭

解第二展區是否及如何如實地達成其「導言」所宣示的目標。

一、華人還是客家人？

顧名思義，世界館的主體就是世界客家，因此，世界客家首先得突出客家這個主體。表 8-2 是針對第二展區文案內容中，策展團隊與內容主筆們使用什麼名稱來指陳其展示的客家主體，統計了這些名稱在文案中出現的頻率[4]，可以發現在總共 246 個相關的稱謂字眼中，客家相關的字眼（包括客家、華人客家人、客家華人、客商、梅縣人、客語、新台客、開平人等）的頻率為 171 次（佔總體的 69.5%）；而華人相關字眼（如華人、華工、華人僑民、華商、中國人、僑胞、僑界等）則為 75 次（佔 30.5%）。換言之，展示文案平均每 10 次的敘述中，會有約 7 次是用客家相關字眼，而會有 3 次是用華人相關字眼作為主體來描述。

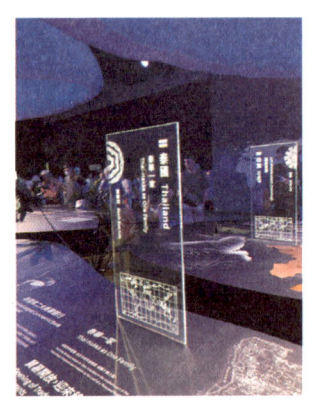

圖 8-2　泰華一家
（本研究拍攝）

---

[4] 扣除掉一些一般用語、地方或機構名稱以及節慶，如「唐人街」、「客家博物館」、「客屬聯誼總會」、「華人文化公園」、客家天穿日、排華、華南移民等。

從表 8-2 中，可以做成如下結論：

1. 在文案中，兩組字眼間似乎是可以互換的，譬如在印尼、泰國和越南文案中兩組字眼出現的頻率相當接近。
2. 在所有展示中，只有古巴的展示文案敘述主體最為特殊，在這裡華人相關字眼的使用頻率遠超過客家相關字眼。
3. 世界客家的確無法像臺灣客家那樣具有明確的族群意識與族群實體之存在，而是要依附在華人脈絡下來理解。這也是展示世界客家時所必須處理的問題，即便是運用上述第一點所提「華人」與「客家人」可互換的方式來處理，策展團隊似乎亦應有個總則來說明其不可迴避的緣由，避免落入以「華人」的框架來概括客家而造成客家的「被隱形」。

表 8-2　第二展區文案中使用華人及客家人相關字眼之頻率一覽

區域	國別	華人／華工／華人僑民／華商／中國人／僑胞／僑界	客家／華人客家人／客商／梅縣人／客語／新台客／開平人
東南亞	印尼	12	14
	馬來西亞	6	19
	新加坡	3	4
	泰國	6	10
	越南	4	5
南亞	印度	2	11
東亞	香港	0	11
	日本	2	13
加勒比海	古巴	14	3
	牙買加	0	6
	千里達－托巴哥	1	3
	蓋亞那	1	5
	蘇利南	2	4

區域	國別	華人／華工／華人僑民／華商／中國人／僑胞／僑界	客家／華人客家人／客商／梅縣人／客語／新台客／開平人
南美洲	巴西	1	10
	阿根廷	2	4
	秘魯	2	9
北美洲	美國	5	7
非洲	模里西斯	4	14
大洋洲	大溪地	4	13
	夏威夷	4	6
總計		75	171

本研究製表

二、如何融合？怎樣獨特？

　　策展團隊如何描述世界客家的意象呢？根據前面引述的「導言」所闡明的，即策展團隊意圖透過有形與無形的客家文化，以及這些文化如何跟當地族群文化互動融合後，進而形塑出獨特的在地客家文化與價值。從第二展區各國文案內容來分析，我們針對每個國家文案裡的每個子標題底下的內容段落屬性，可以將之歸類成以下幾種：移民史、經濟活動或企業、政治或政治組織、社會組織、宗教信仰、人物、建築或學校、通婚、文學／報章／影音／藝術，以及飲食類等十個項目，然後再根據每個國家子標題下的文案內容段落進行分類而得出表8-3。再根據相同內容段落出現在文案中的頻率，將之劃分成強（即超過三個（含）或以上的段落，以◎表示）、中（兩個段落，以○表示）、弱（一個段落，以X表示）以及完全沒有相關的敘述（以N表示）四種強度各不同的描述。

表 8-3　各國展示子標題文案內容段落分類一覽

	移民史	經濟／企業	政治／政治組織	社會組織	宗教	人物	建築／學校	通婚	文學／報章／影音／藝術	飲食
印尼	◎	○	X	X	X	◎	X	X	X	N
馬來西亞	◎	◎	X	N	◎	◎	N	N	N	N
泰國	X	○	○	X	○	X	N	N	N	N
越南	X	N	X	X	X	N	N	N	N	N
新加坡	X	N	N	X	N	X	X	N	N	N
印度	X	X	N	X	○	X	N	N	N	N
日本	X	X	N	X	N	◎	N	N	○	N
香港	X	X	N	N	○	X	N	N	N	X
古巴	X	X	N	N	N	N	N	N	N	N
牙買加	X	X	N	N	N	X	N	○	○	N
千里達－托巴哥	X	X	X	N	○	N	N	N	N	N
蓋亞那	X	X	X	X	N	X	N	N	N	N
蘇利南	X	X	N	X	X	X	N	N	N	N
巴西	X	X	N	X	N	N	N	N	N	X
阿根廷	X	X	N	N	N	N	N	N	N	N
祕魯	X	X	N	N	N	N	N	N	N	N
大溪地	X	○	N	X	X	N	N	N	X	N
夏威夷	X	X	N	N	X	N	X	N	N	N
美國	X	X	N	N	N	N	N	N	N	N
模里西斯	X	◎	N	X	X	◎	X	N	○	X

本研究製表

　　從表 8-3 可以看出幾乎所有國別展示文案都有或長或短或強或弱的移民史敘事，在印尼和馬來西亞的文案中，甚至出現三次或以上的移民史敘事，可見策展團隊對於這兩國客家歷史背景的強調。另外，跟移民史相關的敘事是經濟活動的描述，在幾乎所有國別的展示文案中，移民

史敘事皆涉及移民的勞動輸出和經濟活動或企業相關的敘述，這部分在文案中僅次於移民史而排名第二多的敘事主軸，惟在新加坡與越南的展示文案中是缺席的。第三個重要的敘事主題是人物，尤其在馬來西亞、印尼、泰國、日本以及模里西斯的展示文案裡對客家人物的著墨較多。最後則是社會組織、建築或學校、宗教、政治或政治組織、文學／報章／影音／藝術、飲食以及墊底的通婚類項目。這是從項目類別來分析的結果；另外，若從個別國家的展示內容來看，亦有如下的發現：

1. 印尼的部分強調移民史與人物；馬來西亞則是移民史、經濟／企業、宗教和人物；泰國、日本和模里西斯則是聚焦於人物上。

2. 沒有任何一個被展示國家的客家涵蓋上述個項目類別，其中印尼涵蓋面向最多達 9 個、模里西斯與蘇利南有 8 個項目、印度則含有 7 個項目（除政治組織、社會組織與通婚），這是前三名；第四名有 3 個，即大溪地、泰國和香港，其展示文案內容含有 6 個項目；接下來是含有 5 個項目的 4 個國家：馬來西亞、日本、牙買加和夏威夷；只有 4 個項目的國家最多，共有 8 個，包括越南、新加坡、古巴、千里達－托巴哥、蓋亞那、巴西、秘魯和美國；最少的是只有區區 3 個項目的阿根廷。這種分配非常不均的情形或許部分反映了事實，但也不能排除策展團隊掌握世界客家的能力不足的問題，譬如以馬來西亞、新加坡、日本 3 個已經有許多客家研究的國家來看，在展示上不應該只涵蓋一半或以下的項目類別而已。

3. 綜觀第二展區所有國別的展示文案，可以發現其展示內容相當一致，所涵蓋的社會、政治與文化面向也都大同小異，這似乎說明了策展團隊已經預設了世界客家的共同性大於差異性；若是如此，則與展示主旨「在地與多元」中的「多元」會有所衝突，這裡的「多元」是指各

地客家在移居地在地化或融合在地文化後產生多種獨特的在地客家，畢竟策展單位零散且隱含地在不同的地方都提到融合到獨特這兩部曲，而如果在展示內容上具有一致性的話，就會沒能說明從「融合」到「獨特」這樣的過程了。舉例來說，日本客家的文案凸顯出日本客家的都市特性，這算是一種獨特的客家特性，但展示文案卻沒有說明日本客家如何與日本在地融合、族群互動而產生這樣的結果。另外，模里西斯客家也一樣，它以客家企業家為特色，但文案中也缺乏說明如何經由與在地融合而產生模里西斯客家企業家的獨特性。我們甚至可以比較模里西斯跟泰國的客家企業家，兩者都創辦與經營銀行，但似乎無法看出他們之間有什麼差別。因此，展示內容的一致性與「在地與多元」主旨顯然是衝突的。

4. 比較具有從「融合」到「獨特」的例子其實是牙買加的雷鬼音樂，但展示文案中，音樂本身並非重點，重點是陳藍狄這位關鍵人物，只因為他是客家人的後代，至於雷鬼音樂是否為一種混雜的客家音樂則不在展示的描述裡。綜觀展示文案中許多具有「融合」特徵的例子，主要都出現在客家人跟移居地居民通婚這個現象上，但誠如表 8-3 所示，「通婚」在所有國家的展示文案中被提到的地方並不多，只有印尼（土生華人）、古巴（客家土生後裔）、牙買加和蘇利南，且這些通婚的例子也大多只是點到為止，除了牙買加的文案有比較多進一步的說明外，譬如漢娜這位具有一半客家血統的詩人，在她的著作中呈現了客家人在牙買加的生活樣態。策展團隊在展覽手冊上以飲食文化，如巴西角仔及印度客家炒麵，作為客家人融入當地的例子[5]，但在現場

---

5 在手冊中，除了飲食文化外，策展團隊也將大伯公信仰以及客家獅納入屬於融入當地所創造出來的獨特客家文化。客家獅是否為融入當地而獨創的

的展示文案上並沒有說明以讓人們知道飲食文化「融入」了哪些元素以及如何「獨特」等。這也再次凸顯策展團隊，從宜誠到三立，對於世界客家意象內容的嚴重匱乏或不足，而「失之於零散、片面、去脈絡化、甚或事實考證也不夠嚴謹」[6]。

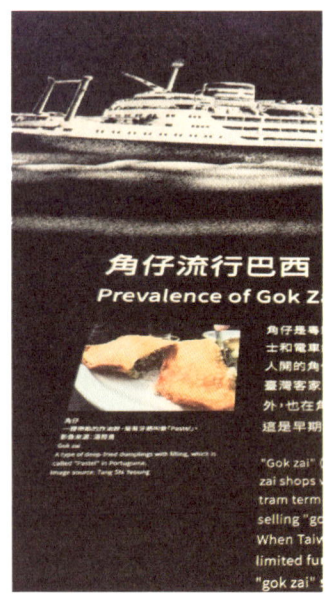

圖 8-3　巴西角仔介紹
（本研究拍攝）

客家文化值得商榷，因為在客家文化裡，方口獅原本就存在；大伯公信仰則是另一個被提及的創新客家文化。無論是客家獅或大伯公信仰，策展團隊都只是便宜行事地述及，而沒有在展示文案中說明其融入當地的什麼元素而創造出怎樣的獨特客家文化，如果它們真的是融合與獨特的重要例子。

6　參考本書第二章。

三、有形與無形的客家文化

上引「導言」中提及客家的有形與無形文化，是伴隨客家移民而流動到世界各地，經歷在地化後產生特殊的客家價值與文化，可見這些「有形與無形文化」乃是判定融合與獨特這兩部曲的重要指標，那實際上展區內各國客家的有形與無形文化又如何呢？

統整展區中各國展示文案內容中有關有形無形文化的敘事，我們可以將之分成三大類別：即一，客家文化保留；二，客家與在地文化融合，但未彰顯其獨特性；以及三，客家與在地文化融合且突出其獨特性三大類，如表8-4所示：

表8-4　世界客家的有形與無形文化敘事類別一覽

國別／敘事類別（文案內容）	客家文化保留	客家與在地文化融合，但未彰顯其獨特性	客家與在地文化融合，且突出其獨特性
印尼	客家人勤奮又刻苦，懂得用人力水車抽走礦區積水，或築壩洩洪沖洗礦床，成為礦區的主要勞力來源。 在號稱金山的坤甸地區從事淘金的客家人，為了克服艱困的生存條件，組織公司相互照顧。	神轎與刀轎陣頭集結於大伯公廟行儀，神明降鑾扶乩科儀混合了道教和原住民達雅人巫術。	
馬來西亞	義興公司、海山公司、十二分公司。		

國別／敘事類別（文案內容）	客家文化保留	客家與在地文化融合，但未彰顯其獨特性	客家與在地文化融合，且突出其獨特性
印度	保留客家語言的傳承。 塘園伯公。 於忠義堂山莊依古法舉行春秋兩次祭典。		客家炒麵受到印度咖哩混合食物製作的影響，成為客家美食與印度文化交融的另一美麗場景。
越南	大幡勝醮萬人緣。		
古巴		留在古巴的客家人，與古巴不同族裔的婦女通婚。	
牙買加			客家人與在地婦女結婚及學習在地語言與文化，走入牙買加社會（漢娜）牙買加黑人的混血客家後裔。
模里西斯	舉辦文藝宴會、祭祖團拜、客家天穿日。 曾繁興精通客語和法語。 主打客家傳統菜色料理，傳承客家餐飲特色。	李基昌自幼接受模里西斯的教育長大，卻仍說著一口流利的客語。	
香港	擁有多種非物資文化遺產，圍名歌、盆菜、花帶。		
千里達－托巴哥		客家土生第二代何才被英國委任為獨立後首任總督。	

第八章　世界館展示內容分析　245

國別／敘事類別（文案內容）	客家文化保留	客家與在地文化融合，但未彰顯其獨特性	客家與在地文化融合，且突出其獨特性
蘇利南		發生政變後，客家後裔亨德里克‧魯多爾夫‧陳亞先臨危受命擔任總理兼外交部長。	
巴西	客家活動中心議決以客家圓樓的形式籌建安養中心。		
大溪地	客語也是大溪地老一輩華人主要使用語言。	大溪地客家人的日常信仰中，存在傳統的崇拜，也兼有在地的信仰，呈現出兩者交融與互動的和諧關係。	客家人透過與毛利人通婚及多元的互動，入圍桌打麻將等活動，與在地族群拉近關係。
祕魯			早年大批華人在祕魯做工，每到開飯時，總能聽到高喊「食飯」的聲音，久而久之祕魯人就以西班牙語「chifa」稱作中餐館。chifa所提供的客家菜，使用當地食材，包括花生、肉類等，所占份量多，蔬菜則較少，使得客家飲食口味迎合祕魯人，成功地進入到祕魯人的家常食譜，成為祕魯人烹飪和飲食的一部分。
敘事則數總計	13	6	4

本研究製表

從表 8-4 可以清楚看出總共只有 13 個國家的展示文案涉及跟融合相關的敘述，在總共 23 則相關的敘事中[7]，絕大多數的 13 則敘事屬於「保留客家文化」類別，如敘事裡針對客家語言、宗教祭祀、社會政治組織、服飾歌曲等保留客家傳統有形與無形文化的敘事，這部分占了總則數的 56.5%。另外有 6 則敘事只點出融合的存在，但並沒有進一步延伸透過融合所產生的獨特價值和文化結果，這樣的敘事占了整體則數的 26%。舉例來說，在大溪地的展示文案中提到客家人的日常信仰中，存在傳統的崇拜，也兼有在地的信仰，呈現出兩者交融與互動的和諧關係，但到底兩種不同信仰如何交融與互動在文案中並沒有清楚說明，因此本研究將之歸屬於只提到有融合存在事實的描述，但沒有進一步延伸說明融合的獨特結果的類別。剩下約 17% 或 4 則敘事對融合有較為完整的說明，有趣的是這部分的敘事幾乎都是以飲食和通婚的敘事占多數，譬如在秘魯的文案中說明 "chifa" 之所以最後成為當地稱呼中餐廳的來由，是因為早期客家移工用餐時都會高喊「食飯」的緣故。從這樣的統計結果來看，只能說第二展區的展示文案只有不到兩成的敘事呼應了「導言」，大部分展示內容都沒能跟「融合」與「獨特」對上焦；相反的，策展團隊更多地是在凸顯客家人在世界各地對自身文化的維持的現象（也就是保留客家傳統文化），多過於跟在地的融合而產生獨特客家文化之面向。可見策展團隊不只對於展示材料和方式是否具有「客家性」並不關心和在意[8]，甚至出現本小節所分析的展示應然（導言）與實然（展示文案本身）的脫鉤現象。

---

[7] 文案的敘事遠大於 23 則，惟很多的敘事與客家的有形和無形文化無關，因此沒有納入。

[8] 參考第二章第 55-59 頁。

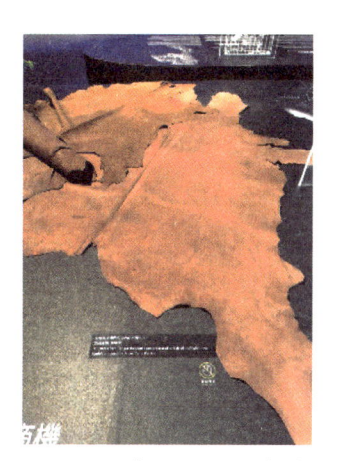

圖 8-4　曾經是印度客家
　　　　人經營的皮革業
　　　　（本研究拍攝）

四、航向未來還是回到過去？

　　世界館主標題為「天光日」，取自鍾肇政的一首詩，意思是希望客家人不要再執念於過去，而是要放眼未來，做一個新的客家人。可見世界館再現客家過去（Hakka past）的同時，也應該重視當下的客家（Hakka now）才能有航向未來客家（Hakka future）之可能，如此才符合「天光日」這個世界館主標的涵義。以下我們同樣透過第二展區的所有展示文案內容，依文案的每個次標題內容進行分析，並以該國文案各次標題在三部曲中──離鄉（主要是指對客家離開原鄉的描述）、融合（指客家與移入地族群或社會的融合方面的描述）、獨特（指因融合而產生的在地客家的文化現象描述）──所占數量比重（依照每個國家文案次標數量計算，占總數 1/2 以上者為強、1/2 或平均分配者為中、1/2 以下為弱）來加以衡量，如表 8-5。

表 8-5　第二展區各國展示文案在離鄉、融合與獨特的比重一覽

國別／項目（敘事內容的次標）	離鄉	融合	獨特
印尼	客居他鄉，淘金採錫 X	成為印度尼西亞人 山口洋，印尼阿婆家 印尼博物館 ◎	缺
馬來西亞	錫耀客家 檳城客商，領袖群倫 砂拉越客家華工起義 天國遺民出中國 ◎	砂拉越客家華工起義 X	缺
新加坡	異地求生，拉幫設館 德光島：客家聚落遺跡 客屬社團與族群政治 ◎	缺	缺
泰國	貿易開放，迎來移民 泰國第二大商業銀行 以客為尊，經營有道 泰南邊境，馬共基地 ◎	缺	缺
越南	劉永福助越抗法 ○	華人文化傳統聯盟 ○	全村打大幡 ○
香港	天主教與陳家村 客家光影，時代櫥窗 新界客家聚落與文化遺產 巴色教會「發現」客家 ◎	缺	缺
日本	散居式移民 日本的客家社團 ○	日本的臺灣客家之光 X	異國客家 X
印度	塘園伯公 衝突下的客家記憶 ○	牛皮商機 多元信仰的客家 ○	缺

國別／項目（敘事內容的次標）	離鄉	融合	獨特
模里西斯	菁英輩出 X	說客語的銀行總裁 書寫客家史詩 遠近馳名的 ABC 銀行 在非洲辦報 凝聚中山樓 中華中學 侯明明 紡織大亨 大家的客家餐廳 ◎	缺
美國	金礦開採與鐵路修建 X	舊金山六山客家墓園 國家史蹟客家庄 ○	缺
大溪地	客家人移入大溪地 X	客家人的黑珍珠 拜關公，唱聖歌 ◎	缺
夏威夷	自由契約下的客家人 美國最古老的中國城 ◎	缺	缺
牙買加	唐鋪與總督 X	唐鋪與總督 雷鬼音樂的關鍵 ◎	以詩集紀念 X
千里達－托巴哥	客家外交才子陳有仁，客家總督何才 ○	客家外交才子陳有仁，客家總督何才 ○	缺
蓋亞那	首任總統是客家人 ○	首任總統是客家人 ○	缺
古巴	豬仔的遭遇 拉丁美洲最古老的中國城 客家人參與古巴兩次革命運動 ◎	拉丁美洲最古老的中國城 客家人參與古巴兩次革命運動 X	缺
蘇利南	出了一位客家總理和總統 ◎	缺	缺
巴西	茶農專零售 客家親 ○	一只「提包」走天下 角仔流行巴西 ○	缺
阿根廷	從美濃到阿根廷 X	從美濃到阿根廷 展成紙業有限公司 ◎	缺

國別／項目 （敘事內容 的次標）	離鄉	融合	獨特
祕魯	從礦工到店鋪老闆 同陞會館 ◎	來 chifa 吃炒飯 X	來 chifa 吃炒飯 X

註：X 代表比重弱；○代表比重中等；◎代表比重強。

本研究製表

圖 8-5　只敘事過去客家的阿根廷文案
（本研究拍攝）

從表 8-5 可以看到以下幾個重點：

1. 大部分被展示國家的文案都有或繁或簡的「離鄉」敘述，其中馬來西亞、泰國、新加坡、香港、夏威夷、蘇利南、古巴和祕魯 8 國的展示文案內容，是以「離鄉」的敘述偏重，也就是著重在歷史上或過去的客家，尤其是夏威夷、泰國、蘇利南、新加坡和香港的展示文案更是只有對過去客家移民歷史的敘事而已，缺乏關於「融合」與「獨特」面向的描述，與世界館的「天光日」主題最為不對焦。印尼、美國、模里西斯、大溪地、牙買加和阿根廷 6 國在「離鄉」文案敘述比重偏弱，其展示文案的敘述聚焦在「融合」上，惟阿根廷和牙買加的次標題可能同時涵蓋兩部曲的敘述，譬如在阿根廷的「唐鋪與總督」這個標題下的敘述中，提到：

1655年，英國殖民牙買加，以種植咖啡、可可及甘蔗等為主。英國從廣東東莞、惠陽和寶安等招募客家人，以契約工身分，從香港前往牙買加農場工作。契約期滿後，客家人以經營雜貨店或餐館為業，如唐鋪，是社區雜貨店，為牙買加人提供了食物、五金等民生必需品，也逐漸成為他們生活的重要據點。客家人與在地婦女結婚及學習在地語言與文化，走入牙買加社會。

從上述引言可以發現前半段主要是簡述客家人移民牙買加的內容，屬於「離鄉」的範疇，而最後一段文字則是跟「融合」有關；職是之故，「唐鋪與總督」應該同時屬於「離鄉」和「融合」。

2. 印尼、模里西斯、大溪地、牙買加和阿根廷5國有比重強的「融合」敘事，而馬來西亞、日本、古巴和祕魯則偏弱；新加坡、泰國、香港、夏威夷和蘇利南的展示文案則完全沒有這方面的敘述。在「融合」敘述裡，其實各個國家展示文案所表現出來的方式不盡相同，大致可以分成以下幾類：

（1）因應在地社會、經濟與政治環境而為客家移民帶來改變，但在展示敘述中，各地的在地融合有的明顯有的則相當隱晦，譬如印尼的「成為印度尼西亞人」就說明在印尼同化政治趨勢下，客籍後代林群賢提倡成為印尼人的政治運動算是明顯的。然而大溪地的「客家人的黑珍珠」內容只敘明客家人也加入大溪地的黑珍珠養殖，並創造出溫惠仁的珍珠企業就比較是隱晦而間接的敘述。還有模里西斯大部分的「融合」敘事都跟人物、報紙媒體、中山樓、銀行等相關，也都是間接而隱晦的。

（2）客家與在地習俗宗教的融合。在展示文案中，這方面的融合主要是以與在地宗教信仰共存的方式呈現，譬如印尼的「山口洋，印尼阿

婆家」文案中提到山口洋客家人慶祝元宵節的遊神活動也會有達雅巫師的參與、或是印度「多元信仰的客家」文案說明各種宗教共存於加爾各答客家社群的現象。

（3）客家與當地婦女通婚或其後代，如牙買加的「唐鋪與總督」、「以詩集紀念」，或是蓋亞那的「首任總督是客家人」、千里達－托巴哥的「產生一位客家總督」等文案都提到通婚及其後代的成就。

3. 觸及第三部曲「獨特」的敘事在展示文案中可以說非常缺乏，總共只有4個國家，即日本、越南、牙買加和祕魯涉及，占了總國家數的兩成；換句話說，有八成被展示的國家基本上是欠缺「獨特」這部曲的描述。其中新加坡、香港、夏威夷和蘇利南的文案，更是缺乏「融合」與「獨特」。

綜觀之，第二展區的文案內容在許多方面並無法跟世界館主標題、展示主旨以及「導言」契合，可以說策展團隊試圖透過三部曲「離鄉」、「融合」與「獨特」來呈現世界客家的「多元與在地」，從上述的分析來看，並沒有達成其預定的目標而有所失焦。整個「世界客家」展區予人一種太偏重於「離鄉」的過去客家、對於「融合」的當下之世界客家描述顯得片段、零散與不夠深入，以及欠缺對世界客家未來即「獨特」的闡述。換句話說，理應是展現各地客家「在地化」最為集中的「世界客家」展區，並沒能成功地體現出各地客家在地化的樣貌；雖然有體現出世界客家表面的「多元」。

作為一個前所未有的世界客家博覽會，策展團隊缺乏經驗可能是其中一個因素，尤其是世客博第一階段外聘主筆的海外客家研究專業經驗和素養都面臨巨大的考驗。以下我們從該團隊的專業背景進行分析，如表8-6。

表 8-6　世界館文案內容專家學者小組

專家小組成員	研究領域	與客家相關之著作及研究
A	臺灣海外移民史、南海諸島史	臺灣人移民巴西 中南美洲的華、客家 東南亞的臺灣移民 日本台僑
B	臺灣史、海洋史、清史	臺灣客家移民在非洲 模里西斯客家移民
C	傳播研究方法、電影與文化、電影史、影視文學、傳播英文	印度華人離散電影 臺灣電影、客家文學與文化研究
D	公共政策、行政管理	香港客家 新埔怒潮學校與外省客家 臺灣各大學客家研究中心 中國難民在泰國 印尼客家

本研究製表

　　表 8-6 中從專家小組研究領域來看，其中兩位為歷史學者，且也都涉及海洋史以及臺灣海外移民史，其與客家相關的研究與著作主要聚焦在中南美洲和非洲，包含老華客及新台客的移民歷史；另外一位則為傳播與文化研究者，其主要涉足於印度的華人離散電影；最後一位是公共政策與行政管理方面背景的學者，其主要的研究在臺灣和香港客家，以及略為涉獵印尼的客家。如此的組合，欲處理涵蓋面更廣的世界客家的展示的確是超出了團隊專業範圍許多，誠如本書第二章對這四位主筆者的評論，認為他們「很難稱的上是臺灣客家學術界內的海外客家研究學者。他們沒有長年投入海外客家研究的閱歷和成果」。也難怪在許多國家文案內容上會出現嚴重欠缺客家現狀的描述了。加上對歷史或過去的強調，使得展示內容也跟世界館主標題有所脫節。另外，文案中對華人和客家人的交互運用，和對三部曲中的融合與獨特部分的敘述嚴重不

足,說明了團隊能力的侷限。

第三節　點亮世界:客家名人堂

　　第三與第四展區在世界館的二樓,從電扶梯上去前會有野老朝雄所設計的世界館主視覺之介紹,那是「運用三角形和方形組合成『家』的意象,呼應客家文化在世界各地組織家庭,落地生根;並運用『家』作為基本圖形,不斷向外擴張及變化,延伸組合出不同的圖像,呼應客家文化在世界各地增生溯源的意義」。這是設計者為作品所賦予的意義,只是這樣的意義必須充分地在展示中被表達與再現,確實,如果展示能夠達成主視覺所蘊含的意義,則世界館就成功一半了。

　　進入第三展區前設置了一個放置國內外有關客家研究書籍的書架,牆上也有蕭新煌教授對臺灣的全球客家研究新典範的闡述;另外還有客家文化記憶,展示來自印度、印尼、加拿大和臺灣的世界客家紀錄片和書籍。

　　第三展區為「點亮世界」,主要是展示世界客家名人,是所謂的客家名人堂。在這裡總共展示了四種類型的客家名人,即建國先驅型(7人)、政治參與型(4人)、經濟推手型(7人)以及藝文巨擘型(3人),總共21人,如表8-7所示:

表 8-7　客家名人類型、名單與代表國家

類型	客家名人	所屬國家
建國先驅	羅芳伯	印尼
	洪秀全	中國
	何才	千里達－托巴哥
	鍾亞瑟	蓋亞那
	李光耀	新加坡
	邵黃正和	古巴
	孫中山	中華民國
政治參與	葉亞來	馬來西亞
	黃亞生	越南
	陳亞先	蘇利南
	朱梅麟	模里西斯
經濟推手	張弼士	馬來西亞
	張榕軒	印尼
	古今輝	夏威夷
	謝寶山	祕魯
	謝樞泗	泰國
	胡曰皆	馬來西亞
	胡文虎	新加坡／香港
藝文巨擘	葉桂芳	夏威夷
	羅香林	中國/香港
	陳藍狄	牙買加

本研究製表

這份名單明顯缺了巴西、美國、阿根廷、日本、印度和大溪地 6 國，可能是因為限於 4 種類型的客家名人，因此，並非所有被展示國家的客家社群都有這些類型的名人。另外，某些國家的客家人物之研究確實做得比別的國家多，譬如馬來西亞、新加坡、印尼的客家人物就是例子，因此，代表這些國家的客家名人就會比較多，因為他們的資料比較齊全而不必再額外進行更多的研究和資料蒐集。另外，名人堂也將孫中

山、洪秀全加入名單中，主要是考慮前者為中華民國國父，後者則是客家往外移民的其中一個重要歷史事件的始作俑者的關係。就展示主題「在地與多元」來看，本展區的展示內容，除了洪秀全之外，或可視為各地客家人在地與多元——參與當地政治活動、經濟建設和藝文發展——的成果，雖然在展示內容上並沒有特別標明這一點。

第四節　攜手前行：臺灣作為客家文化之節點

在這展區中，主要是由兩個部分組成，一是「海外聽客音」；另一是「全球客家網絡」。前者以客家山歌新曲為主，包含臺灣與馬來西亞的客家創作歌曲，主要讓觀展者可以透過聆聽音樂的互動方式來瞭解：「客家音樂雖然以山歌為典型，但透過西方樂器或現代電子樂器伴奏，重新編曲，呈現不同風貌。……拓展出客家音樂的多元化和國際化」，頗符合世界館中強調的融合（即客家語言混合當地語言以及雜揉傳統山歌與西方樂曲）與獨特性的展示主軸。後者則是客家網絡或社團組織的展示，包括南洋客屬總會、香港崇正總會、世界客屬總會以及世界臺灣客家聯合會等傘狀結構的社團組織；也有個別地方或國家內部的客家組織，後者還可以分成老華客為主的客家社團（大多為 19 世紀的客家移民），以及比較新成立的新台客社團組織，雖然只涵蓋了一部分世界客家社團組織，但讓觀展者瞭解目前全世界客家組織的大略概況。就像在「世界客家的文化樞紐」所提到的，在全球客家文化交流上，臺灣扮演了非常重要的角色，雖然臺灣並非全球大多數客家的原鄉或祖先的來源地；「但想到子孫的未來文化發展，就會寄望於臺灣。」這是世界館相當完美的總結，即將臺灣客家放進世界客家的框架裡，並給予臺灣客家

文化一個關鍵位置或角色，這也說明了為何第一次的世客博會是在臺灣展開的原因了，當然在本篇第一章也提到的臺灣海外客家學術研究亦扮演重要角色。最後則是回到鍾肇政的《新个客家》這首詩，並總結期許「臺灣客家要做新的客家人，世界客家也要成為新的客家人」，這才是航向未來的客家圖像，而不是將自己封存於過去，惟第二展區並沒有扣緊這個主題而顯得落漆不少；雖然從展示主題「在地與多元」來看，本展區算是有達成這個主題目標。

小結

　　總的來看，世客博的世界館欲透過「離鄉」、「融合」與「獨特」這三部曲來達成「在地與多元」之展示理念，但從實際展示內容分析時發現其理想與實際之間有著難以彌補的距離。這樣的落差可以從幾個方面來探究：

1. 展示對象的不明確：世界館的展示對象理應是世界各地的客家人，但在實際的展示中，「華人」或「華僑」等也會不時出現，在一些地方甚至成為展示的主角，或是與客家人交互應用。這固然與各地客家通常都涵蓋在華人／華僑之下有關，但也可能是因為策展團隊對於世界各地客家的不瞭解或無法掌握所致。

2. 展示主旨的無法彰顯：世界館策展團隊尤其著重於世界客家形成的西方殖民背景就如同在策展「導言」中所言，但在實際的展示中，此背景卻只有零散出現；加上展示主要為壁報式的靜態手法為主，因此，難以呈現客家與西方殖民互動的各種複雜脈絡關係等，使得意圖為客

家發聲的展示，反而壓抑了客家移民的聲音。

3. 展示理念與實務的落差：策展團隊試圖透過「離鄉」、「融合」及「獨特」三部曲，來詮釋「在地與多元」這個世界館的核心理念。但在實際的展示中，卻產生了許多的落差。首先，「離鄉」的部分顯得非常突出，幾乎所有被展示國家的客家都多少有提及，但在「融合」與「獨特」的部分就顯得非常薄弱甚至欠缺。延續前述，可以得知世界館絕大多數的展示係以客家過去（Hakka past）為主，甚少有客家的當下（Hakka now）和未來（Hakka future）的描述，與展館主標題「天光日」所欲表達的意涵有所落差。由於對客家過去的著重，因此，在有關客家有形與無形文化的描述上，世界館的展示主要聚焦在客家人對原有文化的保存之描述，甚少涉及客家文化與在地文化的融合，更不用說因融合而產生獨特的在地客家文化了。職是之故，對客家文化的敘事就集中在某幾個特定的社會和文化層面上，譬如移民史、經濟活動、人物、社會組織等。展示理念與實務的落差除了讓三部曲無法完整扣連外，也使得「在地與多元」缺乏充足的資料證明。

4. 第三展區的「客家名人館」展示了客家的人物，但這些人物也都是歷史或過去在政治經濟與藝文方面卓有成就的客家人，跟第二展區所著重展示的「過去的客家」一樣。只有第四展區的「海外聽客音」部分，一些音樂與文學創作展現出在地融合與獨特性，是較為符合本次展示理念的展區。這兩個展區基本上都有達成展示主題「在地與多元」。

總的來看，世客博的世界館的實際展示內容與意圖之間有著難以彌補的落差，究其原因，可以從底下幾個方面來說明：

1. 策展團隊專業有限：從展示文案的策展團隊的背景來看，幾乎都是由

非海外客家研究的學者專家所組成，他們大多為「海外華人」研究為主。由於對海外客家研究不熟悉，專業度不足而使得此次展示對象不明確、主旨無法彰顯、以及展示理念與實務的落差。

2. 展示團隊精於設計卻疏於配合展示理念：世界館透過互動式、多媒體以及大量的翻拍照片等壁報式的方式展示世界客家，雖然能博取部分人的目光，但在強調「沉浸式」及「劇場感」的展示設計下，犧牲了展示主旨、理念等之間的扣合，頗有曲高和寡之感。

3. 策展產業分工型態複雜：比較起來，世界館策展的產業分工遠較臺灣館來得簡單，分別為宜誠（主要負責文案撰述與策展建議）以及三立（進行最終的展示設計規劃與文案修飾），兩家公司都沒有族群展示的經驗，因此，只著重於平鋪直敘的文案描述，加上沒有海外客家網絡，無法充分運用海外客家已有的文物來進行展示，使得世界館的內容大多為壁報式的文字描述，再輔以一些現成的影片作為補充說明，平面化了本次的展示。特別是展示設計團隊都懷有其專業的傲慢，堅持設計凌駕於展示客家意涵，而以光鮮亮麗或科技感十足的設計來奪取觀者的目光，無視客家應作為主體的展示理念和目標。

第九章　世界館展示手法分析

　　由客委會與桃園市政府共同主辦,並協同各縣市政府單位合作的「世界客家博覽會」,可謂客家展現族群能量和推廣客家文化的國際性盛會。本章即針對世界客家博覽會世界館之具體展示手法,予以深入分析。從客委會成立至今,國內累積了不少的海外客家研究,當中包括了客家文化發展中心從籌備期間就進行相關海外客家研究的計畫,當中包括了新馬客家的研究、越、泰、印三國的客家研究、北美客家研究、南美洲客家研究、非洲(模里西斯與南非為主)客家研究、馬來西亞客家與錫礦關係、新加坡客家等等[1]。將近20年的研究計畫,基本上是累積了客家研究的基礎,亦成為這次展覽很重要的資源。然而研究者的成果是否可以全數轉化為展覽呢?研究團隊或研究人員與展覽團隊是否存在著落差?

　　雖然臺灣無法成為世界客都,但是透過此次的博覽會,臺灣有能力成為世界客家文化之都,從世界館的定位、策展與客家意象凸顯臺灣在世界客家中的獨特位置。這次的展覽是否有效傳達此訊息?策展團隊在「展示手法」是否有意識展現臺灣的特殊性?展覽展示手法,包括了展品的陳列方式、展覽空間的設計、互動元素的運用、多媒體技術的應用等。世界客家館展區的部分主要分成「序曲」、「世界客家」、「點亮世

1　參見本書第七章。

界」、「攜手前行」四個區來進行展示。本章針對這次的展示手法來看其中的優劣，並提出建議。

第一節　從客家移民到各國的在地客家

「客委會」是全球唯一的中央級客家事務專責主管機關，其使命是振興客家語言文化，並致力建構有尊嚴的客家認同，以及成為全球客家文化之都為其長期目標。「2023世界客家博覽會」籌辦之前，國內已具備如客家文化發展中心等結合研究、展示、典藏等軟硬體功能之大型場所。其不只是在地客家的研究，也致力於世界各地的客家研究，蒐集文物等等。誠如上述所言，這些成果都是世界館參照的重要基礎。在全球客家文化的發展方面，臺灣在客家美食、客家歌謠，文化產業創作已有相當的成就，尤其是客家歌謠，目前臺灣客家流行音樂具備一定的基礎。臺灣在客家各領域的成就，促進與世界各地客家的交流與連結，從而奠定其客家文化之都的定位。

　　本研究認為展示的任務不單單僅在於保存客家文化，更在於凸顯作為全球客家文化樞紐的臺灣，能夠透過政府的力量，讓臺灣與國際人士到臺灣參觀並認識客家，亦即推廣客家，更重要的是，展示發揮促進客家認同作用。展示本身就是一種與社會的互動過程，透過展示的內容，讓各方關係人得以持續凝聚出新的集體記憶與共識（張翰璧、吳詩怡、蔡芬芳，2018：55）。在展覽期間（2023年8月11日到10月15日）適逢兩個重要會議在桃園舉辦，一為「世界客家研究大會全球客家研究聯盟國際雙年學術研討會」，另一為「2023全球客家文化會議」，來自世界各地的與會者，尤其是參與後者的多為來自世界各地的客家

人，包括從臺灣移民出去抑或是在當地已有數個世代的客家後代。在參觀過程中，看到自己國家的客家被展示，同時也瞭解世界上其他國家的客家人，但是值得注意的是，在這些看展的過程中，卻有促進身為全球客家一分子的認同之效，然亦可能會對於展示內容有不同看法，而提出疑問，或是因為看到展示之後，方始認識到其他國家的客家人。然而，在展示中的客家人，並非獨立或真空存在，而是與他群有所互動之下，客家人在當地國家的社會位置、政治地位、經濟階級因而凸顯。這些端視每個國家的歷史脈絡而定，特別是亞洲國家的客家人，在冷戰時期，常被當地國家（例如印尼、馬來西亞、印度）視為潛在的共黨威脅，因此客家與其他華人承受了遭受迫害的痛苦。也因為如此，在各國多族群空間中，發生在歷史上的衝突論述被用來形容客家移民與在地他群的關係。透過這次的展覽，除了展出各國的客家移民歷史之外，也試圖凸顯各國客家的在地特色。

　　客家移民於清朝中晚期從閩粵地區大量移出，移入東南亞、美洲、非洲等區域。客家移民在20世紀中晚期，亦分別從中國大陸與臺灣移往世界各地。這些不同時期的移民，可以分為老華客、新台客與新中客。客家族群在移民時期的不同，其移出之原因亦有差異。早期移民是因為閩粵山多田少，人口眾多，其謀活不易，只好選擇冒險出洋來謀生計。在1950年代之前，作為移居的外來社群，各地的客家社群初來定居、融入、在地化等路程是相似的，各地的社會結構、生活型態不一，自然也有一些歧異的發展。進入各地紛紛脫離西方殖民帝國而獨立建國之後，客家族群開始從落葉歸根轉為在地扎根，或者二度移民。這段時期，我們可以看到各國客家出現了不同的發展，例如泰國客家人完成在地化，融入主流社會與族群，而馬來西亞客家人則面對在地化的阻力，反而保持了自身的文化。基本上，族群在當代社會中的分類，類似社會

學常用的變項,例如階級、性別、世代等。其是在民族國家脈絡下作為社會資源分配的分類變項。

第二節　展示手法之類型分析

一、展覽分區及其組成

　　本節主要就世界館的展覽分區、展示手法(新舊展示手法的區分)、展示的技術和展示的文物或物品,以及負責的廠商來進行分析。以此希望能夠瞭解這次展覽的特點和不足之地方。世界館確實展現客家人在海外奮鬥和立足在地的事跡,但是歷史成分占多數,對於如何展現海外客家的多元性、特點與當代的發展現況,似乎無法有效的呈現。以上都是本節致力去分析與剖析的重點,以作為未來的參考。

　　「世界客家博覽會」的世界館分為「序曲」、「世界的客家」、「點亮世界」、「攜手前行」。「序曲」呈現的是客家人與其他南方中國移民出洋謀生,從中國南來的客家人和其他華人與當時中國的局勢和外在誘因有密切的關係。從19世紀上半葉開始,中國在西方列強堅船利炮的侵略下,導致整個社會發生了急遽的變化。另一方面,自清朝康雍乾(康熙、雍正、乾隆)三代,超過百年的昇平,也使人口快速的飆升。然而清代長期的閉關自守,卻使得國內的生產技術嚴重落後西方諸國。這也導致人口眾多的優勢不僅沒有轉變為生產力,反而在西方的資本、技術的東來後成為了清政府的負擔。農村經濟的破產和巨大的人口壓力,致使整個清政府的經濟近乎崩潰,而眾多的人口亦在痛苦的邊緣裡掙扎求存。廣東是當時人口壓力最大的地區之一,境內的嘉應州山多田少,平

原面積狹小，過去的農業社會人口生存是依賴土地農業生產力來維持，人口增長，相對的耕地面積和稻米產量並沒有增加，單位面積土地負載力超過負荷，人口壓力形成，將人口擠壓出原居地，當時離開自己的家鄉，出外謀生幾乎成為唯一的選擇。「序曲」在這此歷史背景下產生了，展覽者用戰爭的影像和音樂，來為客家移民的南下謀生掀開了序幕。

「序曲」之後就是「世界客家」，展覽者以目前的研究成果，來展示世界範圍的客家樣貌，本區以 8 個區域 20 個國家或地區的客家文化作為展示的基礎，透過文字說明、影音紀錄與小量的實際文物，來展現客家人移民過程與在地扎根之樣貌。此外，參觀者可藉由「客家獅」、「大伯公」及「豬仔錢」等三個文化情境體驗客家人的歷史與生活。該展區分為兩個部分展示，第一部分為「不一樣，客家」，分別是「客家世界人口分布」（五大洲 83 個國家或地區）、「客家移動路徑」（17 世紀中期至 1977 年）、「客家航向世界」（各時期不同船型）。第二部分則分為東南亞（馬、印、新、泰、越）、東亞（港、日）、南亞（印度）、非洲（模里西斯）、北美洲（美國）、加勒比海（古巴、牙買加、千里達－托巴哥）、南美洲（蓋亞那、蘇利南、秘魯、巴西、阿根廷）、大洋洲（夏威夷、大溪地）。第二個部分簡單介紹各地客家，以此展示世界客家居住之地。

本展覽的第三個部分主題是「點亮客家」，該區主要為各地客家名人所構成的名人堂，選擇各地名人的依據來自這些名人在政治、商業、藝術、教育等領域的成就，例如胡文虎，其在商業上有卓越的成就，當中包括了把虎標萬金油推廣至亞洲地區。整體而言，這個部分的展覽足以展示各領域的客家名人，無法斷言囊括所有的客家名人，但是上述展示的名人，都被公認具有代表性。歷史人物的出現，也讓來自國外的參

觀者有所共鳴。

最後的一個部分是「攜手前行」，展者運用一個非常大的空間，以藝術結合科技呈現。這個創意有其亮點，但是呈現的藝術圖案有些曲高和寡，也不接地氣。客家經過長期的遷移，落地生根，與移居地的地理、政治、經濟的互動，與生活周邊的文化、人群交流，大多具有在地化的特質，這特質構成了客家文化彼此之間的多樣性。

二、從規劃廠商到策展公司

在世界客家博覽會世界館辦理開展之前，首先是進行內容的資料蒐集，以及之後的內容規劃。這項計畫由宜誠資訊股份有限公司得標，該團隊得標後邀請曾經進行南美洲、北美洲、非洲外島研究的學者來進行協助。該團隊從在規劃期間，試圖要進行各國客家的資料蒐集與規劃，奈何聘請的專家尚不足於應付此大型展覽，最後的成果顯得有點差強人意，尤其是缺乏東南亞客家研究的專家，這是本展覽一個比較大的問題（參見本篇第八章）。此階段勉強完成後，第二階段的規劃則由三立電視公司承攬。在先天不足的情況下，三立電視公司聘請策展團隊前來協助，該團隊開始一系列的規劃，此階段的進行因為資料有限，而且幾乎沒有文物，再加上需要考慮成本，讓人難以期待後續的展示。世界館有別於臺灣館之處在於世界館從規劃到策展只有兩個廠商，其進行比較單純，反觀臺灣館因為由十多個廠商進行，後來的展覽就出現「百花齊放」與參差不齊的狀況，使得臺灣館的展覽顯得有些雜亂。承上，世界館各展區之意涵和主旨，經本研究彙整如下表 9-1 所示。

表 9-1　世客博世界館各展區主題及其內涵

編號	展區主題	策展單位	展區意涵
1	序曲	三立電視	「序曲」呈現的是客家人與其他南方中國移民出洋謀生，從中國南來的客家人和其他華人與當時中國的局勢和外在誘因有密切的關係。從 19 世紀上半葉開始，中國在西方列強堅船利炮的侵略下，導致整個社會發生了急劇的變化。從中帶出客家人離開中國原鄉的原因，以及下洋謀生的動機。
2	世界的客家	三立電視	本區以 8 個區域 20 個國家或是地區的客家文化作為展示的基礎，透過文字說明、影音紀錄與小量的實際文物，來展現客家人移民過程與在地扎根之樣貌。當中包括了東南亞、東亞、南北美洲、非洲。
3	點亮世界	三立電視	此區展示內容主要為各地客家名人所構成的名人堂，這些名人在政治、商業、藝術、教育等領域有所成就，例如胡文虎，其在商業上表現卓越。整體而言，這個部分的展覽是足於展示各領域且公認具有代表性的客家名人。
4	攜手前行	三立電視	策展者運用一個非常大的空間，以藝術結合科技來呈現給觀眾。這個創意有其亮點，希望能夠拉近觀眾與展覽的距離。

本研究製表

三、新與舊的展示手法

在本書第六章已經提過有關當代的新舊手法之意涵，在此不在贅述。世界館在資料與文物皆不足的情況底下，策展方固然嘗試以當代的展示手法在呈現方式、技術應用方面來吸引觀眾。然而在諸多的考量下，策展方還是結合了傳統及現代科技作為展示手法。

（一）舊的展示手法

1. 靜態展示

在世界客家展區中，策展團隊用舊的展示方法，即使用展板、展示櫃等固定的展示媒介，展示文物、圖片和文字資料等。整個展覽從一開始就在成本的考量下，幾乎是壁報式的呈現，整個世界客家的陳列缺乏系統的展示。例如「客家」這個概念或符號的強化，應該始於新加坡，還有香港的連結，在陳設時應可把這段的歷史發展，作為海外客家的一個始點。以客屬總會為例（1948 年改名為南洋客屬總會，簡稱為客總），其地基原本是廣客（廣東幫與客家幫）青山亭義山舊址，在百多年前由英殖民地政府給與嘉應、豐永大（豐順、永定與大埔）及廣惠肇（廣州、惠州與肇慶）三府華人為葬其先人的場所。

直至 1900 年，英殖民政府因為見到新加坡日益繁榮，墳場地不宜繼續設在鬧市之中，因此將之收回並夷為平地，劃入市區。當時的華民政務司萬氏出示曉諭，委託廣東幫與客家幫雙方領袖，力助英殖民政府傳達周知，務必從速將該處的骨灰遣返各屬義山安葬，待英殖民政府搬平之後，將給回吉地一段予客廣兩屬人士。由於青山亭義山夷平多年後，英殖民政府並未兌現承諾，於是由客家先賢湯湘霖發起，邀集廣東幫領袖會議，呈請政府遵示履行，給回地段事，以符原旨。在商議的席間，眾人公推湯湘霖與邱雁賓二人為代表，進行遞稟，嗣由輔政司召集到署商議，並蒙允許，給回吉地一段，面積共有 20,000 平方英尺。客家幫方面領得 6,670 平方尺，一切免費，每年僅納些微地稅。地段領得之後，即行傳知嘉應、豐永大各會館的當年董事，齊集討論，以該地將作何用為適宜會議之下，由湯湘霖提議，表示客屬同僑旅居南洋群島，不下百十萬人，素來散漫未能團結一致，甚為可惜，不若將此地建築一

座宏偉客屬總會，乃是最合適之辦法也。後得全體和議，贊成通過臨時商議籌款建築事宜。

由於湯湘霖的倡議，大家推舉湯氏為籌辦處處長，梁穀欣為募捐主任兼建築總理，藍禹甸為總財政，梁受謙為駐辦，賴師昇、譚清源、陳鏡秋等為籌辦勸捐員。先從新加坡著手進行，續派梁受謙與林英輝前往外埠籌捐。當時因南洋各處世情不景，所捐得之款與預算數目相差甚鉅，再度委湯湘霖與劉登鼎二人親往吉隆坡各處，大約籌得萬元左右，但是仍不敷支，於是與胡文虎鄉賢商籌接濟，蒙胡文虎捐助二萬元，以應需用，並得各位籌辦員竭力策劃，慘澹經營，費時數年，客總始告落成。統計建築及一切費用，共費叻幣 18 萬元左右。1929 年 8 月 23 日，客總舉行開幕典禮，當時的英荷暹各客屬代表約數百人，前來參與盛會。首任會長公推胡文虎擔任，而副會長是湯湘霖和藍禹甸。1932 年，東南亞各地受不景氣影響，導致客總經費短缺異常，會務幾乎陷於停頓，幸賴熱心鄉賢組織經濟委員會，負責維持，渡過難關。

1935 年，胡文虎、梁燊南，楊溢鱗出任正副會長，並得客總同仁及本外埠紳商等鄉賢擔任董事，會務獲順利進展。同年並由胡文虎昆仲獨捐鉅資，創辦民眾義學，將總會 2、3、4 樓闢為教室，分日夜班授課，學子共有 1,500 餘人。1937 年，客總董事會議議決擴大組織，加強團結力量，積極推動組織各地客屬公會，發動東南亞各國成立 53 個地區客屬公會團體，計有馬六甲、野新、文冬、立卑、小笨珍、文律、武吉班影、峇株巴轄、居鑾、令金、雪蘭莪、加影、怡保、金寶、檳城、吉礁、玻璃市、關丹、林明、甘猛、吉蘭丹、吉賴、甘馬挽、而連突、淡馬魯、勞勿、新山、古來、麻坡、金馬士、昔甘末、羅美士、東甲、馬口、豐盛港、邊加蘭、森美蘭、武來岸、士㘃月、雙溪古月、庇勞、哥打丁宜、居林、砂拉越、亞庇、仰光、吉裡汶、石叨班讓、占碑、巴

領旁、三寶壟、日惹、雅加達等。各分會在組織關係上均隸屬南洋客屬總會，並且接受客總的領導，是客總的分支機構。客總當時的職員表除了本地董事，也包括了這些外地分會的董事代表（利亮時，2017：14）。在當時，客總不僅是團結新加坡境內客家社群的核心組織，也對加強聯繫東南亞各地客家族群之間的聯繫、團結，起了不可替代的作用。上述南洋客屬總會的歷史發展，以及推動成立客屬團體是客家族群重要的一個事件，理應成為開端。次之則是馬來西亞與印尼，展覽應從東南亞作為一個開端，再延伸至亞洲其他國家，之後是非洲、美洲、然後才是大洋洲。

其他的陳設尚包括桌上展示有反光的問題，廠商並沒有就桌子展現的角度去調整，或者是燈光如何改善，而是一意孤行用其設計，使得整個展覽不但內容貧瘠，桌子的設計與部分昏暗的燈光，讓參觀者有視覺的不適。從內容到整個呈現設計，都尚有許多改善的空間。

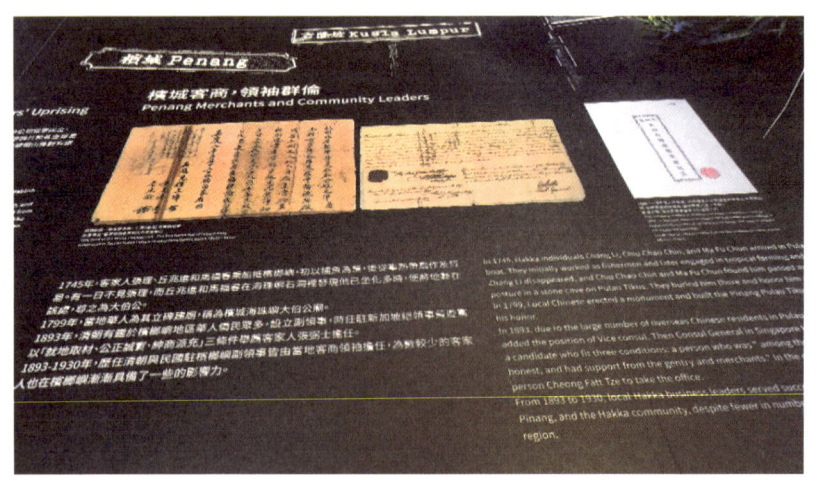

圖 9-1 不易閱讀的壁報式展示

（本研究拍攝）

2. 文物陳列

　　在文物方面，策展單位以豬仔錢、客家獅、香港客家婦女在鄉村工作所戴涼帽等實體文物為主要展示對象，以此來展示海外客家文化的傳統特色和歷史沿革。另外尚有錫礦採礦的模型（之前在客發中心的馬來西亞錫礦展借來的模型），其模型陳述山溝取代了人力隔石是最重要的發明。這個時期出現了水泵、水筆，水泵就是提供水力給水筆和抽吸與導引水流的機器，利用水筆沖刷隔沙成為沙水，雖然較大的土塊依然須採取人力隔石的方式完成，但這一個動作節省了勞工用鋤頭將土塊剖碎的時間及氣力。接著這些沙水再利用砂泵通過「上含」（水管）抽到上面的金山溝。金山溝如同溜滑梯一樣，一階一階的由高向低，由於富含錫米的沙水因為較重，會在一級一級的溝內沉澱，其餘的沙水，則會延著坡度的下降，流至溝尾地區。雖然有這些文物的呈現，但並未以文字加以說明，十分的可惜。

圖 9-2　未多加以文字說明的馬來西亞採礦模型

（本研究拍攝）

3. 視覺呈現

在第二部分「世界客家」與第三部分「點亮客家」，皆以平面和文字的展示方式，著重於文字解說和圖片展示，只有少部分用影片來呈現。場地其實足夠，但是策展者沒有善用空間，擺設的密度甚高，而且人物方面的展示，缺乏一個寬大的空間來展示，讓這些客家名人展示顯得擁擠，使這些實際存在的歷史人物看起來不被重視。反而裝置藝術，如竹子和天窗，以及圓環占了極大的空間，竹子和天窗還可以說象徵「天光日」的客家，但是圓環展示的藝術作品，則完全達不到跟參觀者互動或引起共鳴的效果，似乎有點曲高和寡。

圖 9-3　佔地頗廣的圓環互動裝置藝術

（本研究拍攝）

（二）新的展示手法

1. 裝置藝術展

在裝置藝術的展示方面，策展方在世界館第二層的入口處，以屋頂

天窗亮光射入室內，四周用竹的圍繞之裝置藝術，以此呼應這次展覽的主題：天光日的客家。如此展示方式利用特定的空間進行藝術創作的展覽形式，它結合了多種藝術元素，創造一種沉浸式的觀賞經驗。但這樣的光線和聲音似乎並沒有辦法讓觀展者真正瞭解移民所經歷的過程，相反的，像投射在牆壁上的大帆船，反而成為觀展者拍照留念的地方，所謂沉浸於當時移民的環境中似乎只是一種設計的宣稱，並不是觀展者的真正體驗。

2. 多媒體展示

利用現代科技，如影像、音頻、互動裝置等，呈現客家文化的各個方面，使觀眾能夠以多種感官來感受文化。世界館的第四個展區採用客家音樂與互動裝置來讓原本以傳統為主的展示，產生有點不一樣的效果，也希望能夠引起觀眾的認同。這些客家音樂，有現代也有傳統，確實可以宣傳客家的創作，這方面值得讚許。

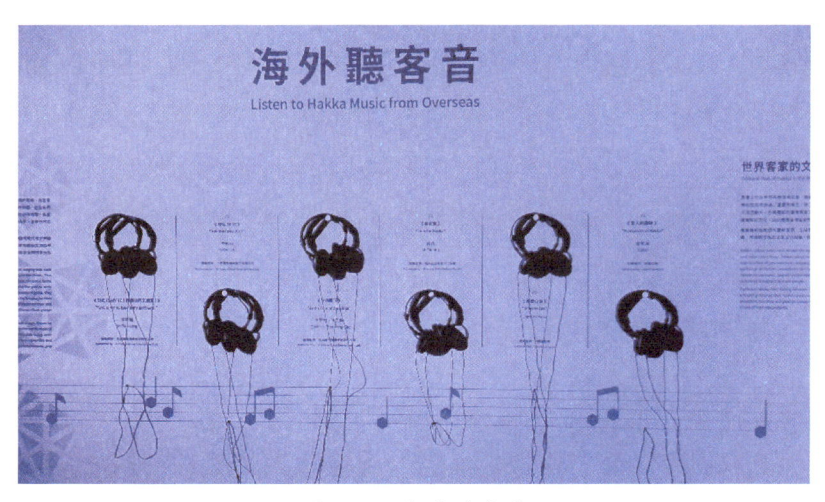

圖 9-4　海外聽客音

（本研究拍攝）

第三節　世界館展示的優劣

　　海外客家文化不僅豐富多元，還對不同國家的社會產生不同程度的影響。海外客家人通過其獨特的文化呈現，展現了一種獨到的文化韌性。在第七章與第八章已經分別針對世界館的定位、客家意象與內容進行分析，本文則針對世界館展示提出其優缺點，以呼應前述兩章的發現。

一、展示缺乏系統性的串連

　　世界客家館從「序曲」、「世界客家」、「點亮世界」、「攜手前行」四個區域來看，誠如上一節所介紹，策展團隊具有一定的規劃來進行。「序曲」用客家與其他中國南方移民作為開場的構思尚佳，但是展者可能在成本的考量下，影片模糊和燈光暗淡，讓觀眾只會關注影片，而忽略了旁邊的文字。在「世界客家」的部分，利用臺灣研究海外客家的學者的成果，來進行展覽，其本身就擁有豐富的素材，然而展者存在成本的考量。作為本展覽重點的世界客家，其有不少缺點，首先是展檯的設計，桌面式的呈現，加上現場的燈光昏暗，讓觀眾的視線受影響。而展者在各國的安排上，雖有各大洲的區分，但是缺乏系統的編排。

二、展覽呈現文化多元之不足

　　世界客家文化融合了不同國家、族群的文化，包括各國的原生文化、華南各族群文化、南印度文化等，形成了獨特的文化風貌。在海外的非漢人社會中，客家文化與其他族群的文化互相影響、交流，共同促進了多元文化的發展。在世界客家中，這方面的訊息是微弱的，所有

的展示都只有客家本身，或者華人的身影，而其他文化在展覽中似乎缺席。

三、沒有凸顯會館的重要性

海外客家應以新加坡這個樞紐作為開端，擁有將近兩百年歷史的新加坡華人會館，在新加坡社會產生了深遠的影響。自新加坡開埠以來，英殖民地政府的鼓勵移民政策，導致了中國移民大量移入，但是早期殖民政府並未直接管理華人社會。這些來自中國的移民，在沒有殖民政府的直接管制下，他們面對的問題即需要依靠會館解決和協助，而這正是華人會館建立的基礎。二戰前（1941年）的華人會館都是由中國移民所創立的，當時會館的主要任務就是幫助新移民在陌生的環境裡安頓下來。會館為同鄉提供找尋住所、工作等服務，也讓同鄉間有一個空間來聯絡感情。除此以外，對內來說，會館是同鄉發生糾紛時的協調人；從外來看，則是同鄉與殖民政府的中間人。早期的會館，成為了同鄉的代言人和利益的維護者，不同籍貫的會館亦代表著他們本身族群的利益。

新加坡的會館組織，雖然來自中國，但是它的運作模式和在社會所扮演的角色與中國的會館有明顯的差異。在中國的會館只是為同鄉服務的機構，而新加坡的會館，除了具備前者功能外，還扮演維護和發揚本身文化的角色。殖民政府的重商政策，亦將新加坡塑造成一個有別於中國社會的新社會結構。在新加坡商人階層是社會的頂端（而中國社會則是士在社會的上層），他們也是華人社會的代表，順理成章會館亦是以商人作為主導。會館在社會的扮演的角色，並非一成不變，隨著社會的變化，它也不斷的在調整（利亮時，2017：3）。例如在19世紀初期，會館是本身族群的服務中心。移民人口不斷增加後，加強其重要性，它

成為了維護族群文化、興辦學校的機構。在新加坡建國之前，華人都是以中國作為認同的對象，而會館更涉入當時的中國事務中，例如出錢出力的支持國民黨的革命和北伐。而隨著新加坡邁向建國的道路，會館的認同亦有所轉變，由「落葉歸根」轉為「落地生根」，而會館更積極參與當地的事務，並成為政治的壓力集團。經過多代人經營的部分會館，在新加坡建國後擁有了雄厚的財力，使他們更積極參與當地的事務。然而1965年8月9日，新加坡脫離馬來西亞宣布獨立後，人民行動黨開始對新加坡進行改造，而會館在華人社會的重要地位，亦需要改變。會館在社會的影響力亦隨著弱化，但是會館並沒有在社會改革的洪流中消失，它在變革中不斷調整自己的腳步，終於走向重生之路。在展示中，我們並沒有看到這方面的特色，整個編排皆以策展者的方便為主。

四、展示客家過往歷史，忽略個別特色

海外各國客家文化，其發展狀況不一，再加上各自擁有本身的特色。從整個展示來看，完全未能突出某些獨特處，只著重移民歷史。在馬來西亞方面，以錫礦作為馬來西亞客家之主題，可當作是探究20世紀初客家移民從原鄉遷徙南洋之線索。由此，透過馬來西亞的錫礦發展，來理解客家族群如何在馬來西亞歷經在地化過程，以及孕育出不同於原鄉的社會文化。錫礦與馬來西亞客家關係，客發中心已經在2018年舉辦過展覽，但策展者無法精緻化之前的成果，以凸顯馬來西亞客家的特質。更甚者，策展者只把之前的採錫模型放上，就草草了事，未在展品旁以任何文字說明，這樣的作法確實令人失望。

印尼客家方面，策展者凸顯山口洋這個城鎮，但是缺乏聚焦山口洋客家的特色。從研究觀察來看，山口洋地區的客家人數眾多，使得客家

話得以成為當地最重要的共同語言。由於多個客家亞群混居互動的結果，使得在語言上，雖然偏重河婆腔，但已融入惠來、陸豐，以及興梅五華的口語，更夾雜了許多印尼語，形成山口洋客家話的特色。由於蘇哈托政府「同化」政策雷厲風行，使得很多華人家庭都無法保存其母語學習，特別是當這些家庭所處的環境又不利於少數群體，且在語言上處於劣勢時，更是對於語言發展與傳承可說是雪上加霜。在山口洋地區，除了客家話是優勢的語言外，更因為許多第二代的非客家華人，例如潮州人，雖然學會了自己的母語，但在生活、社會交際上，幾乎都是以客家話溝通，因而即便是同鄉相遇，大家都還是以客家話聊天。山口洋地區客家人口的優勢也使得客家與非客家華人間的通婚相當普遍，夫妻之間的溝通語言當然也是客家話，許多人更以自己的母親為客家人（父親為非客家人）而認同為客家。

　　在印尼的國家教育政策下，印尼語成為國語，所有的國立學校（Sekolah Negeri）皆以印尼語為教學媒介，上課時間為早上時段，所有在山口洋的小孩皆必須上國立的中小學，因此在學校裡，小孩使用的語言主要為印尼語。但回到家裡，父母跟小孩使用的語言卻是客家話，因此，可以在學校以外的場所，譬如菜市場、遊樂場、游泳池、飲食料理店等地方，聽到小孩跟父母用客家話對談的景象。但當小朋友在一起嬉戲時，客家話與印尼語的混合使用就比較普遍。除了家庭與社區使用客家話頻率高以外，在山口洋地區還有客家話創作的流行歌曲。在山口洋，客家流行歌曲的創作相當蓬勃發展，由於印尼政府打壓華文，使得很多印尼華人連聽說華語都成問題，因此間接地讓華語歌曲的市場萎縮，有助於作為共同語言的客家話創作歌曲的流行。雖然在客家歌曲的創作上，大部分的山口洋客家歌詞都是以當地人瞭解的印尼羅馬字拼出客家語音，以方便不懂中文字的華人消費者能夠對客家歌琅琅上口。我

們在展示的印尼客家都沒有看到這些特色，其實十分的可惜。

小結

臺灣客家注重文化的保存和傳承，並通過各種形式的文化活動和教育，積極推動客家文化的傳承工作。從客委會成立至今，其實臺灣客家文化的發展是不遺餘力的在推動，而客家文化發展中心的多年計畫中，其實蒐集了不少的文獻，特別是新加坡豐順會館、新加坡嘉應五屬公會、晉漢斯大埔會館、馬六甲惠州會館、檳城嘉應會館、印尼惠潮嘉會館等文獻與史料，可說是相當豐富。從客委會至客發中心，這些年來的努力，其實對海外客家產生一定程度的影響，當中包括喚起原本埋藏心底的客家意識。海外客家不可能跟臺灣一樣出現客家運動，但是這近十年來，例如馬來西亞、新加坡、印尼等地的客家意識出現，這是否是曇花一現，還是生機處處，有待觀察。族群意識的緩緩興起，確實是有跡可尋，但是其不可能取代主流，這是一個肯定的答案。

客家人在各國社會中具有不同程度的影響，他們積極參與社會建設，為其所居住的國家發展和進步做出了貢獻。同時，客家文化也是社會多元文化的重要組成部分，促進了不同族群之間與融合。在展覽中，「點亮客家」就是凸顯客家人在各自居住國與各領域的傑出表現。以此來讓參觀者知道臺灣以外的客家人的貢獻。

展場第二部分「世界客家」，在展場上用世界地圖展示客家人在各國的人數，讓參觀者知曉客家人是廣佈在世界各地。如上所述展覽中設有「海外客家名人」，展示了客家人在商業、政治、文化等不同領域的貢獻，從而讓人們認識到客家人在世界歷史中亦佔有一席之地。另一方

面,在「點亮客家」展區旁,亦展出國內對海外客家研究的著作,以此告知參觀者臺灣學術界對此的關注與貢獻。

長期以來,客委會對於海外客家個人及社團組織的各種連結,以及各種客家文化推廣的活動,都投入不少人力與心力。文化推廣的努力有助於提升全球客家人的自尊與認同。客委會作為全球唯一中央級的客家事務專責主管機關,對客家文化的保存、傳承與發揚,扮演關鍵及引領潮流的角色。客家的業務不限於臺灣,過去這些年來,客委會為推展海內外客家事務,積極的拜訪各地客家社團,並藉由籌辦全球性客家會議、辦理海外客家藝文巡演等活動,以強化臺灣與國際客家的連結,提升對臺灣及客家之認同、向心及能見度,逐步建設臺灣成為全球客家文化研究與交流中心。由於客委會任重而道遠,其有必要在未來的世界客家展覽中,更多費心思。

本研究在進行實地參觀、田野調查與研究之後,有以下幾點思考:展示文本內容多從歷史切入「世界客家」的發生與在地生根的過程,因此可以明白主辦單位所提供給觀眾「觀看」的途徑是透過歷史的濾鏡,固定住客家人在不同國家或地區的生活;當然,歷史有其讓人瞭解移民過程的重要性,然而若要讓觀眾更加能夠趨近與認識全球客家,應該從歷史貫穿至當代客家,同時展現變遷過程,如此凸顯客家並非歷史的化石,而是活在當代並迎向未來。此外,值得思考的是,我們所「觀看」的內容事實上是透過臺灣單方面的策展所呈現出來的,缺乏在地客家人的觀點,甚至是與在地客家人有所互動之周圍人群或族群的觀點(張維安等,2021:6)。最後,本研究認為,「世界客家」以區域、國家或地區作為展示的劃分依據,忽略作為世界客家整體的連結性,再者,區域間並非孤立存在,例如從印度到加拿大,或是從牙買加到紐約的二次移民,即是串起區域間的關聯性。

參考資料

中文書目

王志弘，2003。〈台北市文化治理的性質與轉變1967-2002〉。《臺灣社會研究季刊》，52：121-186。

王俐容，2005。〈文化政策中的經濟論述：從菁英文化到文化經濟？〉。《文化研究》，1：169-195。

王俊雯，2021。《10年文博會：看到臺灣文化治理的縮影（2010年~2019年）》。臺北：國立臺北教育大學文化創意產業經營學系碩士學位EMBA在職進修專班碩士論文。

王嵩山，2003。〈博物館展示與族群辨識〉。潘朝成、劉益昌、施正鋒編，《臺灣平埔族》，頁273-324。臺北：前衛出版社。

王嵩山，2012。《博物館與文化》。臺北：國立臺北藝術大學／遠流出版公司。

王嵩山，2018。〈再思臺灣客家博物館體系〉。張維安、何金樑、河合洋尚主編，《博物館與客家研究》，頁41-63。苗栗：桂冠圖書。

王嵩山，2024。〈文化及其產地〉。《國立史前文化博物館專刊》。臺東：國立臺灣史前文化博物館。

吉見俊哉著，蘇碩斌等譯，2015。《博覽會的政治學》。臺北：群學出版社。

李文良，2008。〈學額、祖籍認同與地方社會——乾隆初年臺灣粵籍生

員增額錄取案〉。《臺灣文獻》，59（3）：1-38。

利亮時，2017。《客家委員會補助大學校院發展客家學術機構計畫成果報告書「東南亞客家會館的美麗及哀愁——以新加坡南洋客屬總會為例」結案報告》。未出版。

吳鄭重、王伯仁，2011。〈節慶之島的現代奇觀：臺灣新興節慶活動的現象淺描與理論初探〉。《地理研究》，54：69-95。

吳錦棋，2021。〈Ellen Oxfeld 的印度客家移民研究〉。蕭新煌、張維安、張翰璧主編，《海外客家研究的回顧與比較》，頁 355-378。桃園：中大出版中心／臺北：遠流出版公司。

林正慧，2006。〈從客家族群之形塑看清代臺灣史志中之「客」——「客」之書寫與「客家」關係之探究〉。《國史館學術集刊》10：1-61。

河合洋尚、張維安編，2020。《客家族群與全球現象：華僑華人在「南側地域」的離散與現況》。大阪府吹田市：大學共同利用法人人間文化研究機構國立民族學博物館。

施添福，1999。《清代在臺漢人的祖籍分布和原鄉生活方式》。南投：臺灣省文獻委員會。

胡雪芳，2006。〈世界博覽會及會場後續利用評估之探討〉。臺北：國立臺灣師範大學工業教育學系碩士論文。

許維德，2013。《族群與國族認同的形成：台灣客家、原住民與台美人的研究》。桃園：中大出版中心／臺北：遠流出版公司。

張正霖、賴憬霖，2023。〈機構展示、族群敘事與文化公民權實踐：以《承蒙客家：臺灣客家文化館常設展》為分析對象〉。《聯大學報》，20（2）：39-68。

張維安等，2016。〈全球客家形成的研究：臺灣經驗與多層次族群想像

的浮現〉。《人文與社會科學簡訊》,18（1）：85-91。

張維安、張翰璧、蔡芬芳、張容嘉、黃信洋,2021。《客家委員會客家文化發展中心「海外客家展示前置研究規劃暨展覽腳本案」結案報告》。未出版。

張翰璧、吳詩怡、蔡芬芳,2018。〈博物館展示與客家記憶：以臺灣客家文物館為例〉。《博物館與文化》,16：47-90。

張翰璧、蕭新煌,2021。《臺灣的海外客家研究》。高雄：巨流圖書。

黃蘭翔,2011。〈關於臺灣客家建築的根源及其型態的特徵〉。《臺大文史哲學報》,74：223-285。

劉堉珊,2021。〈臺灣客家研究中的東南亞視野〉。張翰璧、蕭新煌主編,《臺灣的海外客家研究》,頁 7-42。高雄：巨流圖書。

蕭新煌、張維安、張翰璧,2021。《海外客家研究的回顧與比較》。桃園：中大出版中心／臺北：遠流出版公司。

鍾志正,2015。〈「客家中原論述」在臺灣的建構：以《中原》雜誌為核心的探索〉。新竹：國立交通大學客家文化學院客家社會與文化學程碩士論文。

羅郁瑛,2014。〈文化展示與客家論述：以苗栗客家文化園區為例〉。桃園：國立中央大學客家社會文化研究所碩士論文。

羅肇錦,2015。〈畬客關係的名實論證——客的前世是畬 畬的今生是客〉。《客家研究》,8（2）：1-26。

日文書目

吉見俊哉,1992。《博覽会の政治学：まなざしの近代》。中央公論新社。

吉見俊哉,2005。《万博幻想：戦後政治の呪縛》。筑摩書房。

英文書目

Ames, Michael M., 1986. *Museums, the Public and Anthropology: A Study in the Anthropology of Anthropology*. Vancouver: University of British Columbia Press.

Ames, Michael M., 1992. *Cannibal Tours and Glass Boxes: The Anthropology of Museums*. Vancouver: University of British Columbia Press.

Anderson, Benedict, 1998. *Imagined Communities: Reflections on the Origin and Spread of Nationalism*. London: Verso Books.

Appadurai, Arjun, 1996. *Modernity at Large: Cultural Dimensions of Globalization*. Minneapolis, Minn.: University of Minnesota Press.

Barnes, R. H., Andrew Gray & Benedict Kingsbury, eds. 1995. *Indigenous People of Asia*. Michigan: The Association for Asian Studies.

Crang, Mike, 2003。《文化地理學》，王志弘、余佳玲、方淑惠譯。臺北：巨流。

Lavine, S. D. & Ivan Karp, 1991. *Exhibiting Cultures: The Poetics and Politics of Museum Display*. Washington and London: Smithsonian Institution.

Loukaitou-Sideris, Anastasia & Carl Grodach, 2004. "Displaying and Celebrating the 'Other': A Study of the Mission, Scope, and Roles of Ethnic Museums in Los Angeles." *The Public Historian*, 26(4): 49-71.

McGuigan, Jim, 1996. *Culture and the Public Sphere*. London and New York: Routledge.

McGuigan, Jim, 2001. "Three Discourses of Cultural Policy." Pp.124-137 in Nick Stevenson (ed), *Culture and Citizenship*. London: Sage.

McKenna-Cress, Polly & Janet A. Kamien, 2019。《創造展覽：如何團隊合作、體貼設計打造一檔創新體驗的展覽》，金振寧譯。臺北：阿橋社文化事業有限公司。

Novak, Michael, 1996. *Unmeltable Ethnics: Politics & Culture in American Life*. Routledge.

Potinkara, N., 2020. "Categories and Boundaries in Sámi Exhibitions." *Ethnic and Racial Studies*, 43(12): 2140-2157.

Sánchez-Gómez, Luis A., 2013. "Human Zoos or Ethnic Shows? Essence and Contingency in Living Ethnological Exhibitions." *Culture & History Digital Journal*, 2(2): 1-25.

Schein, E. H., 1992. *Organizational Culture and Leadership*. San Francisco, CA: Jossey-Bass.

Schneider, A. K., 1998. *Creating the Musée d'Orsay: The Politics of Culture in France*. University Park, Pa.: Pennsylvania State University Press.

網路資料

「2023 世界客家博覽會 HAKKA EXPO」。網址：https://www.hakkaexpo2023.tw/aboutHakkaExpo#02。讀取日期：2024 年 5 月 18 日。

林冠文，2022。〈城市裡那些屬於誰的節慶展演〉。《台北村落之聲》，網址：https://www.villagetaipei.net/Post?PId=15259。讀取日期：2024 年 5 月 15 日。

客家委員會，2023。〈客庄 369 幸福計畫〉。行政院，網址：https://www.ey.gov.tw/Page/5A8A0CB5B41DA11E/b6567942-3bc2-4742-a014-0f4e56d158f7。讀取日期：2024 年 8 月 25 日。

陳宛茜，2023。〈定位混亂、煙花型文博會如何帶臺灣文化產業走上國際〉。《聯合報》，網址：https://udn.com/news/story/7266/7477274?fbclid=IwAR124AW92GMOl8lb0ZIVXcQJJty8oicRF27X7FAsccOEFl-wqvND07E7X4k&mibextid=Zxz2cZ。讀取日期：2024年5月25日。

微笑臺灣，2023。〈2023世界客家博覽會在桃園，臺灣館有客當靚！14個縣市展區亮點一次看〉。《天下雜誌》，網址：https://smiletaiwan.cw.com.tw/article/6563。讀取日期：2024年3月25日。

臺北市客家文化主題公園，2024。〈世界客家博覽會──臺北展區《發聲・發生》〉。臺北市政府客家事務委員會，網址：https://ssl.thcp.org.tw/exhibitions/14。讀取日期：2024年8月29日。

臺灣設計研究院，2023a。〈世界客家博覽會圓滿閉幕！臺灣館打造客家當靚、族群共好里程碑〉。臺灣設計研究院，網址：https://www.tdri.org.tw/45303/。讀取日期：2024年8月28日。

臺灣設計研究院，2023b。〈有客當靚！世界客家博覽會臺灣館，集結14縣市展現多元客家文化〉。臺灣設計研究院，網址：https://www.tdri.org.tw/45176/。讀取日期：2024年7月21日。

劉亞涵，2023。〈來自客家的文化款待：世客博主展館帶來的各種想像〉。《桃園誌》94期，網址：https://www.taoyuanstory.tw/article/3232900734。讀取日期：2024年8月28日。